as professionelle 1x1

Albrecht Kresse / Eva Ullmann

Humor im Business

Gewinnen mit Witz und Esprit

Durch Humor ein gutes Betriebsklima erzeugen

Humor als Karrierefaktor nutzen

Als Führungskraft durch Humor Mitarbeiter gewinnen

Cornelsen

Verlagsredaktion: Ralf Boden
Layout und technische Umsetzung: Text & Form, Karon / Düsseldorf
Cartoons: Albrecht Kresse, Berlin
Umschlaggestaltung: Magdalene Krumbeck, Wuppertal
Titelfoto: © ifa Bilderteam

Informationen über Cornelsen Fachbücher und Zusatzangebote:
www.cornelsen.de/berufskompetenz

1. Auflage

Druck: Druckhaus Thomas Müntzer, Bad Langensalza

ISBN 978-3-589-23599-5

Inhalt gedruckt auf säurefreiem Papier aus nachhaltiger Forstwirtschaft.

Am Anfang war das Wort – und vorher? Das Vorwort?

Als ich Harald Schmidt fragte, ob er zu meinem Buch ein Vorwort schreiben würde, meinte er: „Vorwörter liest doch eh keine Sau!“ Und wir einigten uns, dass ich auf mein Buch schreiben könnte: „Ohne Vorwort von Harald Schmidt“. Das tat ich dann auch. Aber mit so einer zen-buddhistischen Lösung wollte Eva Ullmann sich nicht zufriedengeben.

Sie blieb hartnäckig, und ich schreibe gerne, denn ich wünsche Albrecht Kresse und ihr mit diesem Buch und vor allen Dingen den Ideen darin eine hohe Verbreitung.

Was mir in diesem Buch so gut gefällt: Es verbindet Wissen und Tun, Theorie und Praxis, Überfälliges mit Unerfreulichem. Überfällig, weil es so ein Buch bisher noch nicht gab. Unerfreulich, weil die bittere Wahrheit lautet: Man kann Humor lernen, aber nicht aus einem Buch.

Sowenig man durch das Blättern im Kamasutra ein guter Liebhaber wird (sonst gäbe es ja kaum noch schlechte), sowenig man durch den Anblick eines Wasserkochers selber Dampf ablässt, sowenig kann ein Humorbuch mehr sein als ein Rettungsring, der allen von „terminaler Ernsthaftigkeit“ Bedrohten zuruft: Lern selber schwimmen, und: Wir Humortrainer kochen auch nur mit Wasser.

Deshalb: Gebrauchsanleitung lesen und ausprobieren, nehmen Sie Ihr Zwerchfell wieder in Betrieb, springen Sie ins Kalte und schwimmen Sie.

Man kann sich nicht selber kitzeln, deshalb braucht man Situationen und Menschen, mit denen man üben kann. Und Übung macht den Meister – irgendwann überflüssig.

Es gibt Menschen, die haben gerade tatsächlich wenig zu lachen, zum Beispiel im Krankenhaus. „Ein Krankenhaus ist kein guter Ort für kranke Menschen“, sagte Patch Adams, und begründete die Idee, mit Clowns hilfreichen Humor dem Gesundheitswesen einzuhauchen. Dieser Idee sind die Autoren und ich eng verbunden. Und wenn Sie, liebe Leser, es bis hierher geschafft haben, dann schauen Sie doch einmal unter „Humor-hilft-heilen.de“, dort finden Sie aktuelle Projekte und Möglichkeiten der Unterstützung. Sie können sich eine Rote Nase zulegen, spenden und aktiv werden, auf vielen Ebenen. Willkommen!

Dass Humor heilen kann und am Leben erhält, zeigt die Statistik: Kinder lachen 400-mal am Tag, Erwachsene 20-mal, Tote gar nicht. Da erkennt auch der Laie eine Tendenz.

In diesem Sinne!

Dr. Eckart v. Hirschhausen
Arzt, Kabarettist und Humortrainer

PS: Lache und die Welt lacht mit dir, schnarche und du schläfst allein!

Die Autoren

Albrecht Kresse ist der Geschäftsführer der edutrainment company. Nach zahlreichen Jahren als erfolgreicher Trainer und Coach arbeitet er seit Gründung der edutrainment company an der Umsetzung seiner Vision eines vollkommen neuartigen Kompetenzpartners für HR- und PE-Partner. Die edutrainment company versteht sich als strategischer Kompetenzpartner im Bereich Wissens- und Lernoptimierung.

Albrecht Kresse ist gefragter Autor und Experte sowie Hochschuldozent an der Berlin School of Economics. Seine Trainings und Vortragsveranstaltungen verbinden Lernen und Trainieren mit Unterhaltung und Spaß. Bereits während seines Studiums arbeitete er in verschiedenen Branchen erfolgreich im Vertrieb und absolvierte eine mehrjährige Trainerausbildung. Seit 1995 arbeitet er selbstständig als Trainer, Berater, Coach und Hochschuldozent. Zu seinen Leidenschaften zählt das Laufen. Albrecht Kresse lebt mit seiner Familie in Berlin.

Kontakt: www.edutrainment-company.de

Eva Ullmann ist Trainerin, Moderatorin und Humoristin. Sie studierte Pädagogik in Berlin und Medizin in Leipzig. Nach einer unhumoristischen, aber guten wissenschaftlichen Arbeit über humorvolle Kommunikation widmete sie sich der praktischen und technischen Seite des Humors. Sie begleitet Unternehmen mit Humortrainings und humorvollen Lern- und Moderationskonzepten.

In Leipzig gründete sie vor einigen Jahren das Deutsche Institut für Humor. Ihre Leidenschaft ist das Improvisationstheater und die Kunst, spontan schlagfertig und humorvoll flexibel mit ihren Mitmenschen zu kommunizieren.

Kontakt: www.humorinstitut.de

Inhaltsverzeichnis

EINLEITUNG

Der Spaß ist unerschöpflich – nicht aber der Ernst.
Jean Paul

Humor als Methode und Instrument im Business?

Was hat Humor mit Business zu tun? Eckart von Hirschhausen, einer der ersten Kabarettisten, der Humortrainings für Unternehmen anbot, hat eine tolle Beobachtung gemacht: Humor mag jeder, fast alle Menschen lachen gerne und trotzdem muss man logisch und folgerichtig beweisen, dass er seriös und effektiv für Unternehmen ist. Dabei ist Humor oft etwas faszinierend Unlogisches. Das vor Ihnen liegende Buch versucht einen Spagat: Auf der einen Seite zeigt es den effektiven Nutzen von humorvoller, wertschätzender Kommunikation und auf der anderen Seite bietet es einen großen Fundus an humorvollen Anekdoten und Beispielen. In meinem ersten Humortraining bei Eckart von Hirschhausen saß z.B. eine Teilnehmerin, die nicht freiwillig gekommen war, sondern vom Chef geschickt wurde. Ein Paradoxon und harte Nuss für zwei Tage Leichtigkeit und vor allem für den immer wieder herausfordernden Weg des Humors über sich selbst. Doch es ist Rettung in Sicht. Humor ist keine genetisch festgelegte und eingravierte Information, Humor ist eine Einstellung und eine Kunst. Eine Kunst, die sehr unterschiedlich ausgeprägt ist, aber immer weiter ausgebaut und trainiert werden kann.

Es gibt mehr als gute Gründe, sich mit dem Thema Humor zu beschäftigen

Die Lektüre dieses Buches wird Ihnen zeigen, dass es mehr als gute Gründe gibt, sich mit dem Thema Humor zu beschäftigen und die eigene Humorfähigkeit sowohl als Konsument als auch im aktiven Einsatz zu hinterfragen und bei Bedarf gezielt zu entwickeln. Ob im Umgang mit Kunden, beim Führen von Mitarbeitern oder bei der Entwicklung der eigenen Karrierechancen – mit Humor sind Sie eindeutig im Vorteil.

Wenn Sie nun annehmen, dass es in Deutschland unzählige Forschungsprojekte und ein Heer von Wissenschaftlern gibt, die sich der Ergründung und der Anwendung dieses so offensichtlich wichtigen Erfolgsfaktors widmen, so müssen wir Sie leider enttäuschen. Eine Übersicht über die Inhalte der Studien zu aktuellen psychologischen Forschungsschwerpunkten zeigt, dass sich fast 80.000 Untersuchungen mit Depression befassen aber lediglich 3.500 mit Freude. Die Forscher im Land der Dichter, Denker und Grübler beschäftigen sich lieber mit Ärger und Verzweiflung als mit Frohsinn und Glück.

Sind die Deutschen üble Grübler?

Auch in der Medizin dominiert die sog. Pathogenese, d.h. die Lehre von der Krankheit. Die Erforschung der Gesundheit, die Salutogenese, befindet sich noch in den Kinderschuhen.

Durch welche Brille nehmen Sie Ihr Umfeld wahr?

Bevor wir es uns nun zu leicht machen und den anscheinend krankhaft negativen Fokus der Forscher kritisieren, sollten wir uns allerdings selbst hinterfragen. Mit welcher Brille laufen wir selbst über diesen gebeutelten Planeten? Mit welcher Brille laufen Sie durch Ihr Unternehmen? Wird man nicht auch zum Negativdenken erzogen? Qualitätsmanagement, kontinuierliche Verbesserung – überall ist man auf der Suche nach Fehlern. Manche Unternehmen erziehen ihre Mitarbeiter zu humorlosen Verbesserungsfetischisten, die in der Mentalität eines Blockwarts auf die Fehler der Kollegen warten.

Wenn man in ein neues Geschäft einsteigt, holt man sich Rat bei Experten und möchte von den Besten lernen. Im Tagesgeschäft sind viele Unternehmer jedoch so problemorientiert wie die Psychologie in den letzten 100 Jahren. Man spricht über Probleme, Fehler und nicht funktionierende Kommunikation, anstatt über mutige Mitarbeiter, Freude bei der Arbeit und Humor als effektivem Instrument. Das macht keinen Spaß.

WIE SIE SPASS HABEN UND DABEI NOCH ERFOLGREICHER SEIN KÖNNEN, DAVON HANDELT DIESES BUCH.

Wir haben für Sie in den Forschungsfeldern gekramt, die sich in den letzten 50 Jahren mit Themen wie Neugier, Humor und Mut in Studien befasst und den Bereich der positiven Psychologie begründet haben.

Gesucht: ausgewogener Fokus zwischen Problemlösungen und Erfolgsursachen

Dabei geht es in diesem Buch nicht um einen weiteren Motivationsreißer mit banalen Lebenssprüchen, die Sie bei der Morgentoilette vor dem Badezimmerspiegel dahinträllern sollen. Es gilt vielmehr einen ausgewogenen Fokus zwischen Problemlösungen und Erfolgsursachen zu finden. Die Dinge positiv und mit Humor zu betrachten, heißt ja nicht, Probleme zu ignorieren. Es kommt allerdings darauf an, mit welcher Haltung Sie Erfolge feiern und wie Sie mit unvermeidbaren Misserfolgen umgehen.

Wir überprüfen daher den Humor auf seine Tauglichkeit für das Tagesgeschäft von Mitarbeitern, Führungskräften und Unternehmern. Dazu ist es notwendig, kurz zu beschreiben, welcher Humor gemeint ist.

Humor im Unternehmen bedeutet

- geklärte und klare Führungsstrukturen
- Stärkung der persönlichen Potenziale und Ressourcen
- Förderung der Kooperationsfähigkeit
- Kritikfähigkeit
- wohlwollendes und positives Menschenbild
- Stressbewältigung
- Stärkung der Gesundheit und Reduzierung der Ausfalltage
- Kreativität und innovative Lösungsansätze
- Förderung von Leistung und Motivation

Humor bedeutet nicht

- den Ernst einer Situation zu verdrängen oder zu überspielen
- jede verfahrene Situation mit einem Witz zu retten
- zwanghafte Heiterkeit
- Witze auf Kosten der Mitarbeiter machen

Damit beschränkt sich das vorliegende Buch eindeutig auf ein bestimmtes Humorgebiet. Humor in der Definition hat natürlich eine größere Vielfalt als nur in der produktiven Kommunikation zwischen den Menschen.

Bevor Sie im Text weiterlesen, beantworten Sie bitte folgende Fragen mit Ja oder Nein!

Haben Sie letzte Woche über etwas gelacht?	Kennen Sie komische/witzige Werbespots?	Gibt es einen Moment, wo man Humor haben sollte, aber die wenigsten haben ihn?	Haben Sie eine/n Lieblingskomiker/in?
Kennen Sie einen humorvollen Menschen in Ihrer Familie?	Bringt Sie eine bestimmte Situation immer wieder zum Lachen?	Gibt es eine Humorforschung in der Medizin?	Beschränken wir unser Gehirn in irgendeiner Weise?
Gibt es weniger als 50 Prozent Arbeitnehmer, die Spaß im Job haben?	Gibt es eine Bank, die Humor als Personalmethode anwendet?	Kennen Sie humorvolle Unternehmen?	Funktioniert Humor auch in ärgerlichen Situationen?

Kann unser Gehirn verdrehte Buchstaben lesen?	Machen Sie Fehler, über die Sie öfter lachen können?	Können Sie und ein Partner sich mit je einem Wort eine Geschichte erzählen?	Kennen Sie Watzlawiks Judo-Methode?

Wenn Sie dieses Buch zu zweit lesen, können Sie den Mitleser nun gerne eine mit Ja beantwortete Frage noch ausführlicher beantworten lassen. Am Ende des Buches werden Sie die Fragen hoffentlich vollständig beantworten können.

Humor im Business

Tendenzen, Humor gezielt in den Arbeitsalltag integrieren

Beschränkt sich der Teil der oben genannten Humorindustrie noch auf den Feierabend des Konsumenten, so gibt es seit einiger Zeit Tendenzen, den Humor auch in den Arbeitsalltag zu integrieren. Man erlebt erste Effekte, einen starken Nutzen und viele neue Kommunikationsmöglichkeiten mit Humor, der sensibel und wertschätzend eingesetzt wird. Lange galt es im Businesskontext jedoch als unseriös, Humor schon vor Feierabend zu zeigen oder gar aktiv einzusetzen. Erst die Arbeit und dann das Vergnügen, lautet nicht umsonst eine deutsche Redensart. Dabei ist auf mehreren wissenschaftlichen Ebenen bewiesen: Humor ist eine effektive Methode.

Bei einer Befragung des Gallup Instituts aus dem Jahr 2001 stellte sich heraus, dass nur 16 Prozent der Arbeitnehmer in Deutschland engagiert am Arbeitsplatz sind. Gallup errechnete aus diesem Tatbestand einen Schaden von 221 Milliarden Euro pro Jahr. 84 Prozent der Arbeitnehmer fühlen sich ihrem Unternehmen gegenüber nicht verpflichtet, fehlen häufiger, sind eher bereit, den Arbeitgeber zu wechseln, empfehlen Produkte oder Dienstleistungen des eigenen Unternehmens nicht weiter, raten Freunden und Bekannten nicht, sich bei ihrem Unternehmen zu bewerben, entwickeln ein negatives Verhalten gegenüber den Mitmenschen aufgrund von Stress, haben kaum Karriereabsichten bei ihrem jetzigen Arbeitgeber und empfinden wenig Spaß an ihrer Arbeit. Eine wahrhaft gruselige Auflistung.

Feststeht, dass humorvolle Menschen leistungsfähiger, flexibler, kontaktfreudiger erfolgreicher und gesünder sind. In Stresssituationen erweisen sie sich als belastbarer. Wer Spaß bei der Arbeit hat, schaut seltener auf die Uhr, leidet weniger an sinnlosen Umstrukturierungen und grämt sich nicht über das mittelmäßige Gehalt.

Dass Arbeit auch Spaß machen kann, ist schon längst nicht nur das Credo von unverbesserlichen Hedonisten, sondern auch von Personalleitern und sogar von Unternehmensberatern. Man kann Arbeit auch als ernsthaften Spaß verstehen oder als Engagement, das auch Spaß machen darf.

Arbeit kann und darf auch Spaß machen

Daher haben auch die scheinbar harten Manager und Zahlenmenschen das Thema Humor für sich entdeckt.

Zehn Gründe, sich mit produktivem Humor im Business zu beschäftigen:

Humor macht sympathisch

Möchten Sie sympathisch wirken? Dumme Frage. Es gibt kaum jemanden, der sagt: *„Keiner mag mich und ich fühle mich wohl.“* Fast alle Menschen möchten sympathisch wirken. Humor ist eindeutig eine der wichtigsten Eigenschaften, um auf andere Menschen sympathisch zu wirken. Egal, ob beim eigenen Partner, bei der Beurteilung des eigenen Chefs, der Qualifikation eines Mitarbeiters oder eines Kollegen, Humor taucht als Eigenschaft immer auf den vorderen Plätzen der genannten Kriterien auf.

Humor kommt bei jedem gut an

Humor als Arbeitsplatzvermittler

Befragungen von Führungskräften und Personalleitern bestätigen: Bei gleicher Qualifikation wird ein Bewerber mit mehr Humor bevorzugt. Dies ist vielleicht politisch nicht korrekt, aber menschlich. In den USA und Japan werden in Einstellungstests die sog. Humorskills bereits gezielt analysiert.

Humor als Karriereförderer

Wenn Sie erst einmal einen Job haben, hilft Ihnen Humor, diesen zu behalten und auf der Karriereleiter ständig nach oben zu klettern. Wenn Sie eine Expertenkarriere anstreben, wird Ihr Humor anderen Menschen helfen, Ihren Wissensvorsprung besser zu ertragen. Humorvolle Beispiele und Hinweise sind allemal besser und willkommener als Expertenratschläge mit erhobenem Zeigefinger. Ob auf wissenschaftlichen Kongressen oder bei der abendlichen Talkshow im Fernsehen: Exper-

Humor wirkt besser als Expertentum

ten mit Humor werden häufiger eingeladen und besser bezahlt.

Führung durch Humor

Humor gilt als wichtige positive Eigenschaft hervorragender Führungskräfte

Für eine Führungskraft ist Humor eine der ganz wesentlichen Eigenschaften. Im Umgang mit der eigenen Rolle als Führungskraft hilft Humor, sich nicht ganz so wichtig zu nehmen. Auch in der Wahrnehmung der Mitarbeiter ist Humor eine wichtige positive Eigenschaft hervorragender Führungskräfte. Dies gilt kulturübergreifend. Selbst der Gründer des Benediktinerordens, Benedikt von Nursia, der eher für sein strenges Arbeitsethos „ora et labora!" berühmt ist, gab seinen Führungskräften den Auftrag, Freude zu vermitteln.

Bessere Kommunikation durch Humor

Der entscheidende Erfolgsfaktor in Ihrer Karriere ist nicht Ihr Fachwissen, sondern Ihre Kommunikationsfähigkeit. Humor sorgt in nahezu allen Bereichen der Kommunikation für eine Verbesserung. Beim Zuhören, in der Gestaltung eigener Redebeiträge und zum Aufbau langfristiger, emotional positiver Beziehungen: Humor ist der Schlüsselfaktor. Selbst in Partnerbeziehungen ist Humor für die langfristigen Erfolgsaussichten einer Beziehung deutlich wichtiger als beispielsweise Sexualität.

Humor wirkt entwaffnend

Konfliktfähigkeit und Humor

Nicht umsonst heißt es, dass Humor entwaffnend ist. Sie können Humor sowohl einsetzen, um einen aufkeimenden, gerade in der Entstehung begriffenen Konflikt sofort zu entschärfen bzw. im Keim zu ersticken, als auch, um schon lange bestehende Konflikte vor einer weiteren Eskalation zu bewahren.

Besser lernen durch Humor

Wir leben in einer Wissensgesellschaft. Laut einer Untersuchung des englischen Soziologen Richard Sennett muss ein moderner Arbeitnehmer vom Eintritt in das Berufsleben bis zum Ausscheiden etwa elf Berufe erlernen. Das Credo vom lebenslangen Lernen fehlt in keiner Sonntagsrede von Vorstandsvorsitzenden und Politikern. Der positive Einfluss von Humor auf die Lernleistung gehört zur Lebenserfahrung fast aller Menschen und ist inzwischen wissenschaftlich bewiesen. Wenn Sie Fakten, Wissen und Informationen vermitteln wollen, setzen Sie Humor gezielt als Lernkatalysator ein.

Humor fördert die Kreativität und Flexibilität

Humor ist gut fürs Gehirn und fördert die Verbindung unterschiedlicher Gehirnareale. Beim Lachen werden Glückshormone freigesetzt, die nicht nur das allgemeine Wohlbefinden steigern, sondern auch bei der Entwicklung von kreativen Ideen unerlässlich sind. Zusätzlich wird dadurch die Flexibilität im Umgang mit Veränderungen gefördert – ebenfalls ein wesentlicher Erfolgsfaktor in der modernen Welt. Humor hilft Ihnen, Veränderungen sowohl positiv zu gestalten, als auch selbst mit Veränderungen, die Sie nicht beeinflussen können, besser umzugehen.

Humor fördert die Verbindung unterschiedlicher Gehirnareale

Humor macht gesund

Humor und Lachen können mittlerweile in der Medizin gezielt zur Schmerzlinderung eingesetzt werden. Die Universität Zürich hat in mehreren Studien durch Lachen erzielte Schmerzlinderung bei Probanden nachgewiesen. Wer viel lacht, wird weniger krank.

Humor macht glücklich

Seit Aristoteles wissen wir: Der Mensch strebt danach, glücklich zu sein. Dass Geld allein nicht glücklich macht, wissen wir schon aus einem überlieferten Bonmot des amerikanischen Milliardärs John D. Rockefeller. Auch die von ihm empfohlenen Grundstücke und Wertpapiere als weitere Glücksfaktoren reichen nicht wirklich aus. Der Milliardär braucht Humor, um mit dem ganzen schnöden Mammon fertig zu werden.

Humor hilft Ihnen, generell eine konstruktive, positive Einstellung zum Leben zu entwickeln. Sprechen Sie einmal mit Krankenschwestern und Pflegern in Seniorenheimen. Auch im Alter, im Umgang mit Krankheiten und sogar beim Sterben ist Humor, sensibel eingesetzt, eine Ressource und besondere Kraftquelle.

Humor hilft, eine konstruktive, positive Einstellung zum Leben zu entwickeln

Das vorliegende Buch versucht, dem Thema Humor wissenschaftlich, aber hoffentlich nicht nur bierernst auf die Spur zu kommen. Was ist überhaupt Humor?

Gerade auch die Fähigkeit, Humor zu empfinden unterscheidet den Menschen vom Tier

Eingangs erläutern wir, wie Humor im Gehirn entsteht und warum gerade auch die Fähigkeit zu lachen den Homo sapiens stark von seinen Beinahe-Artgenossen unterscheidet. Im anschließenden Teil wird das Thema Humor systematisiert. Welche Arten von Humor gibt es überhaupt? Wie werden sie unterschieden und was bewirken sie? Der Hauptteil des Buches schließlich zeigt verschiedene Anwendungsformen von Humor im und rund ums Business. Sie erhalten einen Überblick über gelungene oder besonders schlimme Beispiele und finden nach der theoretischen Ausbildung hoffentlich jede Menge Inspiration für die eigene Praxis im beruflichen Alltag.

Die Autoren sehen sich nicht in der Rolle von Wissensvermittlern, sondern eher von Hofnarren

Dabei nehmen die beiden Autoren nicht die Rolle von Wissensvermittlern ein, sondern eher von Hofnarren. Was macht ein Hofnarr? Er spiegelt das wider, was unter den Menschen passiert. Er beobachtet, karikiert, spricht an, was offensichtlich ist. Animiert zum Ausprobieren. Finden Sie Ihren persönlichen Humorstil und leben Sie ihn am Arbeitsplatz aus. Lassen Sie sich von uns dazu inspirieren, Ihren Humor zuzulassen. Neu lernen brauchen Sie ihn oft nicht. Und vor allem: Amüsieren Sie sich beim Lesen!

1 EINE KURZE GESCHICHTE DES HUMORS

„Die Phantasie tröstet die Menschen über das hinweg,
was sie nicht können,
und der Humor über das, was sie tatsächlich sind."
Albert Camus

Schon die Neandertaler lachten über Witze

Wir erinnern uns zurück an die Steinzeit. In einer Höhle, kuschlig erwärmt, sitzt eine Gruppe von fleißigen Jägern und Sammlerinnen. Jeder der Jäger hält in der Hand ein Stück einer Mammutkeule. Der Gruppenälteste sitzt an der Spitze des Clans und erzählt Witze und unterhaltsame Geschichten. Alle lachen und dem Nächsten fällt ein Witz ein, über den alle noch mehr lachen. Humor ist so alt wie die Menschheit. Gelacht wurde auch schon in der Höhle. Dass Humor Spaß macht, daran gibt es keinen Zweifel. Aber warum lachen wir? Was passiert da in unserem Gehirn und wo bewegt sich etwas bei Humor?

Das Problem bei der Beschäftigung mit dem Thema „Humor und Lachen“ besteht darin, dass beides oft als Synonym verstanden wird. Dabei ist das Lachen nicht dasselbe wie die Emotion Erheiterung; und Humor erfasst einen größeren Bereich als das Lachen. Dabei kann man unterschiedlichste Formen von Humor erleben: Erheiterung, Widersprüchliches, Übertriebenes, Unsinniges, Zynismus, Ironie oder Situationskomik. Aber auch die Reaktionen auf etwas Lustiges können sehr unterschiedlich sein: lächeln, schmunzeln, wiehern, giggeln, losprusten, sich in die Hose machen, kichern, weinen, glucksen, sich die Schenkel klopfen, sich wegwerfen etc.

Humor erfasst einen größeren Bereich als Lachen

Was verstehen Sie selbst darunter, wenn Sie sagen, *„Ein Mensch hat Humor“*? Heißt das, dass er lediglich gerne herzhaft über Spaß lacht oder ist er auch in der Lage, selber humorvolle Beiträge zu ersinnen und diese vergnüglich zu Gehör zu bringen? Handelt es sich um aktiven oder passiven Humor?

Von Kierkegaard stammt die Definition: *„Humor ist Lächeln, Heiterkeit, Versöhnlichkeit und die gelassene Betrachtung menschlicher Schwächen und irdischer Unzulänglichkeiten.“* Morgenstern hält Humor für „die äußerste Freiheit des Geistes“. Edward de Bono, der Begründer von Kreativitätstechniken wie Mindmapping, hält Humor für *„das weitaus wichtigste Phänomen des menschlichen Geistes“*.

Humor als „das weitaus wichtigste Phänomen des menschlichen Geistes“

Andere sprechen von heiter-gelassener Weltsicht, die das Über-sich-selbst-Lachen mit einschließe. Dabei heißt es, echter Humor wirke heilend, verbindend und versöhnend. Es gibt jede Menge Sprichwörter aus unterschiedlichen Kulturkreisen, die die Bedeutung des Humors als festen Bestandteil der Kommunikation und auch der Heilung beschreiben.

Die Italiener sagen: *„Lachen macht gutes Blut.“* In Indien heißt es: *„Der beste Arzt lebt in dir und lacht.“* Die Chinesen halten sich an das Sprichwort: *„Eine Minute, die man lacht, verlängert das Leben um eine Stunde.“* Und bei den Aborigines heißt es: *„Der Humor ist so wichtig für unser Wohlbefinden, dass du nie schlafen gehen solltest, bevor du nicht während des Tages irgendwann gelacht oder Freude empfunden hast.“*

Viele Sprichworte belegen die positive Wirkung von Humor

1.1 Die Entstehung des Lachens

Lachen ist eine wesentlich ältere Form der Kommunikation als etwa die menschliche Sprache. Während sich die Forscher ge-

Lachen ist wesentlich älter als Sprache

genwärtig noch darüber streiten, ob unsere moderne Sprache 40.000 oder 100.000 Jahre alt ist, wird die Entstehung des Lachens auf etwa sieben Millionen Jahre geschätzt. Unsere nahen Anverwandten, die Primaten, mit denen wir über 98 Prozent unseres genetischen Materials teilen, kennen ebenfalls das Lachen und Lächeln. Die Gehirnforscher sind seit einigen Jahren dabei, der Entstehung des Lachens und der Verortung im menschlichen Gehirn auf die Spur zu kommen. Dabei fanden Wissenschaftler beispielsweise heraus, dass es schon reicht, Lachen oder lautes Jubeln zu hören, um in einer Region der Hirnrinde starke Aktivitäten zu entfalten. Diese sind auch dafür verantwortlich, dass Lachen ansteckend wirkt.

Positive Gefühlsausdrücke werden von starken Gehirnaktivitäten begleitet

So genannte Spiegelneuronen, die sich im prämotorischen Kortex befinden, werden durch das bloße Anschauen von Bewegungen anderer aktiviert. Interessant ist, dass diese Ansteckung nicht bei allen Emotionen gleich gut funktioniert. Zwar reagieren wir auch auf Ekel und Angst bei anderen Menschen, aber die Gehirnaktivitäten bei positiven Gefühlsausdrücken unserer Mitmenschen sind wesentlich stärker. Das Lachen der Menschen funktioniert jedoch anders als das Lachen der Schimpansen. Während der Schimpanse stoßartig ein- und ausatmet und dabei Geräusche entstehen lässt, die dem menschlichen Lachen ähneln, atmet der Mensch besonders stark ein und beginnt dann mit einer Abfolge kürzerer Atemstöße, die vom Lachen, den Haha-Geräuschen begleitet werden. Dabei wird die gesamte Luft mit hohem Druck aus der Lunge gepresst. Daher geht Ihnen beim Lachen manchmal die Puste aus.

Handelt es sich beim einfachen Lächeln um einen Reflex, den schon Neugeborene beherrschen, bedarf es für das herzhafte Lachen eines äußeren Reizes. Das Ausmaß unserer Erheiterung hängt dabei von verschiedenen Faktoren ab. Es macht auch einen Unterschied, wer einen guten Witz erzählt. Forscher der Florida State University haben festgestellt, dass Mitarbeiter stärker lachen, wenn der Chef einen Witz bringt. Die Ursache liegt im besonderen Stress- und Spannungsabbau bei den Mitarbeitern, wenn der Chef einen Witz erzählt und damit die Erlaubnis zum Gelöstsein gibt. Dabei dürfte allerdings eine Rolle spielen, ob das Verhältnis zum Vorgesetzten eher positiv oder negativ empfunden wird und ob der Witz gut erzählt wird. Nichts ist anstrengender, als über Witze des Chefs lachen zu müssen, die keiner wirklich witzig findet. Auch kann man freundliches, herzliches gemeinsames Lachen, das die sozialen Bande der Gruppe fördert, unterscheiden von Schadenfreude und höhnischem Gelächter oder Sarkasmus, welche dem Selbstwertgefühl desjenigen, über den gelacht wird, schaden. Hier wird auf Kosten eines anderen gelacht, womit Schadenfreude selten produktiv für gute Kommunikation ist.

Im Laufe des Lebens verändert sich das, was einen zum Lachen bringt

Im Laufe des Lebens verändert sich das, was einen zum Lachen bringt. Wenn Sie selbst Kinder haben, werden Sie feststellen, dass Kleinkinder einfach zu erheitern sind. Eine einfache Grimasse und schon lachen die Kleinen herzhaft. Bei dem Versuch, ihre Kollegen in der Kantine mit ähnlichen Grimassen zu erheitern, dürften Sie wahrscheinlich bestenfalls Verwunderung ernten. Mit zunehmendem Alter steigt unser Anspruch an den Humor. Man empfindet weniger das Gesehene oder Gesagte selbst als komisch, sondern den Bezug zu den eigenen Vorstellungen. Je enger der persönliche Bezug zum Inhalt des Witzes, umso stärker die Reaktion. Beispiel: Ein Verkäufer, der gerade extrem viel Stress mit seinen Kunden hat, wird über einen Witz auf Kosten eines schwierigen Kunden herzhafter lachen als jemand aus der Buchhaltung.

Herzhaftes Lachen entsteht aus einer Kettenreaktion im Gehirn

Um herzhaft zu lachen, bedarf es einer Kettenreaktion im Gehirn. Zunächst muss man das Komische kognitiv erfassen. Dies geschieht im Großhirn. Danach entscheidet das limbische System, ob die Lachmuskeln zum Einsatz kommen oder nicht. Bevor es dazu kommt, muss jedoch eine Region im Stirnhirn erlauben, dass man herzhaft loslacht. Wird dieser Kontrollmechanismus abgeschaltet, lacht man laut und herzhaft. Dabei sinkt das Schmerzempfinden. Der Mensch hat dann auch keine Kontrolle über seinen Körper. Empfindet das aber nicht als unangenehm. Den Kontrollknopf im Gehirn können Sie allerdings selbst beeinflussen. Dazu später mehr.

Sollten Sie beispielsweise aus einer Familie kommen, in der strenge religiöse Überzeugungen herrschten, Lachen als Sünde bewertet wurde oder als unschicklich galt, werden Sie wahrscheinlich weniger ausgelassen und weniger häufig lachen als Ihr Kollege, der in den zweifelhaften Genuss einer antiautoritären Erziehung kam und schon im Kinderladen vom Tisch pinkeln durfte. Während der Kollege vielleicht lernen muss, wann es besser ist, auf die Reaktion des Umfelds zu achten, können Sie sich ruhig erlauben, öfter mal etwas ausgelassener Ihre Freude zu zeigen. Wie Sie Ihr persönliches Humor- und Lachcoachingprogramm starten, erfahren Sie im letzten Teil des Buchs.

1.2 Lachen als Beginn der eigenen Biografie

Viele Indianervölker geben Neugeborenen erst dann Namen, wenn sie erstmals gelacht haben

Bei vielen Indianervölkern ist das Lachen ein so wichtiges Ereignis im Leben eines kleinen Menschen, dass er erst den Namen erhält, wenn er das erste Mal gelacht hat. Für die amerikanischen Ureinwohner wird der Mensch erst mit dem Lachen vollständig. Und von Charlie Chaplin stammt das berühmte Zitat, das Sie wahrscheinlich schon gelesen haben: *„Ein Tag, an dem du nicht lächelst, ist ein verlorener Tag."*

Dass das Lachen vor dem Sprechen kommt, gilt nicht nur für die menschliche Entwicklungsgeschichte im Allgemeinen, sondern für unsere eigene Biografie. Babys beginnen ab der fünften Lebenswoche mit dem Lachen. Mit vier Monaten kommt das laute Lachen, auch Giggeln genannt, dazu. Kinder lachen, so heißt es, etwa vierhundertmal am Tag. Der gemeine Deutsche bringt es gerade mal auf 15 Lacher, was insgesamt etwa sechs Minuten pro Tag ergeben soll. Vor vierzig Jahren sollen die Deutschen noch etwa 18 Minuten am Tag gelacht haben. Nach dieser Sichtweise hat die steigende Anzahl von Lachseminaren also eine ganz klare empirische Begründung.

Lachen als Heilkraft hat, wie bereits beschrieben, eine lange Tradition. Schon mittelalterliche Arztberichte sprechen von einer schnelleren Genesung des Patienten, wenn ihm Freude und Vergnügen bereitet werde. Die Vernaturwissenschaftlichung der Medizin sorgte jedoch für eine Verschüttung dieses alten Wissens. Erst in den 70er-Jahren des vorigen Jahrhunderts zog das Lachen in die medizinische Forschung ein.

1.3 Die Humor- und Lachforschung

Wie misst man Humor?

Wie misst man Humor? Bei der Messung von Humor mit wissenschaftlichen Methoden kommt es darauf an, diesen von Optimismus oder Fröhlichkeit zu differenzieren. Lachen ist nicht automatisch gleichzusetzen mit Humor und wird unterschiedlich untersucht.

Der Trondheimer Forscher Sven Svebak hat die Humordefinition nach drei unterschiedlichen Dimensionen differenziert:

eine kognitive, eine soziale und eine physische Dimension. Bei der kognitiven Dimension handelt es sich um die Fähigkeit, witzige, überraschende Gedanken selbst zu entwickeln, diese Gedanken zu erkennen und angemessen auf sie zu reagieren. Diese Dimension sei die wichtigste. Bei der sozialen Dimension handele es sich darum, sich gern mit Menschen zu umgeben, die Sinn für Humor haben. Bei der physischen Dimension geht es ganz klar darum, wie oft jemand lacht, woraus sich allerdings für die Beurteilung, ob jemand Humor habe oder nicht, keine Rückschlüsse ziehen ließen. Denn Lachen sei eben nicht gleich Lachen. Ein Lachen aus Unsicherheit oder ein zynisches Lachen ist nicht gleichzusetzen mit Humor.

Kognitive, soziale und physische Dimension des Humors

Lachen wird inzwischen auch bei Lungenkranken eingesetzt. Da bei gesunden Menschen nachgewiesen werden konnte, dass Lachen die Lunge von alter, verbrauchter Luft befreit, sorgt Lachen für im wahrsten Sinne des Wortes frische Luft.

Der Wissenschaftszweig, der sich mit dem Lachen beschäftigt, hat sogar einen eigenen Namen: Gelotologie. Die Lachforscher treffen sich auf Kongressen, sind in Verbänden, Vereinen und Wissenschaftszentren und Instituten organisiert und haben es in vielen Ländern bereits geschafft, die Lachtherapie auch als anerkannte Heilungsform durchzusetzen. In England, Italien, Frankreich, Belgien und den Niederlanden darf bereits seit 1999 bzw. 2000 auf Rezept gelacht werden.

Gelotologie: Lachforschung

Lachen auf Rezept

Was genau passiert beim Lachen, das so heilende Wirkung hat? Neben den positiven Nebenwirkungen durch die verstärkte Sauerstoffzufuhr und den Einsatz von nahezu 300 Muskeln kommt es unter anderem zur Ausschüttung von Glückshormonen wie Serotonin. Dies senkt den schädlichen Anteil der Stresshormone Adrenalin und Cortisol sowie von Wachstumshormonen. Dadurch vermutet man eine immunstärkende Auswirkung auf die Zellen und damit die Stärkung des Immunsystems insgesamt.

Wer öfter lacht, hat nicht nur mehr vom Leben, sondern lebt auch länger. Vielleicht kennen Sie in Ihrem Freundes- und Bekanntenkreis oder unter den Kollegen einige Gesundheitsexperten, die sich den ganzen Tag damit beschäftigen, wie sie noch gesünder leben können, dabei jedoch einen relativ griesgrämigen Eindruck machen. Oftmals werden diese Zeitgenossen nicht wirklich alt, obwohl sie doch zeit ihres Lebens alles

Wer oft lacht, hat mehr vom Leben und lebt länger

dafür getan haben. Gleichzeitig freut sich jedoch womöglich ihr schon immer etwas schwergewichtiger Großvater, der gerne mal seine Pfeife oder eine Zigarre raucht und auch das eine oder andere Gläschen Wein nicht verschmäht, auf seinen neunzigsten Geburtstag. Diese scheinbare Ungerechtigkeit könnte etwas mit dem Thema Humor und Humoreigenschaften zu tun haben.

Humor steigert die geistige Leistungsfähigkeit

Humor macht auch tatsächlich schlauer. Die geistige Leistungsfähigkeit steigert sich, Sie werden kreativer. Müdigkeit und Abgeschlagenheit verschwinden. So genannte Psychoneuroimmunologen stellten in Untersuchungen mit Schauspielern fest, dass unser gesamtes Nerven- und Immunsystem sowie alle Regionen des Körpers bereits auf reine positive oder negative Gedanken reagieren. Falls Sie Schauspieler sind, sollten Sie sich ab und zu einmal in einer Komödie verdingen. In Versuchen wurde nämlich festgestellt, dass Schauspieler, selbst wenn sie nur vorgaben, traurig zu sein, ein schwächeres Immunsystem hatten. Das Gleiche gilt für positive Szenen. Die fröhliche Rolle stärkt das eigene Immunsystem.

Ähnliches gilt auch für den Konsum von Fernsehen und Kinofilmen. Während actiongeladene Splattermovies eindeutig schwächend auf das Immunsystem wirken, ist die positive Wirkung eines fröhlichen Films noch Tage nach dem Konsum des Films nachweisbar. Möglicherweise hat George Bush einfach zu oft die falschen Filme gesehen.

Willibald Ruch gilt als der führende Humorexperte Europas

Eines der Schwergewichte (ausdrücklich auch im übertragenen Sinne) der Humorforschung ist Willibald Ruch. Er gilt als der führende Humorexperte Europas und lehrt und forscht an der Universität Zürich. Ursprünglich aus der Musik kommend, stellte er fest, dass Konzertmusiker deutlich ernster waren als Jazzmusiker mit dem Hang zum Improvisieren. Diese an sich durch einfache Menschenkenntnis nicht wirklich überraschende Einsicht führte bei Ruch dazu, dass er seinen Beruf wechselte und Humorexperte wurde.

Nach seinem Psychologiestudium spezialisierte er sich auf das Thema Humor. Zitat: *„Es brauchte schließlich keinen tausendsten Depressionsforscher und der Humor war als Forschungsgebiet bis dahin noch weitgehend unentdeckt.“* Seither erforscht der Schweizer akribisch und mit modernsten Methoden Dauer und Breite des Lächelns oder den Einfluss von Humor auf das Schmerzempfinden.

Inzwischen gibt es mehr als 60 wissenschaftlich anerkannte Methoden zur Messung von Humor. Persönliche Humorstile werden in verschiedene Kategorien unterschieden, etwa in a) selbst erhebend, b) beziehungsorientiert, c) aggressiv oder d) selbst verteidigend. Ruch schreckt auch nicht davor zurück, die eigene Kollegenschaft mit den gleichen Methoden zu beackern und stellte fest: Auch unter Humorforschern gibt es genauso viele fröhliche oder miesepetrige Menschen wie in anderen Berufszweigen.

Eines von Ruchs Spezialgebieten ist die so genannte Gelotophobie. Dabei handelt es sich um die pathologische Angst vor dem Ausgelachtwerden. Diese in allen Ländern vorhandene Krankheit führt im Extremfall dazu, dass der Gelotophobiker jegliches Lachen in seiner Umgebung persönlich nimmt und als Auslachen interpretiert.

Gelotophobie: pathologische Angst vor dem Ausgelachtwerden

Ruch hat Studien im Bereich Schmerzreduzierung angeregt und durchgeführt, einem Bereich, in dem konkrete Ergebnisse zur Humorwirkung vorliegen. Man hat Probanden ihre Hände in einen Eimer mit kaltem Wasser tauchen lassen, bis sie einen Schmerz verspürten. Danach schaute sich eine Gruppe dieser Probanden einen lustigen, eine zweite Gruppe einen traurigen Film und die dritte Gruppe gar keinen Film an. Nun wurde durch Blutuntersuchungen bei der Humorfilmgruppe eindeutig eine länger anhaltende Schmerzreduzierung festgestellt als bei den anderen beiden Gruppen. Patienten in der Humortherapie benötigen weniger schmerzstillende Medikamente. Bei einigen Patienten konnte die Gabe von schmerzstillenden Medikamenten nach etwa 14 Tagen Humortherapie vollkommen abgesetzt werden.

Wie sagte schon der berühmte Komiker Groucho Marx in den 1930er-Jahren: *„Lachen ist wie Aspirin, es wirkt nur doppelt so schnell.“* Auch Ihre Herzmuskeln werden gekräftigt und die Innenwände der Blutgefäße gestärkt.

Optimisten, die gerne herzhaft lachen, leben länger und haben einen nach amerikanischen und niederländischen Studien um 23 Prozent geringeres Herzinfarkt-Risiko. Neuerdings wird das Lachen sogar im Zusammenhang mit Osteoporose-Prophylaxe untersucht. Wenn die Humorforschung sich in diesem Tempo weiterentwickelt, werden Sie wahrscheinlich in einigen Jahren beim Gang in Ihre Apotheke leere Regale vorfinden und hinter dem Tresen einen Clown.

Weitere Studien stellten fest, dass bei Lächeln und Lachen der Botenstoff Dopamin ausgeschüttet wird. Dieser versetzt Sie in Hochstimmung. Ebenso wie die Aussicht auf Geld, der Anblick eines attraktiven Gesichts oder ein Hochgefühl nach Drogengenuss. Achtung: Lachen könnte also abhängig machen!

In den Kliniken sind zunehmend Krankenhausclowns im Einsatz

Sie sehen, es gibt unendlich viele positive Nebeneffekte des Lachens und des Humors. Der Arzt mit Pappnase ist keine skurrile Vision, sondern in vielen Krankenhäusern bereits Realität. So genannte Krankenhausclowns sind heutzutage nicht nur in Kinderkliniken im Einsatz, sondern auch in der Therapie Erwachsener.

Im Bereich des Immunsystems gibt es Reaktionen im Körper durch Lachen und Humorerleben, die man gerne noch besser nachweisen möchte: erhöhte Endorphinausschüttung, verstärkte Immunglobulin-A-Bildung, ebenfalls erhöht produziert werden Killer-T-Zellen. Man erhofft sich eine verringerte Cortisolausschüttung. Das sind die Hormone, die der Körper bei erhöhtem Stress produziert. Dann wäre der Humor ein Gegenmittel zum Stress. Studien als auch Ergebnisse im immunologischen Bereich sind bisher unsystematisch und teilweise ohne nützliche Kontrollgruppe.

Humor und Lachen können auch negative Auswirkungen haben

Humor ist jedoch nicht immer nur positiv. Humor kann auch als Waffe eingesetzt werden. Ein Beispiel dafür lieferten die aufgedeckten Folterungen amerikanischer Soldaten im Irak 2004. Auf die Frage, wie es zu den menschenverachtenden Folterfotos gekommen sei, antwortete die amerikanische Soldatin Lynndie England: *„Wir fanden, dass es lustig war.“* Hier wird dem Opfer der Folterung durch das Auslachen noch der letzte Rest an Würde genommen. Humor und Lachen sind also nicht per se positiv. An einigen Stellen des Buches wird auf die Grenzen und unterschiedlichen Wirkungen von Humor hingewiesen.

1.4 Die Anatomie des Lachens

Erste Lachforschungen führte der französische Arzt Duchenne im achtzehnten Jahrhundert durch. Durch elektrische Stimulation der Gesichtsmuskeln seiner Patienten stellte er fest, dass es ein echtes und ein falsches Lächeln gibt. Bitte urteilen Sie selbst:

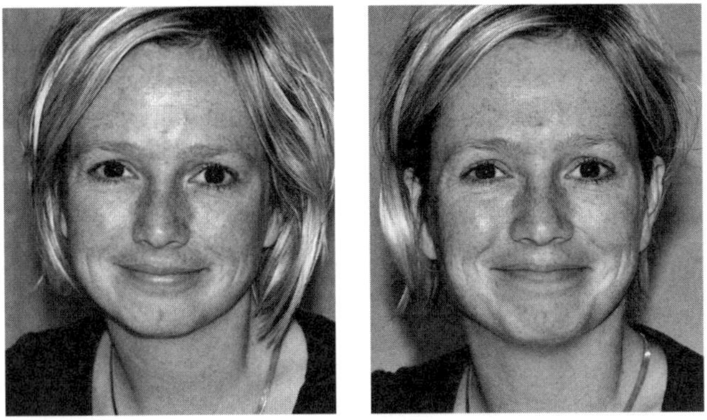

Den Unterschied zwischen einem echten und einem unechten Lächeln veranschaulicht Christiane Krüger

Sie haben sich für das rechte Bild entschieden? Für das echte Lächeln verwendet der Mensch im Gegensatz zum falschen Lächeln zwei bestimmte Muskeln: den M. zygomaticus major und den M. orbicularis oculi, den Wangenmuskel und den Augenringmuskel. Die Humorforschung hat dieses Lächeln zu Ehren des Anatomen als „Duchenne-Lächeln" bezeichnet. Es sind viele weitere Muskeln beteiligt, aber diese beiden sind in der Unterscheidung wesentlich. Sobald die Stewardess das gezwungene Lächeln auflegt, sprechen wir vom so genannten *„Pan American Smile"*.

Unverständlich oder? Was wir schon immer ahnten, ist inzwischen auch durch die Gehirnforscher belegt: Echtes und unechtes Lächeln unterscheidet sich also unter anderem durch den unterschiedlich starken Einsatz von Gesichtsmuskeln. Beim echten Lächeln werden nicht nur die Mundwinkel nach oben gezogen, sondern es verengen sich auch die Lidspalten. Unechtes Lächeln konzentriert sich vor allen Dingen auf den Mund.

Dies wird durch unterschiedliche Gehirnregionen gesteuert. Dass selbst ein falsches Lächeln und Lachen ansteckend wirkt, liegt offensichtlich an den so genannten und bereits erwähnten Spiegel-Neuronen.

Lachen ist ansteckend

Es reicht, andere lachen oder lächeln zu sehen, um die entsprechenden Vorgänge auch bei uns auszulösen. Aus diesem Grunde werden im Fernsehen bei schlechten Sitcoms besonders viele Lacher eingespielt, und das Lächeln der Servicemitarbeiterin an der Kasse wirkt auch, obwohl wir ahnen, dass es nicht wirklich echt ist. Trotzdem haben wir ein sehr sensibles Gespür dafür, wann ein Mensch falsch lächelt und wann er es ernst meint mit dem Lachen.

1.5 Humor und Witz

Die Komik entsteht durch eine Inkongruenz, einen Bruch mit dem Erwarteten

Was macht einen guten Witz aus? Die Pointe. Was ist damit eigentlich gemeint? Um einen guten Witz zu verstehen, ist eine ganze Reihe von Fähigkeiten notwendig. Neben dem allgemeinen Verständnis kommt es vor allem darauf an, die so genannte Unstimmigkeit oder Inkongruenz zu erfassen. Der Witz entsteht dadurch, dass die Geschichte eine unvorhergesehene Wendung nimmt. Diesen Bruch mit dem Erwarteten muss man natürlich verstehen können. Dies hängt davon ab, ob man sich in die Situation und das Verhalten der geschilderten Menschen hineinversetzen kann. Empathie ist also eine wichtige Voraussetzung.

Außerdem ist ein gewisses Maß an logischer Intelligenz vonnöten. Der Zuhörer muss in der Lage sein, die logische Abfolge und Abhängigkeit einer Handlung zur Umwelt vorherzusagen. Nur so entsteht die Überraschung. Für diesen Prozess ist der präfrontale Kortex zuständig. Es überrascht nicht, dass Alkoholiker Schwierigkeiten mit dem Verständnis von Witzen haben. Regelmäßiger Alkoholkonsum schädigt das Gehirn, darunter leidet folglich auch das Verstehen von Witzen. Alkohol macht also anfänglich lustig, auf Dauer aber traurig-ernst.

Es ist ein Unterschied, ob man einen Witz nur liest oder auch hört

An der kanadischen York University und am Londoner Institute of Neurology wurde die unterschiedliche Verarbeitung von Witzen im Gehirn untersucht. Dabei stellten die Forscher fest, dass es einen Unterschied macht, ob man einen Witz nur liest oder auch hört. Dies ist nicht wirklich überraschend, wenn Sie sich schon mal mit dem Thema Gehirn oder Kommunikation beschäftigt haben. Da über die Stimme wesentlich mehr Emotionen transportiert werden, ist das limbische System bei einem gehörten Witz wesentlich stärker beteiligt.

Der britische Wissenschaftler Richard Wiseman von der University of Hertfordshire hat ein spezielles LaughLab eingerichtet. Auf dieser Internetseite werden Witze eingetragen und beurteilt. Wer einen Witz anmeldete, musste verschiedene Fragen zur Herkunft, Alter und Gewohnheiten beantworten.

Dabei konnte Wiseman unterschiedliche kulturelle Gewohnheiten beim Thema Witz feststellen.

Wiseman machte sich auch auf die Suche nach dem lustigsten Witz von allen. Hier der Gewinner:

Ein Lachforscher ermittelt den lustigsten Witz

Zwei Jäger aus New Jersey sind im Wald, als einer von ihnen zusammensinkt und die Augen verdreht. Er scheint nicht zu atmen. Der andere Jäger holt sein Handy raus und ruft einen Notarzt an. Er keucht ins Telefon: „Mein Freund ist tot, was kann ich tun?" Der Mann in der Notrufzentrale versucht ihn zu beruhigen und spricht mit sanfter Stimme: „Keine Panik, ich kann Ihnen helfen. Zuerst vergewissern Sie sich, dass Ihr Freund wirklich tot ist." Zunächst ist Stille in der Leitung, dann fällt ein Schuss. Der Mann im Wald kommt wieder ans Telefon zurück und fragt: „Okay, was jetzt?"

Nach Wiseman beinhaltet der Jägerwitz alle drei Elemente, die ein erfolgreicher Witz benötigt: Wir fühlen uns dem Jäger überlegen, wir realisieren das Missverständnis zwischen ihm und dem Mann am Telefon und der Witz hilft uns, über die eigene Sorge der Sterblichkeit zu lachen. Weitere Informationen zum Laughlab: www.laughlab.co.uk

1.6 Wo lacht es im Gehirn?

Aus Untersuchungen von Kriegsgeschädigten und Schlaganfallpatienten weiß man, dass für den Humor besonders der rechte Teil des so genannten Stirnhirns zuständig ist. Menschen, die hier eine Schädigung haben, sind nicht mehr wie früher in der Lage, Humor selbst zu produzieren oder zu verstehen. Das nährt die Theorie von der linken, rationalen Gehirnhälfte und der rechten, eher emotionalen Gehirnhälfte.

Für den Humor ist besonders der rechte Teil des so genannten Stirnhirns zuständig

Eine genaue Darstellung der Verarbeitung von Humor im Gehirn würde an dieser Stelle deutlich zu weit führen. Allein die Aufzählung der unterschiedlichen Teile mit den jeweiligen Fachbegriffen führt schon die Neuroexperten an ihre Grenzen. Für uns reicht es, zu notieren, dass die innere Verarbeitung des Humors im Gehirn und die mimische Reaktion, das heißt das Lächeln, zum Teil getrennte Prozesse sind, für die auch unterschiedliche Regionen im Gehirn verantwortlich sind.

In jedem Fall fanden die Forscher heraus, dass das Verständnis eines Witzes für das Gehirn noch schwieriger ist als das Erfassen eines logischen Ablaufs. Der Witz besteht darin,

Emotionale Inkontinenz

dass man die Unlogik erkennt. Dazu muss man jedoch gleichzeitig zur Logik fähig sein. Alles klar? Dies mag ein Trost sein für alle jene, die zwar schlecht in Mathe waren, aber dafür herzhaft lachen können.

Interessant ist, dass Lächeln und Lachen unterschiedliche Reaktionen darstellen, die auch im Gehirn unterschiedliche Vorgänge auslösen bzw. auf unterschiedlichen Abläufen verschiedener Gehirnfunktionen beruhen. Die Forscher unterscheiden zwischen der willkürlichen mimischen Gebärde und der gemütsmäßigen Mimik.

Es gibt Zeitgenossen, die das Lächeln oder Lachen nicht steuern können. Die Experten sprechen hier allen Ernstes von so genannter emotionaler Inkontinenz.

Bei diesen Menschen ist die schon angesprochene Kontrollinstanz im Stirnhirn offensichtlich komplett ausgeschaltet. Dies ist im Zusammenhang mit einigen psychischen Krankheiten, wie z.B. manchen Formen von Schizophrenie, zu beobachten.

1.7 Humor – Alles nur eine Frage von Testosteron?

Nachdem Gott die Welt erschaffen hatte, schuf er Mann und Frau. Um das Ganze vor dem Untergang zu bewahren, erfand er den Humor.
Guillermo Mordillo

Humor bei der Partnerwahl

Schon in grauer Vorzeit stachen die Woody-Allen-Typen die Schwarzeneggers bei der Partnerwahl aus

Zu guter Letzt die Frage aller Fragen: Hilft Humor auch bei der Partnersuche? Forscher gehen davon aus, dass die Entwicklung von Humor ein Evolutionssprung war, der auch bei der Partnerwahl bereits bei unseren Urvätern von entscheidender Bedeutung war. So sollen schon in grauer Vorzeit die Woody-Allen-Typen die Schwarzeneggers bei der Partnerwahl ausgestochen haben. Dies bestätigt auch eine aktuelle Studie im Auftrag der BBC. Dabei wurden beinahe 120.000 Männer und etwa 100.000 Frauen aus 53 Ländern befragt, welche Eigenschaften ihnen bei der Partnerwahl am wichtigsten seien.

Das Ergebnis: Männern sind bei Frauen folgende Eigenschaften am wichtigsten: erstens Intelligenz, zweitens Aussehen und drittens Humor. Wahrscheinlich ist auch das schon der erste Witz der Untersuchung. Bei den Frauen zählt Humor zu der wichtigsten Eigenschaft, die der Auserwählte haben sollte. Geld und Status landeten weit abgeschlagen auf den hinteren Rängen. Das Aussehen scheint bei den Frauen ebenfalls nicht so einen großen Stellenwert zu besitzen. Die gute Nachricht lautet also: Humor und Intelligenz können Ihnen bei der Partnerwahl mehr helfen als eine dicke Brieftasche. Bleibt die Frage, inwiefern sich der Humor von Männern und Frauen unterscheidet.

Humor und Intelligenz können Ihnen bei der Partnerwahl mehr helfen als eine dicke Brieftasche

Humor von Männern und Frauen

Seitdem Allan und Barbara Pease ihren Bestseller über Frauen mit Einparkschwächen und schwerhörige Männer auf den Markt gebracht haben, ist es erlaubt und auch in der Humorbranche beliebt, die Unterschiede zwischen Mann und Frau zu betonen. Das lesenswerte Buch enthält eine muntere Mischung aus humorvollen Übertreibungen zu statistischen Wahrscheinlichkeiten gepaart mit Vorurteilen und Klischees.

Offenbar diente der Buchinhalt auch als Vorlage für das derzeit weltweit erfolgreiche Theaterstück: Caveman. Hier erlebt der Zuschauer einen typischen Vertreter der Spezies Mann, der gerade zuhause rausgeflogen ist und nun über den Sinn und Unsinn des Zusammenlebens der Geschlechter fabuliert. Das Thema Humor von Männern und Frauen scheint eine gewisse Massenfähigkeit zu haben. Kein Wunder, wir haben relativ viele Männer und Frauen auf der Erde und jeder von uns hat seine eigenen Erfahrungen damit gemacht.

Während frühere Kabarettisten vom Schlage eines Dieter Hildebrandt sich auf eher intellektuellem Niveau tummelten und dementsprechend kleinere Bühnen bespielten, haben die modernen Comedians den Ekel vor dem Niveau der Massen längst aufgegeben. Sollten Sie ein Freund von leisen humorvollen Zwischentönen sein, werden Sie Mario Barth evtl. nicht länger als sieben Minuten ertragen können. Der Erfolg gibt ihm aber recht. Wer hätte gedacht, dass ein einzelner Comedian ganze Fußballstadien füllen kann? Mario Barth ist massenfähiger Humor. Das Thema Mann und Frau ist immer ergiebig, am leichtesten auf Kosten des jeweils anderen. Wenn Karl Kautsky als derjenige gilt, der den komplizierten Marx für die Massen verständlich machte, so kann man Mario Barth mit einigem Recht als Kautsky des deutschen Humors bezeichnen. Bleibt nur zu hoffen, dass die Auswirkungen weniger dramatisch sind.

Massentauglicher Humor ist nicht immer auch guter Humor

Aber nicht jeder Komiker ist massenfähig oder möchte sich der Masse anpassen. Bernhard Victor Christoph Carl von Bülow, den meisten von uns als Loriot bekannt, saß kürzlich bei einem bekannten Talkmaster im Studio und wurde zu seinem Lebenswerk befragt. Der Moderator hat den Humor des Grandseigneurs leider nicht immer verstanden.

Den Kurzzeitspaßmachern à la Barth und Atze Schröder hatte Loriot sogar bezüglich der Verleihung des Deutschen Comedypreises einen Korb gegeben: Er ist zur Preisverleihung nicht erschienen.

Wir wollen an dieser Stelle kein Klagelied über das Niveau des Humors im deutschen Fernsehen anstimmen, hoffen aber auf Loriots Zustimmung, wenn wir behaupten, dass der Humor von und zwischen Männern und Frauen Gott sei Dank etwas komplexer und reicher ist als Barth uns glauben machen will.

Dieser Komplexität versucht natürlich auch die Wissenschaft auf die Spur zu kommen. In einem BBC-Artikel *„Humour comes from testosteron"* vom 22.12.07 (BBC News) behauptet Professor Sam Shuster vom Norfolk and Norwich University Hospital: Männer produzieren mehr Humor und Witze.

Der Professor hat zur Bestätigung dieser These ein eigenartiges Experiment gewählt. Der britische Forscher verbringt einen Teil seiner Freizeit mit der seltenen Kunst des Einradfahrens. Getreu dem Motto, das Angenehme mit dem Nützlichen zu verbinden, radelte Mr. Shuster auf seinem Einrad durch sein Heimatstädtchen und dokumentierte die Reaktionen seiner Mitmenschen. Bei der Auswertung der mehr als vierhundert Kommentare stellte er fest, dass Männer und Frauen unterschiedlich auf sein skurriles Fortbewegungsmittel reagierten.

Männlicher Humor ist oft aggressiv

Männer äußerten eher aggressivere Kommentare und machten auf seine Kosten Witze, was Shuster auf das männliche Sexualhormon Testosteron zurückführt.

Ein Kollege von ihm führte die Erklärung noch weiter: Männer reagieren humorvoll aggressiv, weil jemand auf einem Einrad mehr Attraktivität bei Frauen auslöst. Nach dieser Erklärung ist der Einrad fahrende Professor einfach ein missliebiger Konkurrent bei der Partnerauswahl, der sich einen einseitigen Vorteil verschafft hat. So etwas kann Mann schon aggressiv machen. Willkommen in der Evolutionsbiologie.

Vielleicht lassen sich die akribisch gesammelten aggressiven Reaktionen durch die Versuchsanordnung mit dem Einrad erklären, stellt der deutsche Journalist Philip Bethge lakonisch fest. Wir brauchen also noch Humorforscher mit anderen Hobbys. Mit anderen Humorideen kann man dann vielleicht auch vielfältigere Reaktionen beider Geschlechter hervorrufen. Frauen fliegen auf Männer mit Humor. Kein Wunder also, dass die Evolution ein Heer von Komikern hervorgebracht hat, lautet Bethges amüsante Interpretation von Shusters Forschungsergebnissen. Fördern die Frauen wirklich durch Anerkennung die Rampensaufähigkeiten der Männer? Bethge stellt jedoch auch fest, dass Kabarettistinnen wie Cordula Stratmann, Sängerin Ina Müller oder Gayle Tufts zunehmend die Lacher auf ihrer Seite haben. Während Hella von Sinnen als Urgestein in der Humorszene eher noch ein Mannweib ist, das Humor produziert, werden weibliche Comedians auch zunehmend weiblicher. Die Art des Kabaretts ändert sich mit zunehmender Anzahl weiblicher Comedians. Es wäre ja auch schade, wenn Frauen einfach nur in die Fußstapfen der Männer treten würden. Spannend ist, dass sich die Arten und Formen im Kabarett reicher und vielfältiger entwickeln.

Unterscheiden sich Jungen- und Mädchenhumor?

Andere Forschungen zur geschlechtsspezifischen Humorausprägung stellen entsprechende Unterschiede schon bei Kindern fest. Marion Bönsch-Kauke, eine Sozialpsychologin aus Berlin, hat acht Jahre lang Jungen und Mädchen in ihrer Humorentwicklung in Schulen begleitet. In einem Artikel in der „Zeit“ äußert sie sich zu dieser Frage wie folgt: *„Es gibt ganz gravierende Unterschiede zwischen Mädchen- und Jungenhumor. Ich habe sie in meinem Buch ‚Psychologie des Kinderhumors‘ ausgeführt. Vor allem Liebe und/oder Hass, die aus den Witzvorlieben spricht, trennt die Geschlechter.“*

Manche Menschen, unter anderem auch der Humorforscher Paul McGee, glauben, Frauen haben überhaupt keinen Humor. Jedoch liebe Männer: Lassen Sie es sich gesagt sein: Jungenhumor ist nur auffälliger. Jungs wollen zerlegen und an der Spitze stehen. Mädchen möchten zusammensetzen und integrieren. Humorvolle Anekdoten über eigene Fehler und Missgeschicke ist etwas, das Frauen sehr viel besser beherrschen als Männer. Wenn ein Perfektionist auf der Bühne steht

Frauen können eher über sich selbst lachen

und einen Vortrag hält, reagiert er bei einem technischen Problem manchmal weder entspannt noch humorvoll, obwohl das für das Publikum das Bezaubernste wäre. Aber dazu müsste man seine autoritäre hohe Stellung kurz verlassen und sich selbst auf die Schippe nehmen. Da können die Männer viel von den Frauen lernen.

Männer wollen durch Humor eher Aufmerksamkeit erregen und im Mittelpunkt stehen

Andererseits können Frauen von Männern lernen, durch Humor Aufmerksamkeit zu erzielen und im Mittelpunkt zu stehen. Durch Humor Sympathie zu erzeugen und sich ins Spiel zu bringen. Sich gut dastehen zu lassen. Einen Partner gut dastehen zu lassen. Nicht nur auf eigene Schwächen zu schauen und sich unter den eigenen Scheffel zu stellen. Eher Selbstvertrauen durch Humor auszudrücken. Eine positive Rampensau zu sein. Menschen zu begeistern und mitzureißen. Eine ganze Reihe von humoristischen Ausprägungen, die die Frauen also bei den Männern bewundern und lernen können.

Jungs sind gradlinig witzig. Sie überbieten sich, treten in den Wettkampf. Manchmal gelingt es aber auch den Schwachen und Kleinen, gerade durch Humor eine starke Positionierung und eine akzeptierte Rolle in Teams zu erreichen. Frauen schätzen Sprachwitz, Geschichten und Nuancen mehr als lahme Kalauer. Er haut drauf, sie lacht über sich selbst. Beide haben jedoch gemeinsam, dass sie Humor schätzen und stellen fest, dass sich Widersprüche und Hindernisse mit Humor gut meistern lassen. Trotzdem werden Männer für brachialen Humor gefeiert, Frauen eher sanktioniert für flache Witze und zotige Sprüche. Das heißt, der Umgang mit Aggressionen wird unterschiedlich sozialisiert.

Marion Bönsch-Kauke hat bei Kindern die Beweggründe für die Humorproduktion untersucht. In den häufigsten Fällen möchten Kinder Zuwendung und Aufmerksamkeit. An zweiter Stelle stehen Stressreduktion und -kompensation, egal ob in der Schule oder privat. Schadenfreude, Attraktivität, Sextabus, Ästhetik oder das Überspielen von Verlegenheit sind weitere Kategorien auf der Liste. Generell lachen Kinder jedoch über andere Dinge oder Formulierungen als Erwachsene. Interessant ist, dass Kinder häufiger lachen. Die Lachfrequenz der Erwachsenen beträgt zehn Prozent im Vergleich zu der von Kindern.

Kinder lachen wesentlich häufiger als Erwachsene

1.8 Der Witz auf der Therapeutencouch – der Einzug des Humors in Psychologie und Therapie

Der Mensch erfand sich selbst das Lachen,
weil er das leidendste Tier auf Erden sei.

Friedrich Nietzsche

In den letzten 100 Jahren hat es in verschiedenen Therapiesystemen immer wieder Humor als Mittel zum Zweck gegeben. Davor fand man den professionellen Einsatz von Humor nicht sehr witzig. Im Mittelalter wurde Humor nicht geschätzt. Erst Anfang des 19. Jahrhunderts wurde er zu einer wertvollen Charaktereigenschaft. Dann probierten auch Therapiesysteme Humor aus. Seit etwa 20 Jahren erst benutzt man Humor auch in der Gesprächsführung, Beratung und im Unternehmensalltag.

Bereits im Rahmen der Psychoanalyse wurde ein Versuch gestartet, Humor zu analysieren. Sigmund Freud, der nette, ältere, aber etwas exzentrische Psychiater aus Wien, von dem Sie sicher schon mal ein Foto gesehen haben, behauptet in seiner Abhandlung über den Witz, dass der Mensch sich im Lachen über eigene Hemmschwellen hinwegsetzt. Da er als Arzt die Psychiatrie komplett revolutionierte und praktisch das Unbewusste ins Bewusstsein holte, lasen die Menschen auch begeistert seine Abhandlung über den Witz. Analytisch wie Freud war, ist es leider keine Witzesammlung geworden. Seine Interpretation, der Witz sage etwas über das Unterdrückte in uns aus, ist unserer Meinung nach sehr einseitig. Schade, Herr Doktor. Wo doch so viele seine Abhandlung gelesen haben. Moderne Humorautoren behaupten, dass Freud den Witz oder Humor als psychotherapeutische Methode nicht anerkannt oder ausprobiert hat. Trotzdem ist er einer der wenigen Ärzte, die das Thema Humor überhaupt vorangebracht haben. Die ganze Branche, die mit und um Freud die Psychoanalyse entwickelte, versteifte sich auf die Ansicht, dass der Witz ein „Königsweg“ zum Unbewussten ist.

Der Begründer der Psychoanalyse

Man charakterisiert sich selbst durch die Art der Witze, die man erzählt. Die Freunde von viel Sex machen viele sexuelle Witze, Menschen für die das Thema Selbstbewusstsein eine Rolle spielt oder die damit ein Problem haben, machen Witze darüber und Alkoholiker witzeln übers Trinken.

Alfred Adlers paradoxe Behandlungsmethode

Alfred Adler war ein Kollege von Freud. Die beiden haben sich irgendwann ordentlich gestritten, deshalb machte sich Adler mit einer eigenen Methode selbstständig. 1914 hat er die paradoxe Behandlungsmethode ausprobiert und war sehr erfolgreich damit: Einem Patienten mit Schlafstörungen riet er, sich bewusst zu bemühen, nicht einzuschlafen. Er versuchte das Symptom, welches bisher bekämpft wurde, zu verstärken.

Einem kleinen Mädchen, das jeden Morgen ihre Familie mit Weinkrämpfen und stundenlangem Frisieren tyrannisiert hat, gab er den Tipp, mit großen Buchstaben auf einen Zettel, den sie über ihr Bett hängen sollte, zu schreiben: *Ich muss meine Familie jeden Morgen in größte Spannung versetzen.* Das führte dazu, dass sie sich wieder normaler benahm.

Alfred Adler nannte seine neue Arbeitsform Individualpsychologie. Er sagt, der Grund, warum der Mensch nach Überlegenheit strebt, ist ein Minderwertigkeitsgefühl. Mit dem Witze machen hat man seiner Meinung nach eine Möglichkeit, die Grenzen des gesellschaftlich durchschnittlichen Bezugssystems zu durchbrechen und etwas Neues auszuprobieren. Die für damalige Verhältnisse sehr ungewöhnliche Form des Therapeuten-Gesprächs nannte man erst negationäre Taktik und schließlich Antisuggestion. Adler wurde nicht von allen Kollegen wirklich ernst genommen, hatte aber viel Erfolg und Freude mit seiner Arbeit.

Viktor Frankl: Humor als „Paradoxe Intervention"

Viktor Frankl, ebenfalls aus Wien und auch Psychiater, entwickelte eine neue Therapieform namens Logotherapie. Er nutzte den Humor als Methode unter dem Namen „Paradoxe Intervention". Im Zentrum von Frankls Arbeit stand die Sinnsuche. Er ging grundsätzlich davon aus, dass jeder Mensch einen Sinn im Leben sucht. Hat er diesen nicht, bekommt er Probleme. Es entsteht ein existenzielles Vakuum, lähmende Leere und frustrierter Überdruss. Da der Mensch durch eigene Erwartungsangst und übermäßige Selbstbeobachtung ab und an Neurosen entwickelt, arbeitete Frankl mit der oben genannten paradoxen Intervention. Er hoffte, bei den Menschen Abstand und Lockerheit zu ihren neurotischen Einstellungen zu erzeugen und schreckte nicht davor zurück, seinen Patienten mit sehr ungewöhnlichen, paradoxen Empfehlungen zu helfen. Besonders angstneurotischen Patienten empfahl er, gezielt Humor einzusetzen.

Paradoxe Intervention

Ein Mann hatte z.B. die Zwangsvorstellung, seine Einkommenssteuer zu niedrig eingeschätzt zu haben und damit den Staat zu betrügen. Er fantasierte, von der Staatsanwaltschaft verfolgt, ins Gefängnis zu kommen und in den Medien als Betrüger gebrandmarkt zu werden. Diese Zwangsidee ließ ihn nach Jahren eine Spezialversicherung bei Lloyds London abschließen. Frankl gab ihm den Tipp, auf alles zu pfeifen, dem Teufel den Perfektionismus auszuhändigen, sich einsperren zu lassen, je früher desto besser. Jeden Tag gleich drei Mal. Wenigstens bekäme er auf diese Weise sein Geld zurück. Bei der nächsten Sitzung empfing der Therapeut den Klienten: „Was, Sie laufen noch frei herum? Ich dachte Sie sind schon hinter Gittern. Ich erwartete, Sie in der Zeitung zu finden." Das entspannte den Mann und half ihm, seine krankhafte Angst vor Strafe abzulegen.

Frankl forderte ausdrücklich den Einsatz von Humor in der Gesprächsführung des Therapeuten. Er empfahl den Mut zu Lockerheit und Lächerlichkeit. Wegen dieser Forderungen wird Frankl auch heute noch sehr kontrovers diskutiert. Nicht jeder Arzt traut sich, einmal lächerlich zu sein, obwohl er damit mehr bewirken könnte, als mit beklemmender Ernsthaftigkeit bei dem sowieso ernsten und oft traurigen Thema Krankheit. Frankl empfahl Ärzten und Helfern Symptome vorzuspielen, zu übertreiben und karikieren.

Frankl forderte ausdrücklich den Einsatz von Humor in der Gesprächsführung des Therapeuten

1953 versammelte der Psychologe Gregory Bateson eine Gruppe von Kollegen um sich, die viele Gespräche von Therapeuten beobachteten und strukturierten. Das war in der bisherigen Geschichte der Therapie die größte Vereinigung von probierfreudigen Psychologen und Kommunikationsinteressierten. Hauptsächlich beschäftigten sich die beteiligten Forscher mit paradoxen Kommunikationsweisen.

William Fry, ein Arzt und Mitbegründer dieser Gruppe, untersuchte erstmalig das Lachen auch aus medizinischer Sicht. Erst nahm er sich ganz mutig selbst Blut ab, nachdem er sich durch lustige Filme zum Lachen gebracht hatte. Anschließend knöpfte er sich andere Menschen vor: Clowns, Komödianten und Kabarettisten wurden analysiert.

Moderne Autoren nennen ihn den Begründer der Gelotologie, der Lachforschung. In amerikanischen Universitäten gibt es bereits einen systematischen Lehrstuhl für die Lachforschung.

William Fry gilt als Begründer der Gelotologie, der Lachforschung

Ausführung peinlicher und lächerlicher Verhaltensweisen, um starre Normorientierungen zu durchbrechen

In den 1960er-Jahren wollte der Therapeut Albert Ellis den Menschen helfen, ihre eigene Scham zu überwinden. Sozialen Ängsten und starren Orientierungen an konventionellen Normen setzte er freche, peinliche und lächerliche Verhaltensweisen entgegen. Die Menschen mussten beispielsweise

- mit erhobenen Händen durch die Fußgängerzone gehen,
- um Geld betteln,
- in Straßenbahnen die Station laut ausrufen,
- die Zeitung oder das U-Bahnticket zu Sonderpreisen auf der Straße anbieten.

Im Gegensatz zur eigenen Erwartung der Probanden reagierten die anderen Menschen meistens mild oder ignorierend auf diese Verhaltensweisen. Eine Technik, die auch heute noch gerne eingesetzt wird. Ziel ist es dabei, entgegen der üblichen Gewohnheiten zu denken und zu handeln. Menschen sollen mit diesen ungewohnten Dingen, die sie ausprobieren müssen, von selbstabwertenden und hasserzeugenden Einstellungen wegkommen. Wer arbeitet und kommuniziert schon erfolgreich, wenn er glaubt, nichts wert oder total unsympathisch zu sein? Ellis sagt, dass der Mensch manchmal so überheblich sich selbst gegenüber ist, dass sich dies zu einem eigenständigen Problem entwickeln kann, in dem man sich verrennt und steckenbleibt.

Die systemische Therapie hat mit ihrer berühmten Begründerin Virginia Satir auch oft Humor und Widersprüchliches angewendet. Die systemische Therapie unterscheidet sich wesentlich von dem Ansatz des alten, netten Herrn aus Wien mit dem weißen Bart, also der Psychoanalyse. Diese Therapieform geht wesentlich vorsichtiger mit Etikettierungen in Form von Diagnosen um. Sie sagt nicht, die Ursache des Problems liegt an der neurotischen Mutter, dem Alkoholismus des Vaters oder an der Kindheit des Patienten, sondern die Therapeuten schauen sich zur Erklärung von Problemen die Interaktion zwischen den beteiligten Personen und ihrer Umwelt an. Wie redet man in der Familie miteinander, welches Verhältnis hat man zu seinen Kollegen und Freunden und in welchen Systemen leben Menschen miteinander? Diese Systeme versucht man zu ändern, damit sich das Problem löst und die Menschen wieder freier handeln können.

Die systemische Therapie untersucht Interaktionen und Umfeld des Patienten

Die Psychoanalyse oder die Verhaltenstherapie machen das Problem oft am Werdegang oder an einem bestimmten

Erlebnis einer Person fest, während die systemische Therapie deren aktuelles System (Arbeit, Familie, Gesellschaft, Freunde etc.) in den Fokus nimmt. Hier spielt es deshalb eine entscheidende Rolle, den Blick auf die Stärken und Fähigkeiten des Menschen zu richten, nicht nur auf sein Problem. Die paradoxen Interventionen beschränken sich jedoch nicht nur auf Humor. Man benutzt auch Gleichgültigkeit, Verwirrung, Ärger, Verleugnung und Verletztheit. Humor und Verwirrung funktionieren dabei aber am besten. Sie lösen eine Gefühlsreaktion aus, mit der jeder gut arbeiten kann.

Humorvolle paradoxe Interventionen helfen, negative Verhaltensroutinen zu durchbrechen

Das Ehepaar Harper war umgezogen, da sich die Tendenz des Mannes zur Gewalttätigkeit herumgesprochen hatte. Zu Gewalttätigkeiten führende Streitigkeiten traten oft auf, wenn Herr Harper von der Arbeit nach Hause kam. Er war mit der unzuverlässigen Haushaltsführung seiner Frau unzufrieden. Beide erhielten zum Ende der ersten Sitzung vorbereitete Zettel mit Notizen, die vor dem Partner geheim gehalten wurden.

Herr Harper sollte, wenn er bei der Rückkehr von der Arbeit nur die geringsten Anzeichen von Wut spürte, rückwärts durch die Haustür kommen. Frau Harper wurde gebeten, einen bestimmten Zeitpunkt für das Abendessen festzulegen, egal, welche Zeit ihrem Mann recht wäre. Wenn sie auch nur im Geringsten wütend sei, sollte sie im Badezimmer auf ihren Mann warten. Als Herr Harper dann früher als von Frau Harper erwartet rückwärts durch die Haustür ins Haus kam, bekam seine Frau einen Lachanfall, der auch bald auf ihn übergriff.

1.9 Frank Farellys humorvolle Provokationsform

In der Regel werden neue Therapieformen von Ärzten oder Psychologen entwickelt. Frank Farelly, ein amerikanischer Sozialarbeiter, durchbrach in den 1970er-Jahren diese Praxis und erprobte eine alternative Therapieform. Sein Vorteil: er war den Menschen sympathisch, er hatte Humor und er war schnell darin, einen guten Draht zu seinem Gesprächspartner herzustellen. Er brachte jede Menge Schwung und Humor in die Profihelfer-Szene, hatte aber auch viele Gegner, gerade im fachlichen Bereich. Er erprobte den Humor bzw. die Provokation in der Therapie und entwickelte eine eigene, effektive Methode der Gesprächsführung. Ein zu seiner Zeit wirklich innovativer Ansatz. Die gesamte Therapeutenszene schrie auf.

Humor und Provokation in der Therapie

Der provokative Stil geht davon aus, dass ein Mensch sich hauptsächlich verändert, wenn er mit einer Herausforderung konfrontiert ist. Dann wird am stärksten Potenzial freigesetzt, um produktiv zu handeln. Farelly glaubt, dass die Gefahr der psychischen Zerbrechlichkeit im Allgemeinen überschätzt wird und gibt dieses Problem an den Patienten zurück, der selber für sein Leben verantwortlich sei. Eleonore Höfner, eine deutsche Psychologin, holte Farelly nach Deutschland und strukturierte seine Gesprächsform in verschiedene Werkzeuge. Farelly geht grundsätzlich davon aus, dass man bei einem Patienten gezielt einen inneren Widerstand, dem er ja auch im alltäglichen Leben ausgesetzt ist, provozieren muss, damit dieser das daraus erwachsene Potenzial gegen sein vorhandenes Problem wenden kann.

Provokation eines inneren Widerstands, um das daraus erwachsene Potenzial gegen ein Problem zu richten

Um ein Bild zu geben: Wenn der Klient mit dir (Therapeut) fertig wird, dann erst recht mit problematischen Beziehungen im täglichen Leben! Das ist ein kontrastierendes Bild zu dem stets liebevollen Seelsorger, der einen geschützten Ort der Menschlichkeit schafft, dem Patienten rückmeldet, dass er flexibel und sozial kompetent ist, auch wenn dieser schwierig kommuniziert, eine Zahnlücke hat und missgelaunt ist.

Farelly begründet seinen Ansatz damit, dass Patienten im realen Leben immer völlig andere Reaktionen von ihrem Umfeld bekommen als im geschützen Raum der Therapeutenstube.

Humor löst die Fokussierung auf problematische Verhaltensweisen

Das Ziel der provokativen, humorvollen Gesprächsform ist, sich von einer Fokussierung auf ein Problem zu lösen. Dabei kann man Erfolg versprechende alternative Verhaltensweisen entwickeln, die beim Umgang mit sozialen Beziehungen sehr gesund und förderlich sind. *„Das menschliche Tier ist exquisit logisch und verständlich."* Das verallgemeinert Farelly von Partyfreunden bis hin zu Psychopathen. Wenn man einen Menschen nicht versteht, geht er von drei Ursachen aus:

- Jemand erhält einen Vorteil aus dem Nicht-verstanden-werden.
- Jemand hat politische, ökonomische oder professionelle Gründe, andere nicht zu verstehen, zu übertreiben.
- Man hat nicht alle Informationen, um einen Menschen zu verstehen.

Der Therapeut als des Teufels Advokat

Der Unterschied zu anderen Therapieformen besteht beim provokativen Stil darin, des Teufels Advokat zu sein und sein

Gegenüber zu provozieren, zu verwirren, ihm zu empfehlen, sein sündiges Verhalten fortzusetzen, seine Pathologie für gut zu befinden und plausible Begründungen dafür zu liefern. Gut funktionierende Strategien sind hier z.B. dem Klienten zu attestieren, er sei unfähig, Verantwortung zu übernehmen und sich überhaupt zu ändern. Farelly ist der Überzeugung: *„Der Klient deprimiert mich, seine Familie, das Gericht, seinen Arbeitgeber, den Rest der Welt, also warum zur Abwechslung nicht mal den Klienten deprimieren?“* Ärger, Wut, Verwirrung aussprechen. Er bezweifelt, dass es Sinn macht, das negative Feedback wegzulassen, welches vielleicht das Problem an sich ist und das der Klient ja auch vom Rest der Welt bekommt. Geht man trotzdem mit einer wertschätzenden Grundhaltung in ein Gespräch, können Humor und Provokation sehr effektiv und erfolgreich genutzt werden. Eine nähere Beschreibung der humorvollen Provokation folgt im nächsten Kapitel.

2 HUMOR SYSTEMATISCH – DIE TECHNIKEN

Das erste Kapitel widmete sich der Entstehung des Humors und des Lachens sowie seinen geschlechtsspezifischen Ausprägungen. Nun folgen die unterschiedlichen Anwendungsfelder und Techniken. Humor macht Spaß, das braucht man eigentlich nicht wissenschaftlich zu beweisen. Aber selten wagt es jemand, Humor als Technik, Gesprächs- oder Konfliktlösungsmethode zu bezeichnen. Insofern haben wir uns hier einiges vorgenommen.

Humor als Technik, Gesprächs- oder Konfliktlösungsmethode

Nehmen wir uns ein Beispiel an den Humorprofis, den Kabarettisten, Comedians und – nicht zu vergessen, obwohl immer im Hintergrund – den Gagschreibern. Denn Harald Schmidt und David Letterman entwickeln ihre scheinbar spontan vorgetragenen Witze nicht auf der Bühne. Ein ganzes Team von Themenscouts und Humorprofis bastelt täglich an den Pointen des Abends. Was so leicht daherkommt, ist das Ergebnis von Technik und Übung. Das können auch Sie üben.

Um Ihren Handwerkskasten für den Humoralltag im Unternehmen zu füllen, stellen wir Ihnen hier die wichtigsten Werkzeuge vor. Das Kapitel beginnt mit einem Humor-Grundsatz von John Vorhaus, einem erfolgreichen Sitcom-Schreiber (Eine

Die wichtigsten Humorwerkzeuge

schrecklich nette Familie) und guten Handwerker. Es folgt eine Übersicht der Humorformen, die Herbert Effinger, Professor an der FH für Sozialpädagogik Dresden, erstellt hat. Es schließen sich die aus unserer Sicht wichtigsten Humortechniken an.

2.1 Humor ist immer Wahrheit und Schmerz

In der Regel müssen Sie für Humorvolles nichts Neues erfinden, sondern das, was Sie erleben, verwandeln. In humorvoller Kommunikation stecken oft Wahrheit und Schmerz, nur in verzerrter Darstellung. Egal, ob der Clown die Torte ins Gesicht kriegt, die auch uns hätte treffen können, oder ob es sich um Vertreterwitze oder Bratschenwitze unter Musikern handelt. Humor enthält immer eine Wahrheit und oft einen Schmerz. Je stärker ein Thema Menschen berührt, desto fruchtbarer ist es für die Humorproduktion. Deshalb wird so viel Humor zu Religion, Sex und Tod produziert. Das sind jedoch auch häufig Themen großer Klischees. Da wir Sie jedoch für Ihren Alltag nicht zu Sexisten erziehen wollen und das Thema Religionskomik bereits durch Monty Python *(Das Leben des Brian, Every Sperm is Sacred)* vorläufig ausreichend abgehandelt wurde, widmen wir uns den eher banalen, aber häufig gut mit Humor zu bewältigenden Alltagsthemen. Denn man kann Humor und Schmerz auch in den kleinen Dingen finden:

Warum kommt ein Mann, der eine Diät macht, nie dazu, eine Glühbirne zu wechseln? Weil er immer erst morgen anfängt!

Humor funktioniert also auf der achtspurigen Autobahn großer Wahrheiten und Schmerzen, deshalb ist Mario Barth mit dem Thema Frauen so erfolgreich. Humor funktioniert aber auch auf den intimen Trampelpfaden kleiner Wahrheiten und Schmerzen. Deswegen sind Loriots Dialoge und Missverständnisse so beliebt. Das einzig Wichtige dabei ist, dass man zu seinem Publikum, seinen Mitarbeitern oder Kunden dieselben Bezugspunkte schafft, die man auch selbst hat.

Wann ist die beste Zeit seiner Frau zu sagen, dass man sie liebt? Bevor es ein anderer tut.

Bevor wir zur Übersicht kommen, zeigen wir die möglichen Formen zwischenmenschlichen Humors in einer Grafik auf und stellen die fünf Grundprinzipien zum effektiven Einsatz von Humor vor.

2.2 Schaubild: Unterschiedliche Arten von Humor und deren Wirkungen

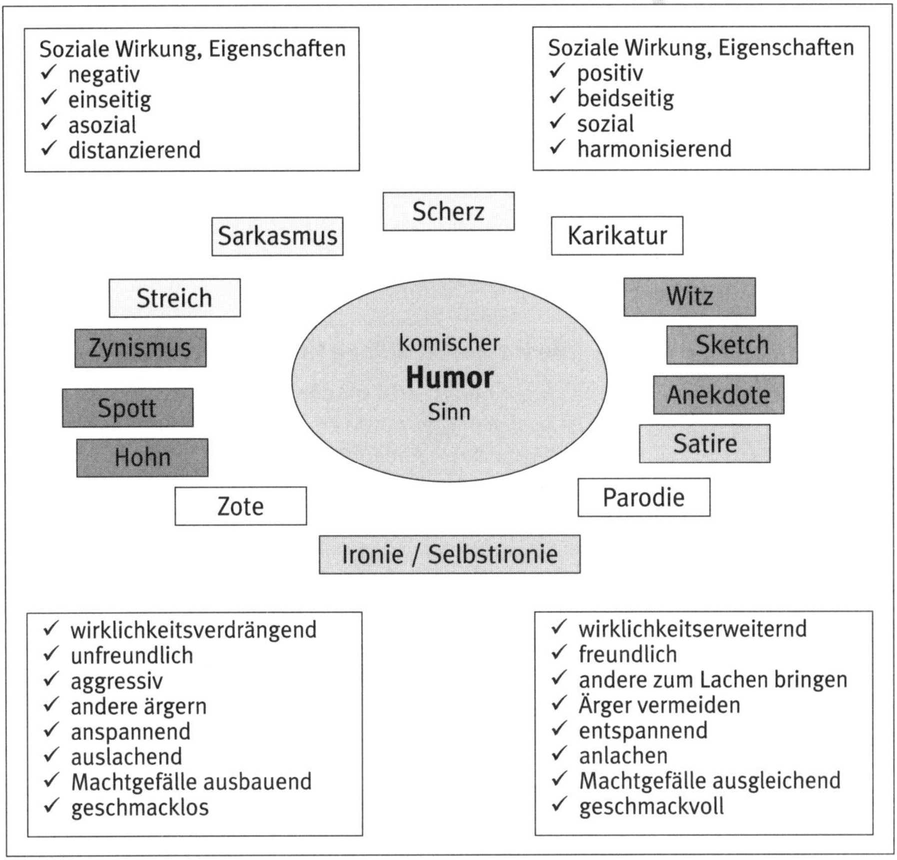

© Herbert Effinger

2.3 Grundprinzipien

Wenn man sich dem Humor theoretisch nähert, gilt es zunächst, das Grundmuster zu beschreiben. Jede Technik, die von Ihnen als künftigem Humorprofi auch humoristische Intervention genannt werden darf, beruht auf den folgenden Grundprinzipien, die wir aus den Arbeiten der oben genannten Experten zusammengetragen haben:

GRUNDPRINZIPIEN HUMORISTISCHER INTERVENTION

1. Humor ist immer an einen Kontext (Inhalt) gebunden.
2. Humor ist Wahrheit und Schmerz (verzerrter Schmerz, wahre Lüge).
3. Humor ist abhängig von der individuellen Verfassung, Lebenslage und Lebenswelt der Adressaten.
4. Humor ist abhängig vom Humortyp des Intervenierenden und von seiner Empathie und Kommunikationsfähigkeit.
5. Humor funktioniert nur, wenn ethische Prinzipien eingehalten werden.

2.4 Die Humortechniken in der Übersicht

Humor funktioniert nicht durch die Beantwortung der Frage: *Was ist komisch?* Hier würde man sofort in amorphem Schleim versinken und keine Antwort finden. Bei der Humorproduktion geht es vielmehr um konkrete Übungen und Techniken, mit denen man schnell witzig und originell sein kann.

Neuner-Regel: Von zehn Versuchen, humorvoll zu sein, sitzt nur einer

Dieses Kapitel erhebt keinen Anspruch auf Vollständigkeit, sondern enthält die in unserem Arbeitsalltag am besten funktionierenden Techniken. Dabei finden Sie zu der jeweiligen Technik je eine Bezeichnung, Beschreibung, Beispiele und einen Anwendungsvorschlag für Ihre Praxis, gemischt mit einzelnen Humorübungen. In Bezug auf die Anwendung gilt die wichtigste Regel aller Sketche-Schreiber. Von zehn Versuchen ist nur einer zu verwenden. Das ist zwar eine traurige Regel, aber leider eine professionelle Wahrheit. Bei genauerer Betrachtung können wir das Wörtchen „leider“ schon wieder streichen. Denn die so genannte Neuner-Regel entlastet Sie vom Druck übertriebener Erwartungen. Wenn Sie immer damit rechnen, dass neun von zehn Witzen in die Hose gehen, humorisiert es sich ganz ungeniert. Und Sie wissen ja nie, ob der erste oder der zehnte Witz sitzt. Also, auf geht‘s.

2.4.1 Komische Wirklichkeit/komische Perspektive

BESCHREIBUNG: Zuerst geht es darum, den Unterschied zwischen realer und komischer Wirklichkeit zu entdecken.

BEISPIELE: Amelie in *Die wundersame Welt der Amelie* ist eine ungewöhnlich naive und liebende Frau in einer normalen Umgebung. Die rührende Komik entsteht, weil sie unbekannten Menschen ungewöhnlich viel Liebe zukommen lässt. *Alice im Wunderland* zeigt ein normales Mädchen in schräger Realität. *Mork vom Ork*, eine der ersten Serien mit Robin Williams, zeigt einen Außerirdischen in einer normalen Welt.

Entdecken Sie also die Kluft zwischen realer und komischer Wirklichkeit. Christoph Maria Herbst spielt in *Stromberg* den Chef eines Versicherungsunternehmens, der sich für sozial kompetent hält, aber in sämtliche Fettnäpfe der Kommunikation tritt. Auch in der Realität ist es durchaus unterhaltsam, auf Menschen mit dieser Perspektive zu treffen. Bastian Pastewka spielt in gleichnamiger Serie sich selbst und doch passieren ihm nur Missgeschicke, Probleme und Kommunikationsschwierigkeiten. Wäre er im wahren Leben so tollpatschig, wäre er nicht so erfolgreich mit der Produktion dieser Sendung.

Nutzen Sie die Spannung zwischen realer und komischer Wirklichkeit

ANWENDUNG: Listen Sie auf der linken Seite eines Blattes eine Reihe von zehn realen Tätigkeiten auf und versuchen Sie, die komische Seite in dieser Tätigkeit zu finden, die Sie dann auf der rechten Seite festhalten. Hier einige erste Ideen:

- Joggen gehen – auf dem Mond
- einkaufen – auf der Suche nach Grashüpfern
- einen Artikel schreiben – für Babys, die mit drei Wochen die Welt entdecken
- baden – im Abwasserkanal
- zum Mond schauen – von der Venus
- Kind von der Schule abholen – mit dem Polizeiauto

Man kann eine komische Wirklichkeit auch schaffen, indem man etwa zwischen einer Tätigkeit und ihrem üblichen Umfeld Widersprüche schafft:

- Ski laufen – mit Höhenangst und Schneeallergie
- im Orchester spielen – als Taubstummer
- zur Kirche gehen – im Adamskostüm

Mann geht im Adamskostüm zur Kirche

2.4.2 Drei Gattungen des komischen Konflikts

BESCHREIBUNG: In einer humorvollen Anekdote kann der Mensch grundsätzlich drei Arten von Konflikten haben:

- der Mensch mit der Natur bzw. dem Universum,
- der Mensch mit einem anderen Menschen und
- der Mensch mit sich selbst.

BEISPIELE: In *Zurück in die Zukunft* hat Marty McFly, ein heutiger Mensch, einen Konflikt mit der komisch anmutenden Wirklichkeit der Vergangenheit. *Alf* repräsentiert eine komische Wirklichkeit (kein Mensch, aber es geht um zwei Wirklichkeiten) in einer normalen Welt. *Mork vom Ork* mit seiner komischen Weltsicht hat Konflikte mit seiner Freundin Mindy, die eine normale Figur ist. *Spider-Mann* (komische Wirklichkeit) hat im ersten und zweiten Teil Konflikte mit der Welt, die er verbessern will und Konflikte mit anderen Menschen. Immer aber auch mit sich selbst (Zweifel, wie er sich positionieren soll). Im dritten Teil kommt ein noch größerer Konflikt mit sich selbst auf ihn zu (er hadert zwischen seinem gutem und bösem Ich).

Am humorträchtigsten ist das Verbinden aller drei Konfliktperspektiven in einer Figur

Am interessantesten für den Humor ist das Verbinden aller drei Konfliktgattungen in einer Figur. Die *Calvin und Hobbes*-Comics enthalten zum Beispiel alle drei Gattungen. *Calvin* hat globale Konflikte (mit der Welt der autoritären Figuren und Außerirdischen), mit anderen Figuren bzw. genau genommen mit einer Figur *(Hobbes)*, und innere Konflikte (unkontrollierbare Hirngespinste). *Super-Man* kämpft immer nur mit der Welt und gegen Gangster und hat mit sich selbst keine Probleme. *Donald Duck* hat Probleme mit der Welt, mit *Onkel Dagobert* und mit sich selbst. Es gibt also Spannungssteigerungen durch eine Kombination dieser Konfliktgattungen.

2.4.3 Komische Figuren

BESCHREIBUNG: Durch Imitation kann man leicht eine komische Figur entwickeln. Unsere Körpersprache hat einen reichen Fundus an komischen Elementen.

Der Klassiker

BEISPIELE: Wer fällt Ihnen bei dem Titel „komische Figuren" ein? Charlie Chaplin, Jerry Lewis, Michael Mittermeier, Dieter Hallervorden, Evelyn Hamann, Roberto Benigni, Monty Pythons *Silly Walk*-Sketch? Es gibt bestimmte komische Figuren, die uns schnell in den Kopf kommen. Wer kennt nicht Charly

Chaplins nach außen gestellte Fußspitzen. Ohne etwas zu sagen, kann man ihn sehr leicht imitieren. Billy Bob Thornton als langsamer Friseur in *The man who wasn´t there* oder Jeff Bridges als erfolgloser Lebenskünstler in *The big Lebowski,* ebenfalls ein Film von den Coen- Brüdern, die unlängst wieder ein paar Oskars abräumten. In Lebowskis komischer Perspektive sieht er sich selbst als King. Dies kollidiert jedoch mit seinen erfolglosen Selbstbehauptungsversuchen.

Michael Mittermeier, dessen großes Vorbild Jerry Lewis ist, hat eine ganz eigene Mimik entwickelt. Einzelne mimische Reaktionen oder körpersprachliche Bewegungen führt er am Anfang seiner Show ein und wiederholt sie immer wieder. Sie werden zum Running Gag (eine weitere eigene Technik). John Cleese ist in dem Sketch *Ministery of Silly Walks* ein Beamter, der neue dumme Laufarten von Menschen fördert und finanziert. Dabei zeigt er selber ein Repertoire an silly walks. Seine komische Perspektive auf die Welt besteht darin, dass er den Menschen nur auf die Beine schaut und ihre „dumme“ Art zu laufen kategorisiert. Anke Engelkes Figuren haben oft komische Einstellungen zum Leben. Cordula Stratmanns Nachbarin in *Zimmer frei* hat eine interessant komische Perspektive auf ihren Hund. Loriots komische Figuren haben oft einen komisch-pedantischen Zug oder eine komisch-prüde Perspektive und Körperhaltung. Wir erinnern uns etwa an Loriot in der Eheberatung oder an den Chef, der verzweifelt versucht, seine Sekretärin zu verführen.

ANWENDUNG: Jede komische Figur hat auch eine komische Perspektive. Deshalb helfen Ihnen komische Figuren beim Erzählen von humorvollen Anekdoten. Entwickeln Sie komische Figuren. Wenn Sie einen Fehler karikieren oder ein Meeting mit einer humorvollen Geschichte beleben wollen, überlegen Sie sich erst die komische Figur. Was war an ihnen komisch oder an demjenigen, dem die Geschichte passiert ist. Übertreiben Sie das Komische in der Figur. Machen Sie es stärker. Je größer die Kluft zur Normalität, desto witziger die Geschichte.

Übernehmen oder entwickeln Sie komische Figuren und bauen eine Geschichte um sie herum

Achtung Praxis: Komische Perspektiven

Nun probieren Sie bitte eine Mischung der ersten drei Techniken. Eine komische Figur mit einer komischen Perspektive. Oder nur eine komische Figur, oder nur eine komische Perspektive. Es geht ums Üben, klar? Wir freuen uns, dass wir das Werkzeug der Neuner-Regel dabei und direkt zur Benutzung in der Hand haben: Nicht alle Ideen müssen der Brüller werden.

Hier einige Ideen für komische Figuren und Perspektiven:
- ein Mann, Stahlarbeiter an Hochhäusern mit paranoider Höhenangst
- eine schüchterne Frau, die aber dauernd fremdgeht
- ein Pianist, der sich nicht vor Menschen traut und auftreten muss
- ein naives Baby
- Sicht einer Ameise
- ein Mann im Körper eines Kindes
- ein Theaterstück spielen aus Sicht einer Lampe
- ein Mann als Berater von Unternehmen, der keine Konflikte ansprechen kann
- ein Mensch und Vater, der zum Roboter wird

So, nun sind Sie dran! Ein einfaches Blatt Papier zur Hand und 30 Sekunden sammeln. An neue Techniken kann man sich nur gewöhnen, wenn man sie ausprobiert. Für Dustin Hoffman, als schüchterner Abiturient in *Die Reifeprüfung*, waren die sexuellen Avancen einer reifen Frau zunächst etwas problematisch. Das hat sich dann schnell gelegt; das Setting ist aber zunächst eine komische Perspektive für Erwachsene. Der *Terminator* ist eine Menschmaschine mit einer komischen Perspektive. Hätte er noch einen eigenen Sohn, würde sein innerer Konflikt noch größer und die Geschichte noch spannender werden. Jürgen Vogel in *Der freie Wille* besetzt mit seiner Angst vor Frauen und seiner unerfüllten Sehnsucht eine komische Perspektive. Das ist zwar kein besonders witziger Film, aber er zeigt ebenfalls das Prinzip. Dieses Prinzip funktioniert in der Komödie ebenso wie im Drama. Warum wir auch mit negativen Helden mitfühlen, z.B. auch mit *Hannibal Lektor* in *Das Schweigen der Lämmer*, erfahren Sie in Kapitel 2.4.7.

Was ist Ihre komische Perspektive?

Praxis Eva Ullmann

Meine komische Perspektive auf die Welt besteht zum Beispiel darin, sie als großes Spiel zu betrachten, als Brettspiel oder als Ballspiel, wie man es im Sportunterricht spielte. Verschiedene

Teams, verschiedene Spieler, es will einer gewinnen, aber es ist auch kein Schmerz, wenn man mal verliert. Daher hat mich Roberto Benignis Film „Das Leben ist schön" sehr beeindruckt. Benigni spielt einen Vater, der das Leben im Konzentrationslager für seinen Sohn zu einem Spiel umdeutet, um diesem das Überleben zu ermöglichen. Viele von uns haben diese Technik wahrscheinlich unter glücklicheren Umständen schon angewendet. Die Perspektive, die Welt als Spiel zu betrachten, hilft mir, in herausfordernden Situationen gelassener zu sein. „Es ist ja nur ein Spiel. Mal sehen, wie es aus geht." Wenn man sich während des Spiels geschickt anstellt, haben alle Spaß, daran mitzumachen. Wenn man verliert, ist jedoch nicht viel verloren.

Wie sieht Ihre komische Perspektive der Welt aus? Was wäre eine ungewöhnliche Perspektive? Wo und wie können Sie diese übertreiben? Alle Menschen sind Kinder? Alle Menschen sind Schauspieler? Alle Menschen sind auf der Suche nach einem Schatz? Dabei entdecken Sie leicht, welcher Teil Ihrer Persönlichkeit bereits witzig ist. Oft lässt sich eine komische Perspektive auch über die eigene Berufsprägung finden. Alle Menschen sind Maschinen, könnte die Perspektive eines Maschinenbauers sein, der täglich hochkomplexe Teile zu einer gut funktionierenden Maschine anordnet. Entdecken Sie eine komische Weltsicht und damit das Komische in sich selbst.

Mit mir ins Kino oder Theater zu gehen, ist wirklich anstrengend. Jedes Mal, wenn ich ein Grundprinzip entdeckt habe, sage ich zu meinem Freund: „Schau Schatz, das ist eine komische Perspektive." Oder „Oh, guter Konflikt, schön etabliert." Oder „ Ui, das ist nicht stimmig." Ich rede während des ganzen Films, selbst bei „Stirb langsam 4", und mein Freund beginnt zunehmend genervt und nervös zu werden.

Praxis Eva Ullmann

Was ist Ihre Berufskrankheit oder typische Berufsmacke? Übertreiben Sie diese und entwickeln eine komische Perspektive daraus. Das macht sich hervorragend auf einem Netzwerkabend, einer Party oder mit neuen Kollegen: *„Und was machen Sie so?" „Ich bin Kommunikationstrainerin." „Oh, dann wissen Sie ja genau, was in mir vorgeht." „Ja, und was Sie gerade wieder denken, Sie Flegel."*

Was ist Ihre Berufskrankheit oder typische Berufsmacke?

Oder als Zahnarzt: *„Zeigen Sie mal Ihre Zähne! Moment, da hab ich einen Bohrer dabei."* Schon ist man diese unliebsamen Zeitgenossen los, die sofort nach Tipps zu ihrer neuesten Krankheit fragen, sobald man sich als Arzt oder Ärztin zu erkennen gibt. Sie sehen, die Technik eignet sich für mehrere Gelegenheiten. Einmal, um Menschen an sich zu binden und gut ins Gespräch zu kommen. Zum anderen, um diese manchmal auch wieder loszuwerden.

2.4.4 Kontextueller Zusammenprall – der Einsatz klarer Gegensätze

Je gegensätzlicher zwei Dinge sind, die zusammengebracht werden, desto größer der Lacher

Beschreibung: Was ist der Unterschied bzw. ein Gegensatz zwischen zwei Dingen, über die man etwas Humorvolles produzieren möchte? Eine Hure im Kloster. Ein Orang Utan in der Sauna. Je größer die Unterschiede, umso gegensätzlicher lassen sich zwei Dinge darstellen und umso größer ist der Lacheffekt.

Beispiele: *Alf,* der auf die Erde kommt. *Der kleine Prinz* vom Stern mit der Rose, der auf die Erde kommt. Ein Mann im Kleiderfummel. In *Crocodile Dundee* reist ein Outback-Cowboy in die Großstadt bzw. umgekehrt. *Liebling, ich habe die Kinder geschrumpft* handelt von Kindern in Ameisengröße.

Schimpft die Taubenmutter: Jetzt habt ihr schon wieder ins Nest gemacht. Könnt ihr denn nicht mal aufs Denkmal gehen?!

Der Ehemann nachts zum Einbrecher: Gott sei Dank, dass Sie endlich da sind. Seit zwanzig Jahren weckt mich meine Frau jede Nacht, weil sie denkt, Sie seien gekommen.

Der Arzt fragt: „Gnädige Frau, wollen Sie nicht auch etwas für unser neues Trinkerheim beisteuern?" „Ja gerne", sagt die Frau, „Sie können meinen Mann haben."

Anwendung: Versetzen Sie ein Problem in Ihrem Unternehmen in eine andere Umgebung. Ein Maschinenbauunternehmen in den Kindergarten. Einen Konflikt zwischen Jung und Alt ins Kloster. Erstens reizt diese Perspektive zum Lachen, kann also eine Situation auflockern. Zweitens können sich dadurch kreative, neue Lösungen entwickeln. Verbinden Sie ein Thema mit dem Gegenteil dessen, was die Lösung zu sein scheint. *Coca-Cola* hat einen Wettbewerb mit Schülern veranstaltet, in denen die Schüler bewusst einen kontextuellen Zusammenprall produzieren durften: Eine Cola-Flasche, die leuchtet, eine, die Musik macht. Erfinder sind bekannt dafür, den kontextuellen Zusammenprall für neue Ideen zu nutzen.

2.4.5 Einsatz von Klischees

Beschreibung: Eine weitere Technik, wohl die bekannteste unter den Humortechniken, ist das Spielen mit vorhandenen Klischees. Sozialarbeiter haben z.B. ein großes Herz, Frauen können nicht einparken, Männer sind nicht multitaskingfähig, Ärzte hören nie zu, Ossis oder Wessis. Mit Klischees lassen sich herrliche Widerstände kreieren.

Die Gefahr von Klischees ist, dass man durch das Benutzen von geläufigen Redewendungen oder komischen Ideen anderer Leute seine Zuschauer vergrault. Man kann das Instrument „Klischees“ jedoch gezielt in der Kommunikation bei Angriffen oder unfairer Kritik empfehlen. Da sind sie ein wahrer Fundus an Möglichkeiten. Dazu gibt es weitere Beispiele in Kapitel 2.5 „Humorvolle Provokation“.

Beispiele: Wie schon im Kapitel eins erwähnt, ist *Caveman* ein gutes Beispiel für die Verwendung von Klischees. Die Strategie Mario Barths ebenfalls. Frauen mit großen Handtaschen, die stundenlang shoppen. Männer, die ihre Ruhe wollen und nur grunzen statt zu kommunizieren. Wir finden darin immer wieder Wahrheiten und ein bisschen Schmerz. Denn Ähnliches haben wir in eigenen Beziehungen bereits, wenn auch in abgeschwächter Form, erlebt. Auch wenn man sich fragt, ob Mario Barths arme Freundin wirklich in dieser von ihm beschriebenen Symbiose mit ihm lebt.

Klischee: Blondine

Dieter Nuhr erzählt auch immer wieder Anekdoten seiner in Handtaschen wühlenden Freundin oder über seine sehr besorgte Mutter, die bei 40 Grad im Schatten vor der Fahrt auf der Autobahn warnt, weil im Radio Regen und Schnee angesagt wurden. Auch das funktioniert gut, weil wir alle Beziehungen zu Eltern haben, in denen das ein oder andere dieser Beziehungsphänome auftaucht.

Effektive Technik, um sich gegen unfaire Kritik, Nörgelei und Perfektionismus zur Wehr zu setzen

ANWENDUNG: Im täglichen Businessleben versucht man Klischees ständig zu bekämpfen. Ähnlich wie Widersprüchlichkeiten. Warum sie nicht nutzen? Zusammen mit dem Instrument Übertreibung sind sie eine effektive Technik, um sich gegen unfaire Kritik, unangenehme Nörgler und Perfektionisten, die immer etwas nicht gut finden, charmant zur Wehr zu setzen. Ohne dabei zurückzukeifen oder einen Gegenangriff zu starten. Einfach den Vorwurf bestätigen und als Begründung sehr übertrieben ein Klischee hinterherschieben. Voilá, Sie haben dem anderen den Wind aus den Segeln und die Schärfe aus der Diskussion genommen.

Wenn Sie beispielsweise in einem Projekt die IT vertreten, eröffnen Sie das Meeting einfach mit der Feststellung, dass die IT selbstverständlich für alle Mehrkosten und Zeitverschiebungen verantwortlich ist. Wie werden Ihre Kollegen reagieren?

2.4.6 Übertreibung

Die komische Perspektive des Helden noch mehr überhöhen

BESCHREIBUNG: Bei der Übertreibung geht es darum, die komische Perspektive des Helden noch mehr zu überhöhen. Der Pianist, der sich nicht vor Menschen zu spielen traut, geht nicht mal zum Einkaufen. Er bestellt alles online. Klavier zu spielen hat er im Fernstudium gelernt und auch Freunde hat er nur online. Die weibliche Hauptfigur in Tanja Kinkels Buch *Götterdämmerung* kann wegen einer angeblichen Sonnenallergie nicht aus einem Labor heraus, in dem sie lebt und arbeitet. Eine komische Perspektive, die sich dadurch noch verstärkt, dass im Laufe des Buches klar wird, dass sie gar keine Sonnenallergie, sondern ihr Vater sie geklont hat. Deshalb ist sie ein besonderes Exemplar Mensch, das der Welt noch nicht ausgesetzt werden soll.

Versuchen Sie also Ihre gesammelten komischen Perspektiven noch stark zu übertreiben. Wahrscheinlich werden Ihnen nicht alle Ihre Perspektiven gefallen. Das könnte daran liegen, dass sie noch zu nahe an ähnlichen Personen und der Realität sind.

BEISPIELE: Zum Beispiel könnte man eine Figur kreieren. Eine Frau, die dauernd fremdgeht und schon, wenn sie einen Mann auf der Straße sieht, nicht mehr von seinem Mund wegschauen kann. Sie beginnt jedes Mal den Männern nachzustellen, bis sie sie kennen lernt und verführt. Das ist ihr aber alles so unangenehm, dass sie sich schon fast nicht mehr auf die Straße traut. Eine Art Dracula, nur ohne Zähne. Eine andere Figur wäre z.B. ein Mann mit Höhenangst, der bereits angesichts einer Bordsteinkante das erste Flattern und Schwitzen bekommt. Oder ein völlig überzogener, bekennender Mallorca-Fan, der vom Eimersaufen bis zum Absingen strunzdoofer Lieder alles das, was den völlig enthemmten deutschen Touristen in der Öffentlichkeit in Verruf bringt, bis zum Exzess betreibt und damit auch noch ständig auftrumpft. Mit Sicherheit produziert diese Figur mit ihrer übertriebenen Eigenschaft einige sehr komische Konflikte.

Die Übertreibung überzieht maßlos

Hier noch einige Witzbeispiele für Übertreibung.

- *Ein Bauführer zu seinen Leuten: „Nehmt euch ein Beispiel an der Konkurrenz. Da wird nicht krankgefeiert. Wenn einer zum Beispiel Schüttelfrost hat, meldet er sich eben zum Sandsieben."*
- *Ein Tourist fragt den Bürgermeister des Kurorts: „Ist das Klima hier wirklich so gesund?" „Und ob! Um den Friedhof endlich einzuweihen, mussten wir unseren ältesten Dorfbewohner vergiften."*
- *Stumm stehen zwei Angler am Fluss, nach sechs Stunden flucht der eine: „Jetzt hast du schon wieder den Fuß zur Seite gestellt. Angeln wir nun oder tanzen wir Foxtrott?"*

ANWENDUNG: Eine Übertreibung überhöht Verhaltensweisen von Mitarbeitern, Kollegen oder Kunden. Indem man ein Problem so übertreibt, lässt sich seine Wichtigkeit relativieren. Einem Team zu signalisieren, was gute Kommunikation ist, kann auch durch eine übertrieben schreckliche Kunden- oder schwierige Mitarbeiterdarstellung erreicht werden. Dann führt die Übertreibung genau das vor Augen, was man nicht will.

2.4.7 Menschlichkeit und Empathie

BESCHREIBUNG: Alle wirklich komischen Figuren müssen ab einem bestimmten Moment in uns empathische Gefühle aus-

Alle wirklich komischen Figuren müssen in uns emphatische Gefühle auslösen können

lösen können, sonst berühren sie uns nicht. Der Unterschied zwischen dem Klassenclown und dem Außenseiter? Der Klassenclown vermittelt Ihnen, dass er ähnliche Erfahrungen wie Sie hat, Sie mögen ihn deshalb menschlich und können auch seinen ungewöhnlichen Idee oder Perspektiven etwas abgewinnen. Zum Außenseiter kann man oft keinen Draht entwickeln, deshalb freundet man sich mit seinen ungewohnten Ideen oder Perspektiven eher nicht an. Menschlichkeit heißt: im Notfall das Richtige tun. Also auch als fieser Mafiosi, der seine Zielpersonen eiskalt abserviert, im Notfall aber einem Gangster das Leben rettet.

Wenn Sie eine wirkungsvolle komische Figur produzieren wollen, statten Sie sie mit Stärken aus

Wodurch entsteht Menschlichkeit? Im Gegensatz zur Übertreibung der Macken in komischen Figuren entsteht Menschlichkeit durch Stärken. Wenn Sie eine wirkungsvolle komische Figur produzieren wollen, statten Sie sie auch mit Stärken aus. Diese Eigenschaften müssen aber integrativer Bestandteil der Figur sein und dürfen nicht gewollt und aufgesetzt wirken.

BEISPIELE: *Amelies* Naivität und Menschenliebe ist ihre Komik, aber auch ihre Stärke, mit der sie alle Zuschauer für sich gewinnt. *Hamlet*, der verrückte Däne, ist rachsüchtig und unentschlossen, gleichzeitig aber edel, willensstark und ehrlich gegenüber seinem Vater. Der Mann mit Höhenangst will anderen Menschen immer helfen, Tiere aus hohen Bäumen zu retten. Er wird häufiger einen inneren Konflikt haben und Ihnen trotzdem sehr sympathisch sein. Sie fiebern mit ihm mit und wollen, dass alles gut wird.

Hannibal Lectors komische Perspektive heißt: Menschen sind Nahrung. Seine Macken und Übertreibungen sind Arroganz, psychotisches Gebaren und Böswilligkeit und ziemlich schlechte Essmanieren. Wahrscheinlich putzt er sich nicht mal die Zähne. Seine positiven Eigenschaften sind jedoch Intelligenz, Weltgewandtheit, Selbstsicherheit, Humor, gute Manieren und ein stahlharter Siegeswille. Keiner kann ihn davon abhalten, Ihnen die Nase abzubeißen. Das bringt die Zuschauer dazu, ihn erst zu verabscheuen und ihm dann den Sieg zu wünschen.

ANWENDUNG: Gerade, wenn Sie eigene Fehler übertreiben, bringen Sie diese in Zusammenhang mit Ihren Stärken und Ihrer Menschlichkeit.

2.4.8 Reduktion/Untertreibung

Beschreibung: So, wie es die Technik des Übertreibens gibt, kann man auch von der Technik der Untertreibung sprechen. Man beschreibt etwas bewusst unterhalb der Realität oder seinen Möglichkeiten und erzielt so beim Adressaten, der es natürlich besser weiß, zunächst Unverständnis und Erstaunen, was schließlich mit Komik einhergeht.

Beispiele: *Der Präsident eines Schwimmvereins versammelt nach dem Wettkampf seine Mannschaft um sich und hält eine kurze Ansprache: „Zueinem m Sieg hat es nicht gereicht, aber wir freuen uns, dass wenigstens niemand ertrunken ist."*

Davidowitsch lässt an seinem Geschäft die Läden herunter. Rabinowitsch, der gerade vorbeikommt, fragt: „Na, wie war heut' das Geschäft?" „Am Vormittag schwach, es kam kein Mensch." „Und am Nachmittag?" „Ach, am Nachmittag ein wenig schwächer."

„Man hat sich bemüht" Grabstein von Willy Brandt

Anwendung: Auf dem Grabstein von Willy Brandt steht: *„Man hat sich bemüht"*. Eine ziemliche Untertreibung für einen Bundeskanzler und Nobelpreisträger. Nutzen Sie Ihre Rolle und untertreiben Sie sie.

2.4.9 Fehldeutung/Verschiebung

Beschreibung: Die Fehldeutung bzw. Verschiebung lenkt die Gedanken in eine andere Richtung als erwartet.

Die Gattin: „Jedes Mal, wenn du eine schöne Frau auf der Straße siehst, vergisst du, dass du verheiratet bist." „Im Gegenteil, gerade dann wird es mir bewusst."

Eine Fehldeutung überrascht und doch erwartet man sie, wenn jemand ankündigt: *„Ich kenn' da einen guten Witz ..."* Der französische Komödiendichter Tristan Bernard (1866 – 1947) hat es so formuliert: *„Natürlich wollen die Leute überrascht werden, aber mit dem, was sie erwarten."*

Das heißt, die Verschiebung bleibt in einem vorstellbaren Rahmen. Wenn man sie überhaupt nicht verstünde, könnte man schlecht darüber lachen. Der Psychoanalytiker Theodor Reik erklärt die Wirkung der Verschiebung durch die Bestätigung einer unbewussten Erwartung. Dokta Freud, ick hör dir trapsen, wa?!

Beispiel: *Aufgeregt kommt ein Passagier zur Stewardess. „Bitte, haben Sie eine Flasche Whiskey, eine Dame ist ohnmächtig geworden." Die Stewardess reicht ihm die Flasche. Er nimmt einen kräftigen Schluck und sagt: „Das tut gut. Ich kann nämlich keine ohnmächtigen Frauen sehen."*

Anwendung: Fehldeutungen sind gut geeignet, um mit Absicht Dinge misszuverstehen.

2.4.10 Running Gag

Durch die Wiederholung bestimmter Inhalte in unterschiedlichen Kontexten entsteht Komik

Beschreibung: Durch die Wiederholung bestimmter Inhalte oder Motive in unterschiedlichen Kontexten entsteht Komik. Wenn man einen Witz, eine Geste oder eine Bemerkung wiederholt, sollte man sie ändern und variieren. Die Zuhörer, Kollegen oder Teilnehmer möchten zusätzlich zum Spaß am Wiedererkennen eine Überraschung erleben. Das kann erreicht werden, indem man den Gag in eine völlig ungewöhnliche Umgebung einbaut oder ihn kontinuierlich immer wieder abwandelt.

Beispiel: Michael Mittermeier z.B. benutzt häufig mimische Einlagen, etwa die Darstellung türkischer Fitnesscenter-Nutzer oder Frauen, die mit Pflanzen sprechen. Nachdem er die Person oder eine Pflanze, die sich nicht so gut artikulieren kann, pantomimisch etabliert hat, bringt er die gleiche Geste im weiteren Programm erneut. Er spielt Teenager, die von ihren Müttern bedroht werden oder Verwandte, die stark übertrieben das Wachstum von kleinen Kindern bewundern.

Anwendung: In Trainings lassen sich Aussagen von Teilnehmern gut als Running Gag platzieren. Hat jemand z.B. Widerstand gegen eine Übung, kann man bei der nächsten Übung gut sagen: *„Thorsten muss jetzt bei dem Spiel aufpassen. Das könnte ihm zu aktiv sein."* Ab einem bestimmten Punkt der Wiederholung hat das eine entspannende Wirkung, auch für den Betreffenden selbst.

Als Trainerin hat man erkannt, dass jemand nicht alles mitmachen will und thematisiert diese Unsicherheit mit einer Übertreibung: *„So, jetzt müssen Sie hier auch noch diese ‚Psychokacke' mitmachen. Unglaublich oder?"* Durch diese Überhöhung bringt man alle zum Lachen.

Der Running Gag erlaubt es, ein Thema in ständig variierter Form immer wieder ins Spiel zu bringen. John Vorhaus nennt es auch Rückbezug, wenn man sich auf einen früher platzierten Witz bezieht oder eine Rede mit einem Satz, der sich auf den Anfang der Rede bezieht, beendet.

Ein Thema in ständig variierter Form immer wieder ins Spiel bringen

Humorvorträge beginne ich gerne mit einem großen Küchenmesser: „Humor ist wie ein scharfes Messer. Humor kann jemanden töten – aber wofür benutzen wir Messer den größten Teil des Tages? Zumindest die meisten von uns? Genau, um Brot oder andere Dinge zu schneiden. Dazu ist es ein äußerst hilfreiches Instrument." Nach dem Vortrag ende ich gerne mit dem Rückbezug auf das Messer, indem ich erneut zur Wahl stelle, in welcher Form meine Zuhörer das Messer, also den Humor, denn nun benutzen wollen.

Praxis Eva Ullmann

2.4.11 Doppeldeutigkeit

Beschreibung: Wortspiele und Formulierungen, die man umdeuten kann, lassen sich gut an Doppeldeutigkeiten belegen. Es geht um die Kunst, in ein Wort oder eine Formulierung unterschiedliche Bedeutungen zu integrieren, die dann auf zwei diametrale Arten verstanden werden können. Gerade bei Doppeldeutigkeiten wird klar, dass Humor am besten dann funktioniert, wenn Erwartungen bzw. Gefühle durcheinandergewirbelt werden. Das machen auch alle anderen Techniken erfolgreich, egal ob Übertreibung oder Imitation.

Unterschiedliche Bedeutungen integrieren, die dann diametral verstanden werden können

Beispiele: *Der besorgte Vater: „Sagen Sie mal junger Mann, ist eigentlich etwas zwischen Ihnen und meiner Tochter?" „Eigentlich nur Sie!"*

Beim Familienausflug merkt die Mutter, dass ihre Tochter und ihr Schwiegersohn verschwunden sind. Sie fragt ihren Mann: „Was werden die beiden wohl machen?" Der brummt: „Nachkommen."

ANWENDUNG: Das können Sie sich nun wirklich aussuchen. Wir haben keinen Zweifel, dass Sie damit sehr kreativ sind. Bei Präsentationen, im Gespräch, beim Verkauf. Lässt Sie gut und vor allem intelligent dastehen und wird immer von Zuhörern gemocht.

2.4.12 Überraschung

Eine geschickt platzierte Überraschung kann komisch sein

BESCHREIBUNG: Es passiert etwas, das man nicht erwartet hat – eine Absurdität, eine Wendung, eine unlogische Ableitung.

BEISPIEL: *„Sie halten mich wohl für einen ausgemachten Trottel?" „Überhaupt nicht, ich beurteile Menschen nie nach ihrem Aussehen."*

„Hoffentlich sind wir nicht zu lange geblieben." „Oh, nein,", antwortet der Gastgeber, „um diese Zeit pflegen meine Frau und ich sowieso aufzustehen."

Familie Haas hat an eine Studentin vermietet. „Mutti", ruft Tobias, „bei der liegt ein fremder Mann im Bett." Die Mutter lässt entsetzt die Zeitung sinken, als Tobias auch schon Entwarnung gibt: „Gar nicht wahr! Ist ja nur Vati."

ANWENDUNG: Viel Spaß beim Überraschen. Fangen Sie bei Ihrer Frau an. Blumen zum Beispiel. Nach drei Sträußen hört sie auf, misstrauisch zu sein.

2.4.13 Paradoxien

BESCHREIBUNG: Wie bereits gesagt: Im Alltag versucht man, Widersprüchliches tunlichst zu vermeiden. Wir sind so gebaut, dass wir versuchen, uns alle Ereignisse irgendwie zu erklären. Selten lassen wir Widersprüchliches ohne Zusammenhang, selbst wenn die Herleitung noch so diffus ist. Eine Ursache lässt sich immer finden. Ihre Krankheit? Bestimmt zu viel gearbeitet, mit Sicherheit psychosomatisch! Die Tina hat schon lange nicht angerufen? Liegt sicher an mir. Ich war das letzte Mal total gestresst.

Man findet Ursachen, wo keine sind. Störche wohnen gerne da, wo es grün ist. Menschen kriegen gerne Kinder, wo es grün ist. Also gibt es dort mehr Kinder, wo sich Störche aufhalten. Eine Korrelation, aber keine unmittelbare Ursache. Nennt sich unabhängige Drittvariable. Aber das tut hier nichts zur Sache, sondern sollte nur einen guten Eindruck auf Sie machen!

Viele Komiker machen sich das Paradoxe zu Nutze. Sie nehmen das alltäglich Widersprüchliche aufs Korn und übertreiben dieses stark. Dieter Nuhrs Schuh-Einkaufsbummel mit seiner Freundin z.B. oder seine Beobachtungen zum Wahlrecht. Eine Ansammlung von Widersprüchlichkeiten, paradoxen Entscheidungen und Menschen, die gegensätzliche Dinge tun. Sollte man die Politiker oder das Volk austauschen? Sollte man wirklich für ein allgemeines Wahlrecht eintreten, wenn man sich an der U-Bahn-Station so seine Mitbürger anschaut?

Das alltäglich Widersprüchliche stark übertreiben

Beispiel: *Ein Hotelgast kommt zum Ober: „Ich hätte gerne zwei zu hart gekochte Eier, eiskalten Speck, verkohlten Toast, tiefgefrorene Butter und lauwarmen Kaffee." „Das dürfte schwierig sein.", sagt der Ober. Gast: „Wieso? Gestern ging es doch auch."*

Vor einigen Jahren ging ein großer Postdampfer bei Dieppe unter. Einige Passagiere retteten sich mit letzter Not in ein Boot. Die Zollbeamten, die ihnen mutig zu Hilfe eilten, fragten als Erstes, ob sie nichts zu verzollen hätten.

Anwendung: Nuhr und andere Comedians machen aus den Widersprüchlichkeiten des Alltags ein gutes Comedy-Programm und wir zahlen viel Geld dafür, dass man uns dies vor Augen führt. Dabei erleben Sie wahrscheinlich tagtäglich eine nicht unerhebliche Anzahl von Widersprüchen in Ihrem Job, in Ihrer Beziehung, mit Freunden, Kooperationspartnern oder Kunden. Überhöhen Sie diese, finden Sie eine komische Perspektive, deuten Sie sie falsch oder was auch immer. Aber nutzen Sie sie, anstatt sich darüber zu ärgern. Es ist einschlägig gutes Material für Ihren Humor.

Der Alltag bietet genügend Widersprüchliches, das sich nutzen lässt

2.4.14 Regelverletzungen und Tabubrüche

Beschreibung: Themen, über die nicht gerne öffentlich bzw. in Gesellschaften oder auf Partys gesprochen wird, z.B. Tod,

Ein humorvoller Tabubruch kann entkrampfend wirken

Krankheit, Behinderungen etc. Ein Lachen über das Offensichtliche, Unausweichbare, aber auch scheinbar Un-besprechbare kann entkrampfend und erleichternd wirken. Aber Erziehung und Höflichkeit halten meistens davon ab, über solche Themen zu sprechen. Hier ist der Humor ein Ventil oder ein Spiegel dessen, was vor sich geht.

BEISPIELE: *Der beliebteste Schauspieler des Stadttheaters hat seine Frau verloren. Eine Woche später kondoliert ihm ein Bewunderer und sagt: „Ich habe in der Friedhofskapelle gesehen, wie sehr Sie gelitten haben." „Da hätten Sie", entgegnet der Mann, „mich erst mal am offenen Grab erleben sollen."*

Der Film *Borat* funktioniert ausschließlich über solche Grenzen oder Tabuverletzungen: nackt in öffentliche Gebäude gehen, eine Tüte Kot von der Toilette mitbringen und fragen, wo man das denn nun verstauen soll. Angesichts von Tabuverletzungen scheiden sich oft die Humorgeister. Gerade der Film *Borat* ist dafür ein gutes Beispiel. Es gibt ebenso viele begeisterte Stimmen als auch wirkliche Gegner dieses Films.

In einer Gruppe anzusprechen, was keiner sagen würde, kann witzig und damit auch kommunikativ sehr effektiv sein. Dazu ein Witz aus der medizinischen Richtung: *Je offener die Tuberkulose, desto geschlossener die Station.* Solche Witze mögen auf Außenstehende vielleicht abschreckend wirken, für das Stationsteam kann der enttabuisierende Umgang mit seinen Problemen jedoch ein gutes Ausgleichsventil für die schwere Arbeit sein.

Während in *Borat* eine sehr aggressive Tabuverletzung eingesetzt wird, hat sich Alfred Gerhards, ein Clown mit Künstlernamen Globo, eine charmante und leise Tabuverletzung erlaubt. Er hat umgangssprachliche Umschreibungen für das Sterben mit den passenden Berufen kombiniert. Dabei herausgekommen sind Beschreibungen wie: *Der Gärtner beißt in Gras. Der Atheist muss dran glauben. Der Pfarrer segnet das Zeitliche. Der Musiker geht flöten. Der Metzger fällt vom Fleisch. Der Spanner ist weg vom Fenster.* Mehr davon kann man in seinem sehr sensiblen und humorvollen Vortrag zu diesem Thema hören.

ANWENDUNG: Wir wollen Sie an dieser Stelle nicht ermutigen, von Ihrem nächsten Toilettengang mit einer Tüte wiederzukommen. Wie bereits einleitend erwähnt, sind wir weit davon entfernt, Sie zu Sexisten zu erziehen und permanent zu Tabubrüchen zu animieren. Damit wird man im Business nicht wirklich erfolgreich kommunizieren.

Humor als Strategie für die Bewältigung des Unausweichlichen

Aber: Sind die oben angeführten berufsspezifischen Umschreibungen des Sterbens wirklich verletzend oder ermöglichen sie nicht vielmehr den Zugang zu einem Tabuthema, das wir selten besprechen, bzw. über das wir nicht einmal nachdenken wollen? Humor ignoriert oder verspottet hier nicht etwa das Leid, sondern macht eine Akzeptanz des Unausweichlichen erst möglich.

Während viele Experten Humor als Verdrängungsmechanismus sehen, ist eine weitere Möglichkeit, ihn als Bewältigungsstrategie einzusetzen, nicht nur im Bereich der Tabuthemen. In dem Film *Patch Adams* spielt Robin Williams einen Arzt, der während seines Studiums damit beginnt, zunächst mit kranken Kindern, später auch mit allen anderen Patienten humorvolle Interventionen durchzuführen und gemeinsam zu lachen. In einer Szene geht er zu einem sehr aggressiven Patienten mit einem Pankreas-Krebs, der sterben muss und eine Familie zurücklässt. *Adams* hat ein Engelskostüm mit riesigen Flügeln an und beginnt dem Patienten die umgangssprachlichen Bezeichnungen für das Sterben aufzuzählen. Der Patient wird erst sehr wütend, fällt dann jedoch in die Aufzählung mit ein. *Patch Adams* gelingt es dann, einen Zugang zum Gespräch zu finden und den Sterbenden auf diese Weise aus seiner Isolation zu reißen.

Patch Adams

Bei dieser Technik muss man für sich klären, was man damit erreichen will. Bei Menschen, die einem bestimmten Thema ausweichen, sind humorvolle Tabuverletzungen ein hilfreiches Instrument. Man kann sie auch leicht verletzend einsetzen. Wir empfehlen diese Technik z.B. als Ventilfunktion, etwa indem Teams Witze über eine stressige Arbeitssituation machen dürfen und belastende Stimmungen im Raum ansprechen können, um damit ein erleichterndes Lachen hervorzurufen.

Humor als Ventil der Entlastung von Belastungen

Beispielweise kann man Mitarbeitern im Krankenhaus mit der Erlaubnis für diese Art Humor auch die Möglichkeit geben, untereinander über schwere Krankheiten oder Patienten zu witzeln, um so ein Ventil für das schwere Arbeitsumfeld zu schaffen. Man muss aber sorgsam darauf achten, wo genau der Humor entsteht und wie sensibel er eingesetzt wird.

2.4.15 Andeutungen

...

Als es läutet, macht Mike die Wohnungstür auf. Seine Freundin Claudia steht davor. „Ich komme gerade von der Untersuchung beim Frauenarzt", sagt sie. „Willst du uns nicht reinlassen?"

Es geht doch nichts über ein ausführliches Kapitel zum Thema Andeutungen ...

2.4.16 Selbstironie/Über sich selbst lachen

Albrecht Kresse beim Friseur: „Heute bitte nur die Spitzen!"

Beschreibung: Eine der größten Künste, die wenigsten können es. Sich selbst nicht zu ernst nehmen. Sich selbst auf die Schippe nehmen können. Über sich lachen lassen. Menschen das Lachen erlauben. Einen Witz über sich machen. Sich belächeln. Mit den anderen über sich selber kichern. Über sich grinsen. In das Gelächter über sich einstimmen. Aus vollem Halse über sich selbst lachen.

Finden Sie weitere Synonyme für diese schöne Kunst? Tatsache ist, jemanden auslachen oder über jemanden einen Witz machen ist viel schwieriger, als über einen eigenen Fehler zu lachen. Und doch ist der Effekt so viel größer und die Kommunikation besser. Einige Kabarettisten haben sich selber sehr erfolgreich auf die Schippe genommen.

Beispiel: Otto aus Emden steigt in seinen Filmen häufiger in Beziehungsfettnäpfe, Rowan Atkinson alias *Mr. Bean* ist in seinen Sketchen immer 20 IQ-Punkte dümmer als seine Zuschauer. Das tut er natürlich nicht ohne Ziel. Wenn sich jemand selbst auf die Schippe nehmen kann, dürfen wir über ihn lachen, ohne ihn zu verletzen. Er gibt uns selbst die Legitimation dazu. Außerdem ist es eine schöne Entwicklung bei Rowan Atkinson, dass er zum Beispiel in dem Sketch *Invisible Drum Kit* erst mit seiner üblich dummen Figur anfängt und dann sehr gut Schlagzeug spielen kann. Charmant in dem Sketch ist natürlich auch, dass er ein unsichtbares Schlagzeug etabliert und es dann konsequent als unsichtbar bespielt. Das ergibt ein amüsantes Paradoxon, das man sich gerne anschaut.

Sketche der meisten Comedians und Serien finden Sie auf www.youtube.com. Bessere Qualität und vollständige Sammlungen kann man auch kaufen. Anke Engelke ist sich auch nie zu schade, in ihren Sketchen Figuren zu zeigen, die auch mal hässlich sein dürfen oder die sich über sich selbst amüsieren. Darin ist sie häufig sogar viel besser als in ihren Stand-Ups.

Anwendung: Über sich selbst zu lachen, funktioniert auch im Arbeitsalltag hervorragend. Wenn Ihnen ein Missgeschick passiert, erlauben Sie Ihren Kollegen oder Mitarbeitern, über Sie zu lachen. Und plötzlich passiert etwas Ungewöhnliches: Zunächst glaubt man, sich eine Blöße zu geben und an Status oder Autorität zu verlieren, und plötzlich gewinnt man mehr Respekt. Weil man Menschen erlaubt, über einen zu lachen. Dazu muss man Mut haben. Nur ein Mensch, der erhöht steht, kann herabspringen; nur ein stolzer Mensch kann sich dazu hinreißen, sich selbst zu verspotten. Seien Sie ein stolzer Mensch! Es ist außerdem menschlich und macht sehr sympathisch, wenn man (auch und besonders als Führungskraft) Macken, Schwächen oder Fehler hat. Einem Menschen wiederum kann man schneller verzeihen, als einer perfekten Führungsmaschine.

Wer über sich selbst lachen kann, zeigt Größe und gewinnt Respekt

2.4.17 Nonsens

Beschreibung: Unsinn. Regelhaft betriebene Sinnverweigerung. Nicht-Sinn. Eine neue Wirklichkeit etablieren. Weicht von gewohnter empirischer Logik ab. Fiktive Substantive. Erfundene Metaphern. Sinn-Freiheit. Klar soweit? Monty Python.

Beispiele: Für Nonsens-Humor gibt es unzählige Beispiele. Vor vielen Jahren war besonders die britischen Comedy-Gruppe *Monthy Python* damit sehr erfolgreich. Sie verfilmte unzählige Sketche (z.B. *Dead Parrot, Argument Clinic* oder *Fish Liscence*) und spielte sie oft auf englischen Bühnen. Durch ihre Filmproduktionen ist *Monty Python* dann auch in Deutschland bekannt geworden (*Das Leben des Brian, Die Ritter der Kokosnuss*). Außerdem aus Großbritannien sind die Serien *Not the Nine O´Clock News, Little Britain* und *The League of Gentlemen* (letzteres ist eine BBC-Serie, nicht der amerikanische Film!). Alle Serien sind sehr stark durch Nonsens geprägt. Douglas Adams hat mit seiner sarkastischen Science-Fiction-Satire *Per*

Anhalter durch die Galaxis und seine genialen Worterfindungen in dem Buch *Die letzten ihrer Art* die Kultur des Nonsens auf sehr kreative Weise gepflegt. Lewis Carroll, Heinz Erhardt, die *Neue Frankfurter Schule* (nicht etwa die Nachfolger des Kreises um den Philosophen Th. W. Adorno, sondern das Frankfurter Satiremagazin *Titanic*) haben ebenfalls viele Nonsens-Produktionen geliefert. Was in der deutschen Literatur bereits üblich ist, entdecken auch langsam deutsche Filmproduktionen und Serien. Gute Beispiele dafür sind Bully Herbigs Filme *Traumschiff Surprise* und *Schuh des Manitu*, oder seine Serie die *Bully-Parade*. Eine weitere deutsche Serie mit gutem Nonsens-Potenzial ist *Stromberg* (handelt vom Büroalltag eines Versicherungsteams und ist die deutsche Version der britischen Serie *The Office*).

Anwendung: Nonsens trägt zur allgemeinen Erheiterung und zum guten Teamklima bei. Nonsens kann gut zur Irritation genutzt werden. Probieren Sie mal etwas komplett anderes aus als man von Ihnen erwartet, wenn sich eine Situation zu sehr eingefahren hat.

2.4.18 Ironie/Galgenhumor

Beschreibung: Ironie ist die Technik, in der letztendlich alle anderen Techniken münden. Ironie bedeutet die Fähigkeit, in einer Situation die Perspektive wechseln zu können. Dies geschieht bei allen anderen Techniken zwar auch, aber Ironie muss auch mal eigens aufgeführt sein. Und schließlich ist es ja unser Buch, also dürfen wir das festlegen.

Ironie – oder etwa paradoxe Intervention?

Wikipedia definiert folgendermaßen: *Die Ironie (griechisch eironeía, wörtlich „Verstellung, Vortäuschung") ist eine Äußerung, welche – meist unausgesprochene – Erwartungen aufdeckt, indem zum Schein das Gegenteil behauptet wird. Die einfachste Form von Ironie ist, das Gegenteil von dem zu sagen, was man meint.*

Also: *„Ich hab hier wirklich keinen Spaß, ein Buch zu schreiben, Sie etwa beim Lesen?"*

Beispiele: *Die junge Kellnerin stolpert und gießt einem älteren Gast etwas von der heißen Soße über die Glatze. Der*

Gast fährt herum, betastet seinen Kopf und fragt erstaunt: „Glauben Sie wirklich, dass das noch helfen könnte?"

Die jungen Eheleute müssen sehr sparen. Statt Gänsebraten steht Weihnachten nur ein falscher Hase auf dem Tisch. „Ein Weihnachten ohne Gans gab es bei uns zu Hause nicht", mäkelt der junge Mann. „Aber Liebling", entgegnet sie, „dafür hast Du doch jetzt mich."

Der Übergang von Ironie zum Galgenhumor ist schleichend und geschieht fast ohne dass man es merkt.

Während der Französischen Revolution wird ein Adliger auf das Schafott geführt. Als ihm der Henker die Augen verbindet, fragt der Verurteilte leise den Priester: „Sagen Sie, Hochwürden, was gibt man denn so einem Mann an Trinkgeld?"

Der Übergang von Ironie zum Galgenhumor ist schleichend

Anwendung: Wenn Sie ironisch werden, ist nicht vorhersagbar, ob Ihre Ironie auch verstanden wird. Man kann das Gesagte durch Gesichtsausdruck, Betonung oder Gesten verstärken. Wenn Ihr Gegenüber es dann immer noch nicht verstanden hat, probieren Sie es bitte an jemand anderem aus! Nutzen Sie die sich Ihnen bietenden Möglichkeiten und haben Sie Spaß. Auch an der Ironie über sich selbst und Ihren liebenswürdigen Macken!

2.4.19 Weitere Formen von Humor

Die möglicherweise unangenehmen Seiten des Lachens erlebt man bei den nun folgenden Formen von Humor. Unangenehm zumindest für den, über den gelacht wird. Hat derjenige ein eigenes Humorverständnis, ist es gut. Hat er das nicht, geht es ihm schlecht. Wenn Ihr Ziel gute Kommunikation ist, lautet das Motto zur Witzauswahl: Lassen Sie den Witz eher weg.

Humor um jeden Preis, nach dem Motto: „Ein Gag kennt keine Verwandten", ist nicht immer empfehlenswert

Ist Ihr Ziel, Hauptsache Humor zu produzieren, lautet das Motto: *Ein Gag kennt keine Verwandten.* Wir würden diese Techniken nicht unbedingt im Business empfehlen, aber sie funktionieren auf jeder Party. Also entscheiden Sie selbst über deren Einsatz.

Auslachen

Die erste Technik ist Auslachen. Ein Beispiel dafür ist folgender Witz: *„Mama", sagt eine Zwanzigjährige, „ich habe eine Anzei-*

Schadenfreude ist nicht immer die schönste Freude

ge aufgegeben: Suche kultivierten Herrn im besten Alter zwecks Freizeitgestaltung. Spätere Heirat nicht ausgeschlossen." „Und", fragt die Mutter, „hast du schon Zuschriften bekommen?" „Ja, eine – von Papa."

Oder dieser: *Silberstein, reich geworden, geht zum bekanntesten Modemaler der Stadt, um sich Bilder für seine Villa auszusuchen. Vor einem Gemälde bleibt er stehen: „Was stellt das dar?" „Die zwölf Söhne Jakobs." „Hat nicht auch Reichenstein von Ihnen ein Bild mit den zwölf Söhnen Jakobs?" „Ja … ." „Gut, dann malen Sie für mich vierzehn Söhne."*

Einen dritten und letzten Witz haben wir noch zum Thema Auslachen: *In der Alabama-Bar in Laramie spielt jeden Abend der einäugige Joe gefühlvoll Klavier. Wieder mal gibt es eine Schießerei. Die erste Kugel trifft Joes gesundes Auge. Begeistert dreht sich Old Joe um und ruft: „So ist's richtig, Jungs, immer zuerst auf die Lampen."*

Der Mensch braucht Reizungen. Ein bisschen angeregt und aufgeschreckt möchte man schon werden, nur nicht zu viel. Das gilt für die Witze des Auslachens und der Aggression ebenso wie für die Bildzeitung.

Humor mit Biss kann Aggressionen ab- und aufbauen

Aggressivität

Eine weitere Technik im Humor ist also Aggressivität. Stefan Raab und Harald Schmidt sind zwei Beispiele dafür, dass durch Humor viele Aggressionen abgebaut werden können. Albert Rapp, ein amerikanischer Altphilologe, behauptet: Lachen hat seinen Ursprung in Hass und Aggression. Es ist grundsätzlich und seinem Wesen nach brutal, hat allerdings seiner Meinung nach eine Tendenz zum Guten und zum Bösen. In der klassischen Auslegung nach Freud dient aggressiver Humor der menschlichen Triebabfuhr. Wenn man also Dampf ablassen muss, kann man das durch einen bissigen Witz tun.

Ein Offizier und ein Pfarrer saßen in einer Postkutsche. „Hätte ich das Pech, einen unbegabten Sohn zu haben", stichelte der Offizier, „ich würde ihn Pfarrer werden lassen." Der Pfarrer: „Dann denken Sie also anders als Ihr Herr Vater."

Man war sich später in der Humor- und Lachforschung einig, dass der Mensch mit Witzen nicht nur Spannung ablassen will, so wie es Freud behauptet, sondern auf entspanntem Niveau glücklich sei. Sogar Freud hat zugegeben, dass es lustvolle Spannungszustände und unlustige Entspannungszustände geben kann. Andere Theorien behaupten, dass es in Witzen und im Humor eine Reizung geben muss, eine Erregungsspitze sozusagen. Der Fernsehzuschauer möchte gerne Comedians sehen und unterhalten werden, also Spannung erleben. Auch die Schadenfreude gehört damit in die Schublade des aggressiven Humors.

Zwei schriftstellernde Schauspielerinnen begegnen sich auf der Buchmesse. „Ihr neues Buch ist ganz ausgezeichnet, meine Liebe, wer hat es denn geschrieben?" „Nett, dass Sie mein Buch kennen, wer hat es Ihnen denn vorgelesen?"

Erotik

Nicht zu vergessen ist das weite Feld des erotischen Humors. *Die Schauspielnovizin hat in ihrer ersten Rolle lediglich einen Satz. Sie muss den eintretenden Diener fragen: „Was willst du schon wieder?" Bei der Premiere hat sie einen unerwarteten Lacherfolg, als sie im Lampenfieber falsch betont: „Was? Willst du schon wieder?"*

Sicher kennen Sie genügend andere Beispiele und können beurteilen, ob es sich hier lediglich um die weit verbreiteten Zoten oder um halbwegs intelligente Anspielungen handelt.

Je nachdem, in welchem Forschungsbereich man sich befindet, deuten die Freudianer auch gerne Ängste in sexuelle Witze hinein. Das lassen wir einmal unkommentiert.

Schwarzer Humor

Kommen wir nun zum grausamen oder schwarzen Humor. E.C. Hirsch behauptet, schwarzer Humor wecke die Lust an der Angst. Alle Witze, die unmittelbar nach dem 11. September produziert wurden, haben etwas damit zu tun, dass Menschen nach diesem Ereignis verständlicherweise Angst hatten.

Zwei Patienten beschweren sich bei der Nachtschwester, dass ihr dritter Mitpatient so entsetzlich röchelt. „Kann man denn den Schwerkranken nicht in das Sterbezimmer verlegen?", fragen sie. Da lächelt die Nachtschwester verwirrt und sagt: „Aber meine Herren, hier ist doch das Sterbezimmer."

Monty Python pflegte oftmals schwarzen Humor. Bei den Briten herrscht die irrige Annahme, sie seien alleinige Virtuosen des schwarzen Humors, aber auch die Deutschen sind darin nicht schlecht. Kurt Tucholsky, Robert Gernhardt, Harald Schmidt und viele andere produzieren reichlich davon.

„Warum sitzt eigentlich die Oma schon seit Monaten am Fenster und bewegt sich nicht?" „Damit ihre Rente nicht gestrichen wird."

Gershon Legman bezeichnet schwarzen Humor zu Krankheit, Tod und Sterben als Schutzmechanismus. Damit kann Ernst verleugnet und bagatellisiert werden. Ist sich ausschütten vor Lachen ein Ventil? Kann Lachen ein Ausatmen sein?

Zynismus

Oscar Wilde: Missionare als die von Gott gesandte Nahrung für Kannibalen

Nicht unbeachtet lassen sollte man den Zynismus. Ein Wort von Oscar Wilde über die unendliche Güte des Allmächtigen: *„Erkennt man denn nicht, dass Missionare die von Gott gesandte Nahrung für Kannibalen sind?"*

Zynismus bedeutet hauptsächlich Dinge lächerlich zu machen, besonders Werte wie das Gute, Wahre und Schöne. Goethe sagte einmal: *Durch nichts beziehen die Menschen mehr ihren Charakter, als durch das, was sie lächerlich finden.*

Die Erklärung, warum Menschen lachen, hat sich im Laufe der Jahre sehr gewandelt. Man vermutet, dass Menschen in der Steinzeit eher aus Triumphgefühl über den besiegten Feind lachten oder um sich gegenüber dem Feind zu „entwaffnen". Auch heute gibt es dieses Verhalten noch, aber Humor ist auch stiller, gleichberechtigter und facettenreicher geworden. Man setzt ihn zur Unterhaltung, zum Flirten, zur Verbesserung der Stimmung in Teams und an vielen anderen Stellen ein.

Humor ist zu einer Stärke und einer Eigenschaft geworden, die man pflegt und einsetzt, die man nicht nur in den Genen hat oder zufällig erlebt.

Nichtsdestotrotz kann man allgemein über den Witz und die humorvolle Anekdote sagen, dass hier vieles ausgesprochen wird, was sonst nicht geduldet wird: Gemeinheit, Unglück, Verbrechen, Ekelhaftes, Unanständiges, Blamagen, Reinfälle, Beleidigungen etc.

Um es mit den Worten des Philosophen Joachim Ritters zu sagen: *„Die ganze Kloake der Gesellschaft, die sonst schön verschwiegen wird."* Schmerz und Wahrheit. So wahr es John Vorhaus will. Amen!

2.5 Die Technik der humorvollen Provokation

Für die Kommunikation im Arbeitsalltag ist es am interessantesten (schöne Erklärung dafür, dass es sich einfach um unsere Lieblingsmethode handelt), sich die Technik der humorvollen Provokation näher anzuschauen. Wie bereits im Rahmen der Vorstellung der Therapiesysteme erwähnt, wird der provokative Stil® von Farelly/Höfner als Methode in der Gesprächsführung eingesetzt. Hier werden viele der oben genannten Techniken kombiniert und angewandt.

Widersprüchliches Potenzial nutzen, statt es zu vermeiden oder zu verhindern

Die Anwendung der humorvollen Provokation setzt immer nonverbale Empathie, also Einfühlungsvermögen in einen anderen Menschen voraus. Der provokative Stil geht dabei immer wieder davon aus, dass widersprüchliche Aussagen genutzt und nicht ständig verhindert werden müssen. Der Lebensalltag ist voller Doppelbotschaften. Bereits die Eltern, aber auch Freunde, Partner oder Kollegen können widersprüchliche Dinge sagen und von einem wollen.

Da sich Widersprüche nicht vermeiden lassen, sollte man sie nutzen

Unsinnig und sehr energieaufwändig ist der Versuch, auch im Arbeitsalltag alle Widersprüche beseitigen zu wollen. Sich selbst als Berater oder Führungskraft zu widersprechen, kann eine wirksamere Methode sein, um sein Gegenüber zu verwirren und dadurch ein Nachdenken über seine Situation, ja sogar Verantwortung für eine Situation oder ein Problem auszulösen. In ständiger Kongruenz mit einer Moral zu agieren, ist eine selten realistische Erwartung. Einem Kollegen oder Mitarbeiter muss man Entscheidungen in einem Problemfall oft nicht abnehmen, sondern kann die Unsicherheit sogar noch vergrößern. Eine Methode, die oft zur schnelleren Entscheidung des Mitarbeiters führt. Dem Kollegen kann man, statt ihm die Entscheidung abzunehmen, zum Beispiel antworten: *„Mhm, ich weiß nicht genau, aber warten Sie, ich werde es in ungefähr zwei Jahren nach reiflicher, strukturierter Überlegung für Sie entschieden haben."*

Eleonore Höfner geht in ihrem Buch *Das wäre ja gelacht* davon aus, dass jeder Mensch eine Landkarte im Kopf hat, auf der Erfahrungen eingezeichnet sind. Mithilfe dieser Landkarte orientiert er sich, ohne dass es ihm bewusst ist. Manchmal hilft man Menschen durch seine Kommunikation, sich neu zu orientieren oder eine veraltete Karte neu zu bestücken.

Das ist natürlich nicht immer einfach, da Menschen gerne an ihrer alten Landkarte festhalten und sie gut und bequem finden, da ein Sichtwechsel/Kurswechsel oder ein verändertes Verhalten immer auch mit neuen Gefühlen verbunden ist, die verunsichernd oder gar bedrohlich wirken können.

Eine humorvolle Provokation treibt das Gegenüber aus seiner Komfortzone

Ziel der Provokation ist es, Gelächter und Widerstand zu produzieren, denn Lachen und Rebellion koppeln schnell und mühelos Denken und Verhalten an das Gefühl an, ohne dass der Betroffene eine Abwehr gegen den Provokateur mobilisieren kann.

Über die emotionale Abwehr der Provokation findet das Gegenüber zu wirklich innovativen Lösungen

Kennen Sie folgende Situation: Sie machen einem Kollegen oder Partner gut gemeinte Ratschläge zur Lösung eines Problems und bei jedem Argument findet er neue (rationale oder rationalisierte) Gegenargumente. Angesichts der provokativen Unterstellung überzogener Verhaltensweisen ist er jedoch gewissermaßen gezwungen, gefühlsmäßig Stellung zu beziehen. Das hebelt seinen rationalen Abwehrimpuls zunächst einmal aus, und führt dazu, sich außerhalb der eingefahrenen Gleise mit seinem Problem auseinanderzusetzen. Die Selbstverantwortung des Menschen wird damit gekitzelt, dass der ihm provokativ untergeschobene Rahmen für ihn so absurd und wenig akzeptierbar ist, dass er sich einen eigenen schaffen muss, aus dem vielfach innovative Lösungen ableitbar werden.

Übertreibt man also, statt moralisch gute Ratschläge zu geben, kann eine innovative Lösung viel schneller bei der Hand sein. Ziel der humorvollen Provokation ist es, dem Gegenüber mit problematischem Verhalten bzw. seinem Denken einen neuen Rahmen zu geben.

Mit Unterstellungen sind nicht Geistreicheleien, distanzlose Unverschämtheiten oder eigene Aggressionsabfuhr gemeint. Ebenso wie Farelly geht Höfner von einer würdigenden empathischen Grundhaltung aus.

Der provokative Stil nutzt eine Basis und bestimmte Werkzeuge. Handelt es sich bei der Basis hauptsächlich um das nonverbale, also körpersprachliche Verhalten, geht es bei den Werkzeugen um verbale Formulierungen. Zum besseren Verständnis folgt nun das Schaubild:

Die Basis bildet man mit ausgefallenen Antennen, Assoziationen und Gefühlsübertragungen. Dabei geht es darum, die Haltung, das Verhalten und die nonverbale Kommunikation seines Gegenübers sensibel wahrzunehmen.

Basis des provokativen Stils

Antennen	Vertrauen	Neutralität	Aktivdiagnose
Assoziationen	Wohlwollen	Antreiber-freiheit	Selbst- und Weltbild
Gefühlsüber-tragung	Verständnis	Kompetenz	Wachstums-bremsen

Werkzeuge des provokativen Stils

Schnelligkeit	Positive non-verbale Signale	Tempo	Paradoxe Ver-schreibungen
Kreativität	Treffer	Stimmung	Idiotische Lösungen
Lebens-erfahrung	Humor	Erregungs-niveau	Zerrspiegel

© Eleonore Höfner, Deutsches Institut für Provokative Therapie, München

Sensible Antennen für die Befindlichkeit des Gegenübers entwickeln

Antennen für sein Gegenüber zu haben bedeutet, die Signale und Reaktionen des Gesprächspartners feinfühlig zu bemerken. Man fährt Antennen aus, die Stimmungen, Körpersprache und vor allem Widerstand gegen das Gesagte sofort bemerken. Auch gilt es, entsprechende Assoziationen und Bilder für diese Signale zu finden. Man muss schnell, kreativ und lebenserfahren sein, um auf die wahrgenommenen Signale reagieren zu können. Zuallererst erfordert das einen guten Draht zu seinem Gegenüber. Der kann durch das Basiselement des Vertrauens hergestellt werden. Dieses Vertrauen schafft ein Klima für Veränderungen. Ohne Vertrauen können Veränderungen sogar eine Bedrohung darstellen. Weiterhin ist eine Kombination aus Wohlwollen und Kompetenz wichtig. Das Wohlwollen ist die innere Haltung, an der Ihr Gegenüber spürt, dass Sie es nicht abwerten oder verurteilen. Schließlich benötigen Sie die soziale und fachliche Kompetenz, Ihr Gegenüber beeinflussen zu können.

Gefahr, dass die humorvolle Provokation als verletzende Ironie oder Sarkasmus empfunden wird

Für eine wirkungsvolle humorvolle Provokation darf keine dieser Eigenschaften fehlen. Wirklich entscheidend ist ein guter Draht zur aktuellen Befindlichkeit Ihres Partners, denn ohne ihn kann die Provokation schnell als verletzende Ironie oder Sarkasmus abgestempelt werden. Dadurch unterscheidet sich auch die positive Verhaltenskritik von der destruktiven Charakterkritik. Der gute Draht kann durch positive, körpersprachliche Signale, die man dem Gegenüber vermittelt und Treffer, also Feststellungen dessen, was dieses sich wünscht, erzeugt werden. Auch eine humorvolle Haltung ist sehr wichtig. Man ist in Führung, wenn der andere einen als kompetent wahrnimmt und sowohl Gesagtes als auch Verhalten von Bedeutung für ihn sind.

Offenheit signalisieren und sich nach Möglichkeit nicht von inneren Antreibern treiben lassen

Im Gespräch behält man die Führung, indem man neutral bleibt und sich nicht antreiben lässt. Wichtig dabei ist die Freiheit von innereren Antreibern. Jeder Mensch hat einen oder mehrere Antreiber in unterschiedlich ausgeprägter Form verinnerlicht. Diese Antreiber geben vor, in welcher Weise man an bestimmte Aufgaben herangeht und sie erledigt. Die Psychologie hat beim Menschen fünf Antreiber beobachtet: *Sei schnell! Sei perfekt! Sei stark! Streng dich an! Stelle alle mit deiner Arbeit zufrieden und mache es allen möglichst recht!* Wenn man sich stärker für weitere Informationen über die eigenen Antreiber interessiert, findet man unter dem Stichwort „Transaktionsanalyse“ gute Bücher. Wer durch einen inneren Antreiber zu stark auf das Ergebnis fixiert ist, dem fällt es schwer, die kleinen Zwischenschritte bis zum Ziel der Aktivität durchzuführen.

Neutralität, Kompetenz und Antreiberfreiheit lassen sich vermitteln durch das Tempo, die Stimmung und das Erregungsniveau der Sprache.

Den Widerstand des Gesprächspartners reizen

Nachdem ein guter Draht und die Führung innerhalb eines Gesprächs hergestellt sind, ist es Ziel, den Widerstand des Gesprächspartners zu reizen, statt Lösungsvorschläge zu machen, die er vor dem Hintergrund seines gewohnten Bezugssystems rational ablehnen würde. Der durch die humorvolle

Provokation geweckte emotionale Widerstand leitet ihn dagegen auf neue Wege und führt so zu innovativen Lösungen.

Besonders wirksam ist eine Provokation, wenn sie die so genannten Glaubenssätze Ihres Gegenübers berührt. Jeder Mensch legitimiert sein Selbst- und Weltbild mit pauschalen und differenzierteren Glaubenssätzen. Diese umfassen neben den Antreibern z.B. die Wachstumsbremsen. Wachstumsbremsen sind vermeintliche Gründe, die einen davon abhalten, neue Dinge zu lernen und sich weiterzuentwickeln. Eine beliebte Behauptung ist etwa die, nicht zeichnen zu können, schon gar keine Comics. Probiert haben es allerdings die wenigsten über einen längeren Zeitraum.

Wollen Sie wirkungsvolle Provokationen landen, erkunden Sie mit einer scharfen Wahrnehmung die Insel der Glaubenssätze, auf der sich Ihr Gegenüber eingerichtet hat.

Das Gegenüber bei seinen Glaubenssätzen packen

Höfner bezeichnet die Wahrnehmung dieser Glaubenssätze als Aktivdiagnose. Das bedeutet ein erstes Mitlaufen mit dem Klienten und ein anschließendes *„in den Busch schießen“*, also passende Unterstellungen zu äußern. Je treffender die Unterstellung ist, desto größer wird der Widerstand Ihres Gegenübers dagegen sein. Anwenden kann man hier „paradoxe Verschreibungen“ oder „idiotische Lösungen“ und den so genannten „Zerrspiegel“.

Paradoxe Verschreibungen und idiotische Lösungen sind völlig unrealistische und freche Ratschläge zur aktuellen Problemsituation, die Sie in der Hoffnung abfeuern, dass Ihr Gesprächspartner diesen unsinnigen Ratschlägen einen vehementen emotionalen Widerstand entgegensetzt und selbst eine Lösung findet.

Da man sich selber nicht direkt erleben und seine Wirkung auf andere nur sehr mittelbar erfahren kann, ist es sehr angenehm, wenn andere einem das eigene Verhalten unmittelbar zurückmelden, also „berichten“, wie sie einen wahrnehmen, dass man aktiv, liebevoll, stark oder schön etc. ist. Diese unmittelbare Rückmeldung heißt „Spiegeln“. Der Zerrspiegel oder Overkill spiegelt nun die Befindlichkeit des anderen – aber in einer völlig unerwarteten Weise. Beim Zerrspiegel verzerrt man das Spiegelbild so weit, dass der andere gewissermaßen seinen Augen nicht traut und nicht glaubt, so sein und wirken zu können: *„So unsensibel und inkompetent soll ich sein? Das kann nicht stimmen!“*

Der Zerrspiegel weckt emotionalen Widerstand

Durch ungeniertes Aussprechen und Übertreiben kann man signalisieren, dass man die „Falten“, die in der Seele des Gegenübers schlummern, nicht so schlimm findet, wie er selbst.

Eine wohlwollende Grundhaltung signalisiert, dass die Provokation nicht verletzend gemeint ist

Ein Zerrspiegel wäre z.B., jemanden, der sich von seinen Mitmenschen entwertet fühlt, als „Fußabtreter“ zu bezeichnen. Dabei ist man ihm körpersprachlich zugeneigt und legt ihm wohlwollend ab und an den Arm auf die Schultern. Wie bei einem guten Freund, der angesichts eines neuen Projektes mit einem Lächeln sagt: *„Das schaffst du doch nie“*, spürt der Gesprächspartner vor dem Hintergrund dieser wohlwollenden Grundhaltung sofort, dass er liebevoll, aber auch effektiv provoziert wird. Am liebsten würde er dann antworten: *„Na klar, schaffe ich das!“* Im besten Fall tut er das auch. Dann hatte die Provokation Erfolg – ohne zu verletzen. Das Gegenüber hat dem übertriebenen Bild widersprochen.

Bilder können sich immer verändern, Zahlen nicht. Wenn also das Bild des Fußabtreters nicht ausreicht, um den Gesprächspartner zu provozieren, kann man es weiter ausbauen. Der Fußabtreter könnte zum fuselbehangenen, ausgedörrten, zerrissenen Stück Wischlappen vor einer bewohnten Pappbehausung mutieren. Dieser Zerrspiegel erschwert es dem Gesprächspartner, weiterhin in der eingefahrenen, selbstentwertenden Art und Weise zu reagieren und regt ihn zu neuen Bewältigungsstrategien an.

So, und nun probieren Sie das ja nicht aus! Um Gottes Willen, meinen Sie wirklich, Sie könnten damit Erfolg haben? Also, wir sind der Meinung, Sie sollten vorsichtig sein mit dem provokativen Stil. Nicht gleich zu weit aus dem Fenster lehnen damit. Und bloß nicht anwenden, wenn‘s nicht gleich perfekt funktioniert. Das muss vom ersten Satz an sitzen. Absolut perfekt. Sonst sind Sie leider nicht geeignet dafür.

Anwendung im Arbeitsalltag

Nach dieser ausführlichen Vorstellung der Technik der humorvollen Provokation fragen Sie sich wahrscheinlich, wo und wie Sie diese im Arbeitsalltag einsetzen können.

Kennen Sie diese Situation? Jemand macht schnippisch einen Vorwurf, der so ungerecht ist, dass Sie völlig perplex sind und fünf Minuten später immer noch sprachlos herumstehen und gerne schlagfertig auf diese Unverschämtheit geantwortet hätten. Entweder man protestiert sofort mit größter Leidenschaft, was dem Angreifer reichlich Fläche bietet, seine Vorwürfe noch differenzierter und stärker zu vertreten. Wer sich verteidigt, hat auch Schuld. Oder es fällt einem drei Stunden später eine wirklich treffende Antwort ein. Lieblingswörter bei solchen Vorwürfen sind *„immer“, „jedes Mal“, „ständig“* und *„nie“*. Dann ist die Kritik falsch bzw. kann sehr unfair werden. Das ist für ein Gespräch unproduktiv und verletzend. Die Folgen davon sind die ursteinzeitlichen Reaktionen des Menschen: Gegenangriff, Verteidigung oder Flucht.

Undifferenzierte und verallgemeinernde Kritik

Nun stellt sich die Frage, wie kann man, anders als in der Steinzeit, produktiv, humorvoll oder einfach entwaffnend humorvoll mit solchen Vorwürfen umgehen, ohne in Verteidigungshaltung zu gehen?

Nutzen Sie den Angriffsakt des Gegners – sagte bereits Paul Watzlawik, ein Psychologe, der sich stark mit humorvoller und paradoxer Kommunikation beschäftigt hat. Watzlawik nannte diese Methode schon vor 30 Jahren die Judomethode. Was nichts anderes bedeutet, als das Grundprinzip der Schlagfertigkeit anzuwenden. Im Judo nutzt der Angegriffene den Schwung des Angreifers für sich aus, indem er die Zielrichtung des Angriffs (und Angreifers) bestätigt und verstärkt.

Die Judomethode: Den Schwung des Angreifers für sich nutzen

Das funktioniert körperlich genauso gut wie verbal. Man macht sich den Gegner zum Verbündeten und akzeptiert seine Argumente inhaltlich. Nun entsteht eine sehr widersprüchliche, also paradoxe Situation. Der Angreifer läuft ins Leere, denn durch die fehlende Gegenwehr ist ihm der Wind aus den Segeln genommen. Wenn man Freude daran hat, kann man den Anwurf auch noch übertreiben und karikieren.

Jetzt hast du schon wieder den Bericht vergessen!

Ja, echt. Ich bin wirklich unmöglich! Ich weiß, morgen wird die Welt untergehen und ich bin für das Sterben aller Menschen verantwortlich. Weil ich den Bericht vergessen habe. Ich sollte mich gleich aufhängen, was meinst du?

Allerdings muss man sich für diese Technik selbst auf die Schippe nehmen können. Man darf sich in dem Moment selbst nicht ernst nehmen. Eine Kunst, die etwas Übung bedarf. Es ist jedoch ähnlich wie beim Klavierspielen. Je mehr man übt, umso besser, feinfühliger und differenzierter wird man.

Wer diese Kunst der wohlwollenden und effektiven Provokation erweitern und noch ausbauen möchte, kann sich mit folgenden zwei Büchern von Eleonore Höfner beschäftigen:

Vorsicht Praxis!

„Die Kunst der Ehezerrüttung“ gibt eine herrliche Übersicht, wie Sie Ihre Beziehung systematisch und fundiert zerrütten können. Dabei karikiert Eleonore Höfner wohlwollend die Eigenarten und Macken von Männern und Frauen, nicht ohne davor zu warnen, das man auch alles viel leichter haben könnte in Beziehungen. Bezogen auf den provokativen Stil im Arbeitsalltag findet man in *„Schwein sein?“*, viele inspirierende Ideen, die man im Arbeitsalltag mit Kollegen und Führungskräften einsetzen kann. Neben einer Typologie typischer Manager wird der Ernst des Lebens in Unternehmen zementiert und erklärt, warum es von entscheidender Bedeutung ist, hier und da ein „Kollegen-Schwein“ zu sein. Die Regeln beschäftigen sich mit Strategien der Profilierung, Diskriminierung und Geheimhaltung von Wissen, um nur einige der sinnvoll einsetzbaren Techniken im Business zu benennen.

Achtung! Bei beiden Büchern besteht hohe Gefahr, dass Sie sich sehr amüsieren und in vielen Situationen selber wiederfinden. Sie sollten sich wirklich gut überlegen, ob Sie sich diesem Psychokram unterziehen!

Wenn Sie Lust auf diese Technik haben, testen Sie sie zunächst in unkritischen Situationen aus. Steigern Sie sich allmählich und erlauben Sie auch Kollegen, sie bei Ihnen anzuwenden, wenn Sie selber vielleicht einmal unfair kritisieren oder alle Problemlösungen und Verbesserungen blockieren.

2.6 Flexibilität

Flexibilität als Grundhaltung

Flexibilität ist weniger eine Technik als vielmehr eine Grundhaltung, die sich aber üben und trainieren lässt. Über ein Buch lässt sie sich eher schwer vermitteln, ist für ein Humortraining von Eva Ullmann aber unabdingbar. Deshalb soll diese Technik bzw. Grundhaltung hier ebenfalls behandelt werden.

Wenn Sie sich für konkrete Übungen interessieren, ist dieses Kapitel genau das Richtige für Sie. Ansonsten überspringen Sie es einfach und gehen zu Kapitel 3 „Humorpraxis im Businness“ über.

Um sich für Humor und die darin schlummernden Potenziale zu sensibilisieren, ist es sinnvoll, sich mit der Entwicklung von Kreativität und Flexibilität zu beschäftigen. Zwei Kernkompetenzen, die gerade in der modernen Wirtschaftswelt immer wichtiger werden.

Wann sind Sie spontan gut in der Lage, sich auf andere Menschen einzustellen, herauszufinden was diese wollen und brauchen und ob sie mit der aktuellen Gesprächssituation zufrieden sind? Wann können Sie den Humor eines Gesprächspartners gut treffen und sind flexibel genug für die Art des Humors, die Ihr Gegenüber pflegt? Diese Flexibilität, die man vielleicht etwa gegenüber dem eigenen Partner hat, kann man auch gezielt in Situationen des Arbeitsalltags entwickeln.

Sich auf den Humor des Gegenübers einlassen können

Die Kunst, spontan zwischen Menschen Humor zu erzeugen, der alle erfasst und dafür sorgt, dass alle Lachenden sich wohl fühlen, bedeutet, sich auf den Humor des Gegenübers einlassen zu können. Wann funktioniert humorvolle Kommunikation fließend mit einer Kollegin, einem Schüler, der Partnerin, dem Chef oder einem guten Freund? Wenn wir erkennen und akzeptieren, was der Gesprächspartner uns anbietet und den Ball wieder zurückspielen.

Der Prozess ist gut mit einem Ping-Pong-Spiel vergleichbar. Das Gegenüber spielt einem den Ball zu, man nimmt ihn an und gibt ihn wieder zurück. Man greift die humorvolle Idee auf, lässt sich auf den Perspektivwechsel ein und spinnt den humorvollen Impuls weiter. Dabei kann man sich so richtig hochschaukeln und ganze Großraumbusse erheitern. Prinzipiell wird es Ihnen bei manchen Menschen besser gelingen, Humor anzunehmen als bei anderen.

Offenheit nach allen Richtungen ist eine Grundvoraussetzung

Wenn man Angst hat, die Kontrolle zu verlieren, läuft man nicht nur Gefahr, die Chancen produktiver Ideen ungenutzt zu lassen, sondern auch Humor abzublocken. Jedes Mal, wenn ein Humorangebot abgelehnt oder verneint wird, verspürt Ihr Gegenüber weniger Lust, einen neuen Vorschlag zu machen. Man errichtet eine Mauer um sich herum und das Gespräch endet an dieser Stelle in einer Sackgasse bzw. kann sich einfach nicht weiterentwickeln. Wer kennt das nicht? Man macht in einem Meeting einen Vorschlag nach dem anderen und immer wieder finden Kollegen Argumente dagegen. Diese Blockade löst in einem selbst schnell Widerstand aus und erzeugt Unlust, weitere Vorschläge zu machen, Geschichten zu erzählen, Witze zu machen oder sich etwas Humorvolles zu trauen.

Je fehlertoleranter die Umgebung ist, desto mutiger ist man im Erzählen humorvoller Geschichten. Will man eine humorvolle Atmosphäre kreieren und Vertrauen schaffen, muss man also zunächst einmal alles zulassen, was von einem Gesprächspartner produziert wird. Niveau und Qualität steigern sich von ganz alleine.

Wann blockieren Sie eher Ideen von Gesprächspartnern? Wann finden Sie Gesprächsangebote nicht interessant oder spannend oder von wem? Bei Menschen, die nicht in Ihrem Alter sind (Schüler und Kinder haben ganz andere Humorformen als Erwachsene)? Bei Kollegen, die Sie unsympathisch finden? In dem Fall blockieren Sie unbewusst mehr Gesprächsangebote, als Sie ahnen. Probieren Sie auch hier das Grundprinzip ANNEHMEN aus. Es kann ungeahnte Wirkung haben, wenn Sie eine humorvolle Idee aufnehmen und weiterentwickeln, auch wenn Sie sie im ersten Augenblick nicht so sprühend oder zu Ihrem Humorgeschmack passend finden.

Hier einige Übungen aus der Humortrainingspraxis:

Praxis Eva Ullmann

Ja Sagen

(Zwei Übungen von meinem geschätzten Improtheaterkollegen und Zauberer Gaston)

Das Ja-Sagen und Annehmen will geübt sein, denn viele Menschen sind es gewohnt, Dinge eher zu verneinen (Es ist auch äußerst intelligent, unseriöse Angebote an der eigenen Haustür erst einmal abzulehnen). Für Flexibilität braucht man jedoch Ja's.

Nun zur Übung: Man sucht sich einen netten Partner und macht sich abwechselnd Angebote, z.B. *„Das sind aber schöne italienische Schuhe."* Oder *„Wir kennen uns doch aus Barcelona."* Oder *„Sind Sie nicht der Bruder von Roberto Giobbi?"* Keine großen Sachen, banale Dinge. Der Partner antwortet immer mit *„Ja"* und wiederholt das Angebot, also: *„Ja, schön nicht?"; „Ja, aus Barcelona."; „Ja, der Bruder."* Sie merken schon, Sie müssen da ab und zu schwindeln. Ist manchmal gar nicht so leicht. Macht aber Spaß. Diese Übung sollten sie eine Weile (fünf bis zehn Minuten) machen. Im nächsten Schritt machen Sie sich abwechselnd Angebote, genau wie oben, nur dass der Partner bei der Antwort das Angebot nicht nur wiederholt, sondern noch ein bisschen ausbaut, also: *„Ja, schöne Schuhe, nicht? Die sind aus Krokodilleder."* Oder *„Ja, aus Barcelona. Wir haben uns beim Stierkampf gesehen."* Oder *„Ja, der Bruder. Der Jüngere."* Wichtig ist dabei, ganz einfache Sachen zu sagen. Das Naheliegende ist meist das Beste. Auch auf dieser

Ebene kann man sich die Zeit fünf bis zehn Minuten lang gut vertreiben. Hauptsache, Sie beide haben Spaß und probieren es aus. Im nächsten Schritt kann nun der Erste das Angebot seines Partners annehmen und dann weiter ausbauen, z.B.:
A: *„Das sind aber schöne italienische Schuhe.“*
B: *„Ja, schön, nicht? Die sind aus Krokodilleder.“*
A: *„Aus Krokodilleder. Haben Sie den Spender selbst erlegt?“*

Und B antwortet mit: *„Ja, soll ich ihnen die Krokodiljagd beibringen?“* Und A erwidert: *„Ja, Krokodile jagen, das wäre fein. Ich würde es gerne mit bloßen Händen tun.“*

Und immer so weiter und weiter. Wichtig ist, dass man das Angebot des anderen wiederholt und dann ein kleines bisschen erweitert, immer nur ein ganz kleines Stückchen. So wächst die Geschichte Stückchen für Stückchen weiter. Hauptsache ist, Sie haben Spaß. Wenn es keinen Spaß mehr macht, einfach mit einem neuen Thema wieder beginnen.

Ja-Genau-Experten

Ein weitere Übung zur Vorbereitung von gutem Humor in der Kommunikation ist das Ja-Genau-Experten-Spiel, das eigentlich eine Abwandlung des Ja-Sagens ist. Eine weitere Übung zum Annehmen und gut dafür geeignet, sich auf die Meinungen, Aussagen und vielleicht sogar Einwände der Zuhörer einzustellen.

Inhalte zunächst anzunehmen, heißt nicht, ihnen auch zuzustimmen

Wenn man Aussagen von Zuhörern erst einmal aufnimmt und bestätigt, gelingt es oft besser, neues Wissen oder eine Gegenmeinung zu positionieren. Innerlich *„Ja, genau“* zu sagen bzw. Aussagen von Zuhörern aufzunehmen oder besser gesagt anzunehmen, heißt nicht, ihnen bedingungslos zuzustimmen. Es bedeutet vielmehr, dem Zuhörer Einwände oder Aussagen zuzugestehen, mit denen man nicht gerechnet hat oder die ungewohnt sind. Signalisiert man dem Partner, dass man zugehört und versucht hat, seinen Einwand nachzuvollziehen, erhöht sich dessen Bereitschaft, seinerseits wiederum ein Gegenargument anzunehmen. Oft widersprechen wir umgehend oder antworten: *„Nein, das ist falsch. Richtig ist es so und so.“* Das führt leichter zu einem Widerstand beim Zuhörer. Deshalb also eine weitere Übung zum Annehmen.

Sie können die Übung gut zu zweit machen. Zwei „Experten“ bekommen ein Thema, z.B. „Lasagne“ (je einfacher, desto besser). Der erste Experte legt los und produziert einen Satz zum Thema. Der Zweite sagt *„Ja, genau ...“*, wiederholt das Angebot seines Partners und erweitert die Aussage dazu, und das Ganze geht wechselseitig so weiter.

Solange es Spaß macht, gibt es keine Grenzen. Macht es keinen Spaß mehr, nimmt man sich ein neues Thema. Nun also ein kurzer Übungsdialog zum Impulsgeber „Lasagne“:

A: *„Lasagne ist ein Nudelgericht.“*

B: *„Ja, genau, ein Nudelgericht aus Schichtnudeln.“*

A: *„Ja, genau, aus Schichtnudeln, damit die Soße nicht verläuft.“*

B: *„Ja, genau, denn wenn die Soße verläuft kann das verheerende Folgen haben.“*

A: *„Ja, genau. So verheerende Folgen wie damals bei Mama Leone.“*

B: *„Ja, genau. Denn als Mama Leones Soßen ineinander verlaufen sind, bekam ihr Mann einen Tobsuchtsanfall.“*

A: *„Ja, genau und bei diesem Tobsuchtsanfall hat er Mama Leone in tausend klitzekleine Stücke zerlegt.“*

B: *„Ja, genau und die hat er dann in die Soße geworfen.“*

A: *„Ja, genau und so ist Pasta Asciutta entstanden.“*

B: *„Ja, genau so.“*

Wie eben erklärt, führt das Annehmen einer Aussage zu einer besseren Interaktion mit den Zuhörern und zur Förderung des Mutes, Humor zu produzieren.

Ein-Wort-Übung

Zur Offenheit in Kommunikationsverläufen gehört es manchmal, von einer vorfixierten Idee oder Vorgehensweise abzuweichen. Wenn man etwa in eine Verhandlung mit einem Kunden hineingeht und sehr feste Vorstellungen davon hat, was dabei herauskommen soll, macht es einen sehr unflexibel, wenn man stur daran festhält. Manchmal führt die Annahme einer neuen Idee zu einem viel besseren Ergebnis, als man selbst erwartet hat, oder man kommt über einen anderen Weg ebenfalls an sein gewünschtes Ziel.

Die Ein-Wort-Übung macht man am besten zu dritt. Eine Person stellt Fragen bezüglich einer völlig fiktiven Situation: eine Eheberatung oder ein Bewerbungsgespräch oder ein Teammeeting. Die beiden anderen Teilnehmer stellen gemeinsam eine Person dar (an der Stelle wird es etwas schizophren, aber sehr amüsant!) und dürfen als diese eine Person abwechselnd jeweils immer nur mit einem Wort antworten. Hier ein Beispiel eines Bewerbungsgespräches:

A: *Warum haben Sie sich bei uns um die Stelle des Elektrikers beworben?*

B: *Ich* C: *habe* B: *mich* C: *beworben* B: *weil* C: *Ihre* B: *Firma* C: *toll* B: *ist.*

A: *Was erwarten Sie hier während Ihrer Anstellung?*

B: *Viel* C: *Vergnügen.*

Diese Übung eignet sich hervorragend, um zu üben, die Ideen des anderen zu „akzeptieren". Gerne lehnt unser Kopf andere Ideen ab, wenn er selber schon eine hat. Je kreativer und besser uns die eigenen Ideen erscheinen, umso schwieriger ist es, sie loszulassen. Nichts ist grausamer, als mit einer Gruppe hochkreativer Menschen ein Projekt zu planen. Zumindest, wenn sie nicht fähig sind, ihre eigenen Ideen für die bessere Idee eines Kollegen aufzugeben.

Ebenso steht es mit der humorvollen Kommunikation. Viel inspirierender ist es, wenn sich Gesprächspartner in ihrem Humor gegenseitig beflügeln, statt Angebote immer wieder abzulehnen und sich so zunehmend voneinander isolieren.

Oft hat man in dieser Übung einen anderen Satzverlauf geplant und muss umschwenken, weil der Partner ein unerwartetes Wort hinzugefügt hat. So entsteht eine gute Gelegenheit, zu üben, sich aufeinander einzustellen. Lassen sich zwei Teilnehmer gut aufeinander ein, entstehen tolle Antworten. Lassen sich Kollegen und Mitarbeiter auf neue Ideen ein, entstehen gute Gespräche, Verhandlungen oder Produktideen.

3 Humorpraxis im Business

Was bedeutet die Anwendung von Humor nun für Manager, Teams, Konflikte, Mitarbeiter und für das Lernverhalten? Wer hat schon gute, wer schlechte Erfahrung mit Humor im Arbeitsalltag gemacht?

Ein schönes Beispiel für den konstruktiven Einsatz von Humor am Arbeitsplatz ist ein Busfahrer, der sich jahrelang darüber ärgerte, dass seine Fahrgäste immer im Eingangsbereich direkt an der vorderen Tür stehenblieben und damit den Durchgang für andere Fahrgäste blockierten. Seine ständigen höflichen und zum Teil auch nachdrücklichen Bitten, doch bitte aufzurücken, verhallten meist ungehört. Schließlich kam er eines Tages auf die rettende Idee und verkündete: *„Alle Fahrgäste mit sauberer Unterwäsche bitte nach hinten durchgehen."* Wie von Zauberhand gelenkt drängelten sich alle Passagiere schnellstmöglich in den hinteren Bereich des Busses. Ob alle den Witz überhaupt verstanden haben?

Humor kann die Effizienz steigern

Der New Yorker Humorforscher Paul McGhee sieht in diesem Fall ein gelungenes Beispiel für die Anwendung von Humor und die gleichzeitige Steigerung von Effizienz. Im Gegensatz zur weit verbreiteten Meinung, dass Humor und Arbeit sich nicht wirklich miteinander kombinieren lassen, ist das Gegenteil der Fall. McGhee berät amerikanische Gesundheitseinrichtungen und Unternehmen bei der Einführung von Humor zur Produktivitätssteigerung.

Die Fluggesellschaft Southwest Airlines setzt Humor gezielt ein

Ein gelungenes Beispiel dafür ist etwa die Fluggesellschaft Southwest Airlines, die bei Einstellungen gezielt danach fragt, wie der Bewerber in seinem vorherigen Job eine Situation mit Humor gemeistert habe. Wer keine Antwort parat hat, braucht sich keine Hoffnung auf ein weiteres Gespräch zu machen.

Humor rechnet sich

In den Flugzeugen der Fluggesellschaft nutzen die Stewards und Stewardessen Humor ganz gezielt für die Weitergabe der Sicherheitseinweisungen. Statt der langweiligen routinemäßigen Aufzählung aller Sicherheitsvorschriften kommt es hier zu paradoxen Anweisungen wie: *„Bitte stellen Sie Ihre Sitze in die aufrechteste und ungemütlichste Position, die Sie einnehmen können."* Sehr schnell flogen viele Kunden mit Southwest Airlines wegen ihres untypischen Serviceangebots im Humorbereich.

Die deutsche Fluggesellschaft DBA hat vor einigen Jahren in Teilen ähnliche Ideen umgesetzt. Auf der Route Berlin – Düsseldorf war ein besonders humoristisch begabter Beinahe-Kabarettist als Flugbegleiter unterwegs, was sogar dazu führte, dass die Passagiere im Flugzeug spontan Beifall klatschten.

Bei Kodak gab es bereits einen Humor-Pausenraum mit Cartoons, Witzfilmen und allerlei Witzutensilien. Peinliches, aber entscheidendes Detail: Als es der Firma wieder etwas schlechter ging, wurde als Allererstes der Humorraum geschlossen, obwohl er doch nun nach der Theorie besonders wichtig gewesen wäre.

Extrembeispiel des verordneten Spaßes am Arbeitsplatz ist die amerikanische Handelskette Safeway, die den Mitarbeitern den Spaß bei der Arbeit sogar in den Arbeitsvertrag schreibt. Dies klingt nach einer sehr deutschen Regelung, obwohl sie aus den USA kommt. Einmal den Spaß verordnet, braucht man sich künftig auch nicht mehr um ihn kümmern, er steht ja im Vertrag. Wie wäre es mit einer Humorzertifizierung nach ISO 9000? In vielen Unternehmen wurde mit dieser Methode erfolgreich das Qualitätsmanagement beseitigt.

Humorzertifizierung nach ISO 9000?

Wenn Sie es besser machen wollen, finden Sie auf den folgenden Seiten nun die konkreten Umsetzungsideen, auf die Sie schon lange gewartet haben.

Zur Einstimmung zunächst einige Fakten und Trends zum Thema Humor im Business.

3.1 Fakten und Trends zum Thema Humor im Business

Laut Humortrainer Thomas Holtbernd halten 69 Prozent der Befragten in Deutschland Humor für eine unverzichtbare Eigenschaft von Führungskräften. 49 Prozent der Befragten geben überdies an, Humor gezielt in Konfliktsituationen einzusetzen. Nur wenige Unternehmen trauen sich jedoch, den Humor auch als integrativen Bestandteil der gelebten Unternehmenskultur offen zu kommunizieren und einzusetzen.

Zu Beginn des 21. Jahrhunderts erlebte in Deutschland die Spaßgesellschaft ihr offizielles Ende. *Schluss mit lustig* war ein bekannter Titel von Judith Mair, in dem die Autorin eine Wiederbelebung der typischen deutschen Tugenden wie Leistung, Disziplin und Pünktlichkeit forderte. Diese und ähnliche Titel entsprangen offensichtlich der Katerstimmung nach dem Rausch der New Economy, in der Geldverdienen mit virtuellen Werten offensichtlich ein Kinderspiel war und Vertreter der Old Economy und des alten Managements als Spielverderber angesehen worden waren.

Schluss mit lustig?

Thomas Holtbernd stellt Fakten und Trends zum Thema Humor im Business im 21. Jahrhundert vor:

Generationenwechsel

Eine halbe Stunde Zappen im durchschnittlichen Abendprogramm des deutschen Fernsehens belegt: Comedy ist nicht mehr auf dem Vormarsch, sondern schon längst flächendeckend dominant angekommen. Dabei geht es heute nicht mehr um tiefgründigen oder hintergründigen Humor und politisches Kabarett im Stile eines Dieter Hildebrandts, sondern um Comedy. Diese unterscheidet sich eindeutig in ihrer Zweckfreiheit, dem Einsetzen von Witz und Klamauk. Der moderne Mensch ist es gewohnt, unterhalten zu werden. Dementsprechend haben jüngere Menschen auch andere Anforderungen an ihren Arbeitsplatz und auch daran, wie sie selbst geführt werden wollen. *„Arbeit ist Arbeit und Spaß ist Spaß“* ist nicht mehr das Motto der jungen Generation. Grundsätzlich ist jedoch die Einschätzung über die Bedeutung des Humors am Arbeitsplatz vom Alter unabhängig. Lediglich die bevorzugte Form des Humors unterscheidet sich. Insgesamt spricht Holtbernd von einer „Humorisierung“ der Gesellschaft, der sich die Unternehmen auch in ihrer täglichen Arbeits- und Führungskultur stellen müssen.

„Humorisierung“ der Gesellschaft

Globalisierung und Humor

Die zunehmende Globalisierung macht die Kommunikation und den Austausch mit anderen Kulturen zwingend notwendig. Dabei entstehen Fehler. Wir alle wissen, dass andere Länder einen anderen Humor haben. Beispielsweise ist der englische Humor bekannt für seine Schwärze. Wer die unterschiedlichen humoristischen Spielarten des jeweiligen Kulturkreises kennt, kann schneller als andere Rapport und Verständnis aufbauen. Umgekehrt hilft der Humor auch, Kommunikationsfehler im Umgang mit einer neuen oder fremden Kultur abzumildern. Gemeint ist hier ausdrücklich nicht der Witz, sondern z.B. der humorvolle Umgang mit Kommunikationspannen.

Humor kann interkulturelle Brücken bauen

Weiblicher Humor verändert die Wirtschaft

Frauen und Männer haben ein unterschiedliches Verständnis von Humor und damit auch einen unterschiedlichen Gebrauch. So sind Männer statistisch gesehen größere Fans von schwarzem Humor als Frauen. Gleichzeitig befürchten männliche Führungskräfte negative Auswirkungen von Humor, zum Beispiel im Sinne von Verniedlichung und Verharmlosung von Fehlern. Frauen dagegen haben einen offeneren Umgang mit Humor und sehen positive Auswirkungen im Vordergrund. Mehr Frauen in Führungspositionen bedeutet daher in Zukunft

Frauen pflegen einen offeneren Umgang mit Humor

einen anderen Humor und möglicherweise auch mehr Humor im Arbeitsalltag, gerade auch in schwierigen Situationen.

Flache Hierarchien und Humor

In der Vergangenheit wurde Humor im Unternehmen gemäß der klassischen Hierarchie von oben nach unten gelebt. Der Chef macht einen Witz und alle müssen lachen. Flache Hierarchien erfordern auch einen anderen Umgang mit Humor. Führungskräfte, die in den letzten Jahren schon verstärkt damit leben mussten, von ihren Mitarbeitern eingeschätzt und beurteilt zu werden (bis hin zu Auswirkungen auf ihre Bonuszahlung), sollten auch beim Einsatz und im Umgang mit Humor entsprechende Rückmeldungen fördern und gezielt einsetzen. Partnerschaftliche Führung auf gleicher Ebene zeigt sich somit auch in der Erlaubnis, über den eigenen Chef – sogar in dessen Anwesenheit – humorvolle Bemerkungen oder sogar Witze zu machen. Die gleichberechtigte Witzkultur fördert flache Hierarchien. Eine Befragung ergab jedoch, dass 86 Prozent der Befragten beim Einsatz von Humor die Gefahr sehen, Missverständnisse und Verletzungen zu erzeugen. Gleichzeitig gaben 51 Prozent der Befragten an, dass Humor den Teamgeist und das Zusammengehörigkeitsgefühl stärkt.

Eine gleichberechtigte Witzkultur fördert flache Hierarchien

Deutschland als Humorland

Deutschland hat sich geändert, nicht nur durch die Weltmeisterschaft 2006. Auch der Humor in Deutschland ist einem Veränderungsprozess unterzogen. Tiefgründigkeit und erhobener Zeigefinger sind nicht mehr notwendigerweise Bestandteile des Humors in Deutschland. Trendforscher Norbert Bolz konstatiert: „Deutschland wird laxer, lustiger, lockerer.“ Der Humor ist nicht mehr Ventil nach getaner Arbeit, sondern Katalysator für Spaß, Motivation und Erfolg während der Arbeit. Arbeit ohne Spaß wird nicht mehr einfach akzeptiert. In einer Studie des amerikanischen Witzexperten Richard Wiseman erwiesen sich die deutschen Teilnehmer als die witzigsten.

Norbert Bolz: „Deutschland wird laxer, lustiger, lockerer“

Humorforschung

Die seriöse Humorforschung ist auf dem Vormarsch. Positive Zusammenhänge von Humor und Lachen als Mittel zur Motivationssteigerung und Stressabwehr sind wissenschaftlich belegt und werden kaum noch bestritten.

Humor kann Changeprozesse einleiten und begleiten

Changemanagement und Perspektivenwechsel

Perspektivenwechsel ist seit jeher eine Form des Humors. In einer Zeit, die geprägt ist durch permanenten Wandel und Veränderung, erscheint es daher logisch, diese lang belegte Tradition des Einsatzes von Humor besonders stark zu nutzen. Humor kann gezielt eingesetzt werden, um eine positive Haltung zu notwendigen Veränderungen herbeizuführen und zu fördern.

Humor und Emotionalisierung

Humor kann das emotionale Gleichgewicht fördern

Wir leben in einer Zeit der Emotionalisierung von Inhalten. Schon lange geht es im Wirtschaftsleben der so genannten westlichen Welt nicht mehr um die Befriedigung von realen Bedürfnissen. Erfolgreich ist heute der, der am geschicktesten Emotionen einsetzt, steuert und bedient. Der Humor stellt hier einen entscheidenden Faktor dar, sowohl im Wirken nach innen als auch nach außen. Der Mensch strebt nach einem emotionalen Gleichgewicht und der Humor ist eine probate Methode, um dieses auch in Zeiten des permanenten Wandels herzustellen.

Generelle Bedeutung von Humor

Humor macht die Arbeit nicht unbedingt leichter, aber deutlich angenehmer

Auch wenn der ökonomische Mehrwert von Humor im Business quantitativ nicht eindeutig nachzuweisen ist, ist doch der emotionale Mehrwert nicht infrage zu stellen. Humor macht die Arbeit nicht unbedingt leichter, aber deutlich angenehmer.

Holtbernds Fazit lautet wie folgt: *„Humor in Unternehmen bedeutet die Schaffung eines Arbeitsplatzes, der dem einzelnen Mitarbeiter genügend Freiraum gibt, sein Humorpotenzial zu entfalten, klar abgesteckte Grenzen vorgibt, damit der Mitarbeiter sich auf seine Arbeit konzentriert und auch dann noch ‚Spaß' fördert, wenn die Arbeit mal nicht so erquicklich ist. Wer immer arbeitet wie ein Pferd, fleißig ist wie eine Biene, abends müde ist wie ein Hund, der sollte zum Tierarzt gehen. Vielleicht ist er ein Kamel."*

Achtung witzig!

Wenn bisher der Eindruck entstanden ist, Humor sei generell Karriere fördernd und daher sei es auch immer gut, Witze einzusetzen, so sei ausdrücklich davor gewarnt. Ein guter Witz zur rechten Zeit wird allgemein geschätzt. Der falsche Witz zur falschen Zeit am falschen Ort kann dagegen Ihre Karriere schnell beenden.

Beginnen wir nun mit unseren Umsetzungsideen für Humor im Business bei dem Verhältnis des Unternehmens zum Kunden, da es sich hierbei offenkundig um die wichtigste Beziehung im Wirtschaftsleben handelt.

3.2 Kommunikation zum Kunden

Sie können das schönste Arbeitsklima und auch viel Spaß bei der Arbeit haben, aber wenn Ihnen die Kunden davonlaufen, wird Ihnen irgendwann auch die gute Laune abhanden kommen. Insofern macht es Sinn, bei der Anwendung von Humor im Business zunächst mit der Kundenbeziehung zu beginnen.

3.2.1 Werbung

Der Beziehungsaufbau beginnt mit dem Flirten, sprich der Akquisition von Neukunden. Ähnlich wie bei der Anbahnung von Partnerschaften zwischen Mann und Frau gibt es hier unterschiedliche Varianten. Die sachliche Vorgehensweise konzentriert sich auf nüchterne Aufzählung von Fakten und Produktmerkmalen (35 Jahre, 1,80, schlank, blond, gut situiert – 500 GB Festplatte, 2GB Arbeitsspeicher etc.). Das plump forsche Vorgehen dröhnt mit vermeintlich offensichtlichen Vorzügen (Kennen wir uns nicht? Willst Du mit mir gehen? – Geiz ist geil!).

Werbung mit feinfühlig bis frech hintergründigem Humor schafft starke Kundenbindung

Die von uns eindeutig bevorzugte Variante setzt auf feinfühlig bis frech hintergründigen Humor gepaart mit emotionalem Mehrwert (*Die längste Praline der Welt* – Duplo oder *Es gibt immer was zu tun. YippiYehYehYippiYippiYeh* – Baumarkt Hornbach). Man erkennt die Täuschung und lässt sich trotzdem fangen, weil es sehr sympathisch ist. Diese Werbung baut eine wesentlich stärkere Kundenbindung auf als herkömmlich nüchterne Kampagnen. Gerade bei den Baumärkten hat sich in den letzten Jahren ein Wettbewerb um den witzigsten Werbespot entwickelt.

Martini-Werbung ist seit einiger Zeit und zunehmend mit George Clooney auf humorvoller Spur. Indem er vor der Tür stehen gelassen wird, nimmt er sich und seine „sexiest man alive"-Rolle vergnüglich auf die Schippe. Dies ist einer der momentan erfolgreichsten Werbespots.

Die TAZ (linke Berliner Tageszeitung) hatte einen Spot produziert, in dem ein typischer BILD-Zeitungsleser bei seiner Nachfrage nach der BILD am Kiosk vom Verkäufer einen enttäuschten Blick bekommt. *„Is alle"*, so der Verkäufer. Daraufhin legt er ihm die TAZ vor. Der Käufer schaut verdutzt aus der Wäsche und wird von seinem Gegenüber angelacht. Am nächsten Tag kommt er wieder und fordert den Verkäufer auf: *„Kalle, gib ma TAZ."* Nun ist Kalle dran verdutzt zu schauen. Großes Gelächter auf beiden Seiten. Endslogan: *„TAZ: Ist nicht für jeden."* Leider wurde dieser Spot relativ schnell verboten.

In Zeiten der Reizüberflutung eröffnet Werbung mit Humor unerwartete Perspektiven

Humorvolle Werbung spielt mit den Erwartungen der Zuschauer, die sie dann interessant ent-täuscht und somit eine andere unerwartete Perspektive bietet. Humor ist insofern ein produktives Mittel, da wir mit schönen und idealen Gesichtern und hochheiligen Werbeversprechen übersättigt sind. Laut Untersuchungen ist Humor eine der wirksamsten Techniken, um die Aufmerksamkeit des Konsumenten zu erreichen und ein positives Gefühl gegenüber dem Produkt und der Marke auszulösen.

Folgende Erkenntnisse brachten Untersuchungen zum Thema Humor und Werbung zutage:

Kampagnen mit Humor sind aufmerksamkeitsstark

1. Humor erweckt generell mehr Aufmerksamkeit. Bei einem Vergleich zwischen humorvollen und humorlosen Kampagnen schnitten Kampagnen mit Humor eindeutig besser ab. Untersucht wurde sowohl impliziter als auch expliziter Humor. Besonders wirksam sind Kampagnen, die den Humor besonders gut mit dem Produkt und der gewünschten Botschaft abstimmen.
2. Humor verstärkt die Kommunikationskraft. Es muss jedoch auf die Glaubwürdigkeit geachtet werden. Produkte eignen sich unterschiedlich gut für das Thema Humor. Es ist leichter, einen Gartenschlauch oder ein Erfrischungsgetränk mit dem Thema Humor in Verbindung zu bringen als einen Fernseher, eine Waschmaschine oder ein Auto. Aber auch hier gibt es Hoffnungen, dass Humor als seriöser Werbungspartner an Wichtigkeit gewinnt. Gerade in Deutschland.

Humor verstärkt die Sympathie für Marke und Produkt

3. Humor verstärkt die Sympathie. Humorvolle Kampagnen, die eine positive Reaktion auslösen und die Vorteile eines Produktes karikieren, stärken die Sympathie sowohl für die

Werbung als solche als auch für die Marke und das Produkt. Dadurch erhöht sich die Werbewirksamkeit wieder.

4. Humor muss auf das Publikum abgestimmt sein. Die Erkenntnis, dass für den einen lustig ist, was für den anderen nicht lustig ist, gilt auch für die Werbung. Insbesondere sind auch länderspezifische Humorregeln zu beachten.

Die erste Wirkung des Humors in der Werbung hilft, eine stärkere emotionale Verankerung zu erzielen. Die Menschen können sich länger an das Produkt erinnern und die Aufmerksamkeit wird erhöht. Eine zweite Wirkung des Humors stellt eine besondere Verbindung zwischen Produkt und der spezifischen Zielgruppe her. Die dritte Wirkung führt schließlich zu einem Gefühl der Bestätigung bei der jeweiligen Zielgruppe. Das Produkt wird als besonders relevant empfunden. Je stärker der Humor Zielgruppe und Produkt mit dem entsprechenden Zeitgeist kombiniert, umso größer ist die Wirkung.

Wenn Sie sich für Werbespots und Humor interessieren, werden Sie auf folgenden Seiten fündig:

- www.cartoonland.de
- http://www.sat1.de/comedy_show/www/
- http://www.witzige-werbespots.tv/
- www.funny-videoclips.de

Im Jahr 2007 veranstaltete das Deutsche Institut für Humor gemeinsam mit einem Sprachinstitut aus Leipzig den Wettbewerb um den witzigsten Werbespot. Auf www.humorinstitut.de finden Sie die besten Einsendungen und die drei Gewinner des Wettbewerbs.

Die Wirksamkeit von Humor betrifft natürlich nicht nur Werbespots, sondern gilt für alle weiteren Werbekanäle von den klassischen Printmedien bis zum Internetmarketing. Durchforsten Sie also einmal Ihre Werbebroschüren und Ihre Angebote. Viele der so genannten Guerilla-Marketing-Methoden verwenden beispielsweise Humor, weil hier auch Freiberufler und kleine Unternehmen die Möglichkeiten haben, mit kleinem Etat große Wirkung zu erzielen.

Kürzlich fanden wir in einem Stuttgarter Hotel eine Werbung für das hoteleigene Restaurant. Unter der Überschrift *„Hunger Escape – Verhaltensregeln im Falle von Hunger“* war die Skizze des Wegs zum Restaurant in Form eines offiziellen Hausfluchtplanes gestaltet.

3.2.2 Akquise und Vertrieb

Auch in Akquise und Vertrieb öffnet Humor buchstäblich Türen

Wenn Sie nicht zu den beneidenswerten Zeitgenossen gehören, denen die Produkte aus der Hand gerissen werden, weil sie erklärtermaßen sexy wie das Apple i-Phone oder Sie Monopolist sind (herzliche Grüße an die deutsche Energiewirtschaft!), werden Sie irgendwann auch das direkte Gespräch mit potenziellen Kunden suchen müssen. Entweder am Telefon oder von Angesicht zu Angesicht. Auch hier lässt sich Humor in vielerlei Hinsicht einsetzen. Sowohl beim Einstieg zur schnellen Kontaktanbahnung und Aufbau einer Beziehungsebene als auch im weiteren Verlauf des Gespräches. Die Verwendung von Humor in kritischen Phasen wie Konflikten oder der Einwandbehandlung wird an späterer Stelle ebenfalls beschrieben.

Viele Verkäufer tun sich schwer, einen geeigneten Einstieg zu finden. Sie merken, wir sind wieder beim Thema „Flirten". In einigen Verkaufstrainings wird immer noch gelehrt, man müsse den Kunden gerade am Telefon mit einem sofortigen Nutzen und einem sofortigen Zusatznutzen und dem daraus folgenden Superzusatznutzen die sofortige unwiderrufliche Begründung liefern, weshalb er jetzt mit dem Anrufer sprechen muss. Dieses Vorgehen wird von vielen Menschen als zu aggressiv empfunden.

Charme und Ehrlichkeit in der Gesprächsanbahnung

Besser ist es auch hier, ehrlich und charmant zu sein. Sie brauchen nicht zu verbergen, dass Sie ein Verkaufsanliegen haben (sonst würden Sie nicht anrufen), aber das Gespräch mit Ihnen sollte auch unabhängig davon Freude und Spaß bereiten. Sie können bewährte Techniken nutzen und diese mit Humor verbinden.

Verkäufer: *„Guten Tag, Frau Hempel. Von Ihrer Kollegin Frau Müller habe ich erfahren, dass Sie für die Hotelauswahl für Tagungen zuständig sind. Stimmt das?"*

Frau Hempel: *„Ja, genau."*

Verkäufer: *„Da sind Sie wahrscheinlich immer auf der Suche nach neuen Hotels in guter Lage und mit gutem Service?"*

Frau Hempel: *„Ja, das stimmt."*

Verkäufer: *„Dann bekommen Sie wahrscheinlich jede Menge Material und Anrufe von Hotels?"*

Frau Hempel (schmunzelt): *„Richtig."*
Verkäufer: *„Dann sind Sie jetzt wahrscheinlich nicht überrascht, wenn auch ich sage, dass wir ebenfalls ein schönes Hotel in guter Lage und mit ausgezeichnetem Service haben?"*
Frau Hempel: lacht

Genau das war das Ziel. Jetzt haben Sie eine andere Ebene der Beziehung erreicht. Durch die Entlarvung des Klischees und den Einsatz von Selbstironie haben Sie eine humorvolle und dadurch deutlich emotionalere Beziehung zum Gesprächspartner aufgebaut. Jetzt fallen auch Ihre inhaltlichen Argumente auf fruchtbaren Boden. Auch im weiteren Verlauf der Produktpräsentation und Argumentation ist es immer wieder sinnvoll, humorvoll zu agieren und zu reagieren. Weitere Beispiele liefert das Kapitel 3.2.4 „Präsentationen".

Über Humor und Selbstironie eine emotionale Beziehung zum Kunden aufbauen

Der Abschluss

Wenn wir schon beim Einstieg fünf Euro ins Phrasenschwein werfen mussten, um für den ersten Eindruck, für den es bekanntlich keine zweite Chance gibt, eine unwiderstehliche Formulierung zu finden, so kostet uns nun die abschließende Erkenntnis wieder fünf Euro: Der letzte Eindruck bleibt.

Immer wieder erstaunlich ist, wie viele Verkäufer Angst vor dem Abschluss haben. Da wird sich gut vorbereitet, präsentiert, geredet, argumentiert, die Kunst der Einwandbehandlung genutzt und dann – was geschieht dann?

Wenn Sie gekommen sind, um Geschäfte zu machen, dürfen Sie dies ruhig sagen. Geben Sie Ihrem Kunden das Gefühl, dass Sie den Auftrag wollen und dass Sie sich darüber freuen, den Auftrag zu erhalten. Wir arbeiten lieber mit Menschen zusammen, die sich über unsere Abschlüsse und Aufträge wirklich freuen, egal, welches rhetorische Hilfsmittel sie verwenden, um ihren Abschluss herbeizuführen und dem Kunden bei seiner Entscheidung zu helfen. Der Kunde sollte Freude haben und auch Sie sollten Ihren Spaß an der Arbeit und Ihre Freude auf und über den künftigen Abschluss deutlich zeigen. Fragen Sie den Kunden doch ganz direkt mit einem charmanten Lächeln: „Was muss ich denn jetzt tun, um mit dem Auftrag aus der Tür zu gehen?" Und trauen Sie sich zu warten, dem Blick standzuhalten und lächeln Sie verschmitzt weiter.

Fragen Sie doch ganz direkt, was Sie noch tun müssen, um den Auftrag zu erhalten

Auch in der Preisverhandlung dürfen Sie Humor verwenden. Wenn Sie preisliche Zugeständnisse machen mussten, können Sie durchaus mit einem charmanten Lächeln oder einer bewusst übertrieben gespielten Leidensmiene zu Protokoll geben, dass Sie sich nun wahrscheinlich bei Ihrem Controller im Unternehmen nicht mehr blicken lassen dürfen, dass die Geschäftsführung Ihnen wahrscheinlich sofort kündigen wird usw. Natürlich erkennt der Kunde, dass es sich hier um ein Manöver handelt, aber wieder entlarven Sie mit der bewussten Übertreibung das Ganze als Spiel, signalisieren aber gleichzeitig auf der Sachebene, dass Sie keine weiteren Zugeständnisse machen können, ohne ernsthaften Schaden zu nehmen. Dann ist die andere Seite auch eher bereit, Ihnen gegenüber Zugeständnisse zu machen.

Wenn der Kunde nach Rabatt fragt, spielen Sie den Verdutzten und sagen: *„Rabat(t)? Ist das nicht die Hauptstadt von Marokko?"* Der Humor dient in einer solchen Verhandlungssituation ganz bewusst dazu, den anderen einzuladen, wieder auf eine freundschaftliche Ebene zu kommen. Jeder Verhandlungsprofi versucht – das lernt er auf jedem Verhandlungsseminar –, Sache und Person voneinander zu trennen und auch bei einem guten Kontakt auf der Beziehungsebene knallhart seine Interessen durchzusetzen. Durch den Einsatz von Humor bringen Sie die Beziehungsebene immer wieder mit ins Spiel.

Der Einsatz von Humor bringt die Beziehungsebene ins Spiel

Außerdem ist Humor ein Zeichen von Stärke. Denken Sie daran, auch in schwierigen Situationen immer souverän zu lächeln und schlagfertigen Humor zu beweisen. Auch James Bond verliert im Angesicht des Todes nie sein Lächeln. Selbst wenn er Dr. No gegenübersitzt, der seine weiße Katze streichelt und ihm in allen Einzelheiten erklärt, welch grausamen Tod er gleich sterben wird, lächelt Bond, und wir als Zuschauer wissen, er wird gewinnen.

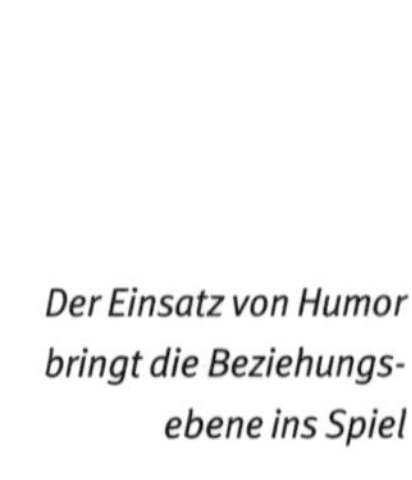

Humor belebt die Messe

3.2.3 Sonderfall Messe

Messen und Kongresse sind ein Sonderfall in mehrerlei Hinsicht. Hier wird nicht selten mit erheblichem finanziellen Aufwand alles getan, um neue Kunden zu gewinnen und bestehende Kunden zu binden. Ganz gleich, ob es sich dabei um Endkunden handelt oder um eine B-to-B-Messe. Es fällt auf, dass viele Unternehmen sich von Marketing und Werbeagenturen verleiten lassen, einen extrem professionellen aber auch leblosen Messeauftritt zu zaubern. Die Profis berauschen sich dann an der gelungenen, CI-konformen Farbgestaltung und dem coolen Look des Neonstahlplexiglasdekors, haben damit aber leider den Faktor Mensch komplett vernachlässigt. Manche Messestände sind so schön, dass man diese edlen Designtempel mit seiner gewöhnlichen Anwesenheit lieber nicht entweihen möchte. Oft sind Standpersonal und Sicherheitskräfte nur durch das Outfit, nicht aber durch ihre Körpersprache zu unterscheiden.

Sie finden, dass wir übertreiben? Wir könnten ein eigenes Buch über Messeauftritte schreiben. Wir beraten seit Jahren große Unternehmen zur lebendigen, humorvollen und damit deutlich erfolgreicheren Gestaltung von Messeauftritten und Kongressen. Immer wieder ist zu beobachten, dass kleine und einfache humorvolle Ideen teure Konzepte in der Wirkung um Längen schlagen. Ein gutes Quiz mit einem humorvollen und schlagfertigen Moderator ist zwar nicht neu, aber deutlich erfolgreicher als jede Menge teurer Multi-Media-Präsentationen. Moderatoren kann man ganz unterschiedlich auf der Messe einsetzen. Sie können Inhalte von Angeboten vermitteln, ein Messespiel anleiten oder z.B. als Zauberer die Aufmerksamkeit der vorbeilaufenden Gäste gewinnen und sie sogar am Stand halten. Wenn Sie einen Moderator oder z.B. Zauberer am Stand haben, um die Kunden auf Ihre Fläche zu locken, sollten Sie jedoch immer darauf achten, dass er die Besucher humorvoll und sensibel anspricht und sie nicht durch Aufdringlichkeit und Penetranz vergrault. Zauberkunststücke mit Inhalten verbinden ist etwas anderes als das Abspulen von ein paar beliebigen Zaubertricks.

Humor schlägt Budget

Humor um des Humors willen kann aufdringlich wirken

Auf einer Konferenz in Venedig hatte eine kleine Pharmafirma mit einem unscheinbaren Stand das Give-away, das alle haben wollten – ein Schaumstoffspermium mit einem Gesicht drauf. Dieses preisgünstige Give-away wäre nicht unsere erste Humorempfehlung gewesen, war aber der Renner der Messe und verursachte viel Aufmerksamkeit. Gerade in einem fachlichen, technischen und damit meist konservativ geprägten Umfeld haben Sie beste Möglichkeiten, mit Humor und Emotionalisierung einen deutlich höheren Aufmerksamkeitsgrad zu erlangen, ohne die Kosten wesentlich in die Höhe zu treiben. Durch unsere langjährige Zusammenarbeit mit einem Unternehmen konnten wir ein neues interaktives Kongressformat entwickeln, das fachliche Präsentationen der Referenten sehr witzig und unterhaltsam präsentierte. Die Einbeziehung von Theaterelementen und die komplette Durchführung des Kongresses als Quizshowformat sorgten für entspanntes Lernen mit jeder Menge Spaß. Mittlerweile ist diese Form der Kundeninformation zu einem Alleinstellungsmerkmal des Unternehmens in der ganzen Branche geworden. Dies ist ein gelungenes Beispiel für die sinnvolle Verbindung von Humor, Emotionalität und Seriosität.

3.2.4 Präsentationen

Wann haben Sie zuletzt eine Präsentation als Geschenk empfunden?

Das Wort „präsentieren“ kommt ursprünglich aus dem Lateinischen und die direkte Übersetzung von „Präsent“ lautet „Geschenk“. Wann haben Sie zuletzt eine Präsentation als Geschenk empfunden? Wenn Sie in einem typischen deutschen Unternehmen arbeiten, dann werden Sie mit einer üblichen Präsentation nicht unbedingt ein Geschenk assoziieren. Das Einzige, was Ihnen dort geschenkt wird, sind unzählige PowerPoint-Folien. Die meisten Präsentationen werden immer noch als Einbahnstraßen-Kommunikation durchgeführt. Der Präsentator erscheint mit einem Notebook bewaffnet im Konferenzraum und nachdem er die Tücken der Technik besiegt hat, startet er seine Präsentation, womit das Abspulen eines PowerPoint-Vortrags gemeint ist. In den meisten Unternehmen wird das Vorbereiten einer Präsentation mit dem Erstellen eines PowerPoint-Dokuments gleichgesetzt. Dies ist zwar schön für das amerikanische Software-Unternehmen Microsoft, für den eigentlichen Sinn einer Präsentation jedoch sehr häufig nicht zielführend.

Wenn Sie schon mit Folien arbeiten, sollten Sie auf jeden Fall darauf achten, dass der Humor nicht zu kurz kommt. Im Folgenden erhalten Sie eine kurze Anleitung, wie Sie Ihre eigenen Präsentationen gezielt durch Humor erfolgreicher machen.

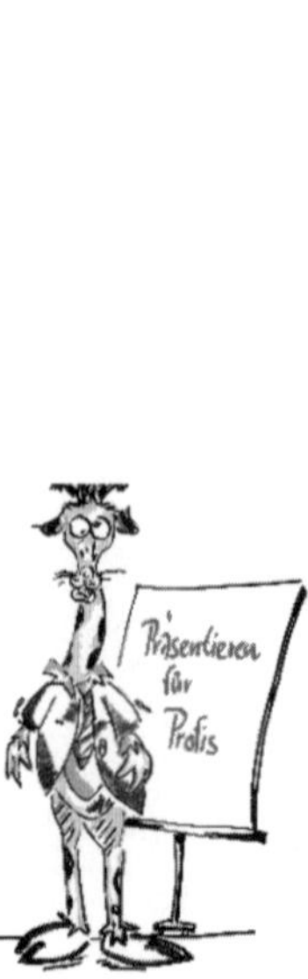

3.2.4.1 Die Vorbereitung

Der Erfolg einer Präsentation ist in wesentlichen Punkten eine Frage der guten Vorbereitung. Letztlich geht es immer um die Frage, was mit welchen Hilfsmitteln unter welchen zeitlichen und räumlichen Gegebenheiten vor welcher Zielgruppe erreicht werden soll.

Entscheidend ist, dass Sie die Teilnehmer einer Präsentation durch die Präsentation zu einer Handlung bewegen wollen, die Ihre Zuhörer ohne die Präsentation möglicherweise nicht durchgeführt hätten.

Diese banale Erkenntnis wird von vielen Präsentatoren nicht beachtet. Sie präsentieren einfach nur Informationen, ohne sich vorher offensichtlich gefragt zu haben, was das Ziel ihrer Präsentation ist. Für die reine Information ist eine Präsentation oft viel zu aufwändig und zu teuer.

Sie sollten auf jeden Fall unbedingt vermeiden, dass Ihre Teilnehmer in einer Präsentation gelangweilt werden. Aber genau das geschieht in sehr, sehr vielen Präsentationen, die täglich in deutschen Unternehmen intern oder extern durchgeführt werden.

Der amerikanische Autor Milo O. Frank bemisst die Aufmerksamkeitsspanne von Zuhörern in einer Präsentation auf ca. 30 Sekunden. Das heißt, alle 30 Sekunden müssen Sie etwas unternehmen, um das Abschweifen Ihrer Teilnehmer zu verhindern.

Alle 30 Sekunden müssen Sie etwas unternehmen, um das Abschweifen Ihrer Teilnehmer zu verhindern

Menschen denken täglich an alles Mögliche – etwa 50.000 Gedanken pro Tag. Da ist eine ganze Menge Nebensächliches dabei. Sobald Sie die Aufmerksamkeit Ihrer Teilnehmer verlieren, schweifen deren Gedanken automatisch zum geplanten Wochenendeinkauf oder dem Tattoo auf dem Rücken einer Kollegin ab. Das müssen Sie verhindern. In Zukunft sollten Sie sich bei jeder Präsentation fragen, wie Sie Ihre Teilnehmer gezielt unterhalten können. Emotionalisierung heißt das Stichwort. Humor ist zwar nur eine, aber eine sehr erfolgreiche Methode der Emotionalisierung von Inhalten.

Wie können Sie Ihre Teilnehmer gezielt unterhalten?

Ein wesentliches Kriterium für den Erfolg Ihrer Präsentation ist die Abstimmung auf die Zielgruppe. Jede Zielgruppe hat eine andere Art des Humors. Das Bildungsniveau, der soziale Status, das Land, die Region und die Berufsgruppe geben Ihnen Informationen über deren zu erwartenden Humorfaktor.

Fragen Sie sich ganz gezielt, worüber Ihre Zielgruppe lacht? Welcher Humor ist in der entsprechenden Branche passend? Welche Art von Witzen und Humor sollte ich unbedingt vermeiden? Wo finde ich Beispiele, Metaphern, Analogien, die das Thema meiner Präsentation und aktuelle Aufgabenstellungen, die für die Zielgruppe relevant sind, auf humorvolle Art und Weise transportieren und illustrieren? An welcher Stelle kann

Worüber lacht Ihre Zielgruppe?

ich humorvolle Bemerkungen einfließen lassen? Welche Einwände und Widerstände können kommen und wie kann ich diesen mit Humor begegnen? Wie kann ich meinen eigenen Auftritt und das Erscheinen meiner eigenen Person durch Humor wirkungsvoll positiv beeinflussen?

Diese und andere Fragen helfen Ihnen, Ihre Präsentationen durch den Faktor Humor gezielt aufzufrischen. Viele Präsentatoren machen den Fehler, dass sie sich bei der Vorbereitung und Gestaltung einer Präsentation nahezu ausschließlich auf den Inhalt konzentrieren. Wir wissen jedoch aus der Kommunikationsforschung, dass der größere Teil der Wirkung von ganz anderen Faktoren bestimmt wird. Schon Ihre Stimme ist für die Wirkung entscheidender als der Inhalt. Noch wichtiger für die Wirkung ist Ihre Körpersprache. Mit einem authentischen Lächeln können Sie also für die Wirkung Ihrer Präsentation mehr erreichen als mit weiteren Charts und Excel-Tabellen.

Der Inhalt einer Präsentation transportiert die Botschaft nur zu einem sehr geringen Teil

Schreiben Sie für Ihre Präsentation ein Storyboard, ein Drehbuch, in dem Sie den roten Faden genau definieren und den Einstieg, die Struktur des Hauptteils und den zündenden Abschluss klar beschreiben. Gerade bei wichtigen Präsentationen besteht die Gefahr, dass Sie den Ernst des Anlasses auch auf Ihre Stimmung übertragen. Proben Sie deshalb Ihren Auftritt. Holen Sie sich Rückmeldungen dazu von Kollegen, Mitarbeitern oder Ihrem Partner.

Ein Drehbuch definiert Ihren roten Faden

Eine einfache, etwas kuriose, aber deshalb nicht weniger wirkungsvolle Methode, um den zu großen Respekt vor einem Thema abzubauen, ist das Singen Ihrer Präsentation unter der Dusche. Singen Sie die Begrüßung, die Ansprache wichtiger Persönlichkeiten, den Einstieg in das Thema und die wesentlichen Kernaussagen. Sie werden sich dabei anfangs etwas seltsam vorkommen, hoffentlich auch herzhaft lachen. An diese Stimmung erinnern Sie sich, wenn Sie Ihre Präsentation tatsächlich vor Publikum halten. Keine Angst, Sie werden dann nicht lauthals lachen, aber Sie werden einen frischen, humorvollen Eindruck machen und das Thema beherrschen – nicht umgekehrt.

Übungen, um den zu großen Respekt vor einem Thema abzubauen

Eine weitere gute Übungsmethode ist es, die Präsentation vorher in einer Kunstsprache zu halten, z.B. in Kauderwelsch. Üben Sie Kauderwelsch vorher auf einem Blatt Papier. Schreiben Sie einige Sätze auf, die nach einem Satz klingen, aber nicht verständlich sind. Beispielweise: She mer furedia tellli si ma komma. Probieren Sie aus, den Satz abzulesen. Sprechen Sie nun einen Satz mit erfundenen Worten. Nun nehmen Sie Ihre Präsentation und formulieren Sie sie auf Kauderwelsch. Gehen Sie alle Punkte Ihrer Präsentation durch und stellen Sie sich vor, Sie wären bereits mitten in der Veranstaltung. Diese Übung hat einen ähnlichen Effekt wie die Gesangsübung: sehr ungewohnt, aber wenn Sie das überstanden haben, kann Ihnen dank innerer Gelassenheit bei der Live-Demonstration vor Zuhörern nichts mehr passieren.

3.2.4.2 Die Eröffnungsphase einer Präsentation

Vertriebsmitarbeiter können es schon nicht mehr hören, aber es stimmt immer noch – für den ersten Eindruck gibt es keine zweite Chance. Das gilt gerade auch bei Präsentationen.

Für den ersten Eindruck gibt es keine zweite Chance

Falls Ihnen irgendwann einmal jemand erzählt hat, dass Ihr Publikum es gut mit Ihnen meint, glauben Sie es nicht. Gerade im Business-Kontext sind sehr viele Leute bei Präsentationen in einer eher kritisch-gespannten Ausgangshaltung. Sie warten nur darauf, an Ihnen und Ihren Inhalten Dinge zu entdecken, die sie kritisieren können. Dies ist ein weit verbreiteter Zeitvertreib. Gerade auch bei dem beliebten Spiel, sich Anbieter zu verschiedenen Produkten einzuladen und diese präsentieren zu lassen.

Leider dauert es auch keine zehn oder zwanzig Minuten, bis Menschen sich ein Urteil über Sie, Ihr Unternehmen und Ihre Produkte bilden, sondern maximal wenige Sekunden. Profis planen deshalb die ersten Sekunden und Minuten einer Präsentation mit allerhöchster Aufmerksamkeit. Hier überlassen Sie am besten nichts dem Zufall.

Vor allem in den ersten Minuten nichts dem Zufall überlassen

Die Begrüßung

Schon mit der Begrüßungsformel können Sie Ihren Auftritt verderben. Älteren Lesern ist möglicherweise noch der berühmte, dem ehemaligen deutschen Bundespräsidenten Heinrich Lübke zugeschriebene Ausrutscher in Erinnerung. Lübke soll in Liberia eine Rede mit den Worten eröffnet haben: *„Meine Damen und Herren, liebe Neger."* Ein solch drastischer Fauxpas ist zwar selten, aber nicht wenige Präsentatoren neigen bei der Begrüßung zu einer Förmlichkeit, die weder zu ihnen noch zu ihrem Publikum und dem Anlass passt. *„Sehr geehrte Damen und Herren"* ist zwar formell korrekt, aber eben häufig nicht wirklich dem Anlass angemessen. „*Verehrte Anwesende*" klingt auch nicht wirklich lebendig. Mit entsprechend ernster Miene und einem Sargträgergesicht erzeugt eine solche Begrüßung eine bleierne Schwere, die sich dann auch auf den Rest der Präsentation legt.

Klären Sie gleich zu Beginn, welchen Nutzen Ihre Zuhörer von Ihrer Präsentation haben

Worum soll es gehen? Sagen Sie bereits in der Eröffnung, was das Thema Ihrer Präsentation ist, und vor allen Dingen was Ihre Teilnehmer davon haben, worin der persönliche Nutzen für jeden Teilnehmer besteht.

Nicht das Schwein interessiert, sondern das Schnitzel

Mit dem Nutzen und dem Inhalt Ihrer Präsentation verhält es sich wie mit einem Schnitzel und dem Schwein. Stellen Sie sich vor, Sie wären in einem Restaurant zu Gast. Sie haben richtig großen Hunger und bestellen sich ein Schweineschnitzel. Vor Ihrem geistigen Auge sehen Sie das kross gebratene, herrlich braune Schnitzel mit ein bisschen Zitrone darüber und der Beilage Ihrer Wahl: Das Wasser läuft Ihnen schon im Munde zusammen.

Leider müssen Sie feststellen, dass der Kellner die Begeisterung für Ihr Schnitzel nicht teilt, denn nichts passiert. Als an Ihrem Nachbartisch den Gästen, die später gekommen sind, das Essen schon serviert wird, fragen Sie schließlich beim Kellner noch einmal nach, was denn Ihr Schnitzel macht.

Der Kellner verschwindet in der Küche und erscheint nach kurzer Zeit mit dem Koch an Ihrem Tisch. Der Koch hält einen Strick in seiner Hand, an dessen Ende sich ein lebendes Schwein befindet. Während Sie noch rätseln, ob Sie hier in eine Episode der beliebten Sendung „Verstehen Sie Spaß?" geraten sind, erklärt Ihnen nun der Koch in allen Einzelheiten, um welche Rasse es sich bei Ihrem Schnitzellieferanten handelt, von welchem Biobauern das Schwein stammt, wie die Tiere dort gehalten werden, dass sie deutlich länger leben als in der industriellen Landwirtschaft, dass es sich um glückliche Schweine handelt, die noch mit Futter herkömmlicher Art, wie Sie es aus den Erzählungen Ihrer Großeltern kennen, gefüttert werden. Dies zeige sich in der Qualität des Fleisches, das in der Pfanne nicht zusammenschmore wie das Fleisch aus dem örtlichen Supermarkt.

Dann präsentiert Ihnen der Koch eine Schautafel, um Ihnen zu zeigen, aus welchem Stück des Schweins das Schnitzel hergestellt wird. Schließlich hat er ein riesiges Messer in der Hand. Sie haben schon Angst, er wolle Ihnen damit Schaden zufügen, als er Ihnen erklärt, welchen Unterschied es macht, ob man das Fleisch mit oder gegen die Faser schneidet. In diesem Zusammenhang erklärt nun der von sich selbst begeisterte Koch Ihnen auch, dass es in Europa unterschiedliche Traditionen im Fleischerhandwerk gibt und fragt Sie, ob Ihnen möglicherweise im Urlaub in Portugal oder Spanien aufgefallen sei, dass man dort Fleisch anders serviert als in Deutschland.

Schließlich beginnt er, Ihnen von der Panade und ihrer Bedeutung für ein perfektes Schnitzel zu berichten. Wie Sie erfahren, bezieht das Restaurant das entsprechende Mehl von einer kleinen Bäckerei in Wien, die in dritter Generation in Familienbesitz ist und so weiter, und so weiter, und so weiter.

Sie erfahren auch noch etwas über die glücklichen Eier von den glücklichen Hühnern von Bauer Mölke und fragen sich: Warum in Gottes Namen wird mir dies alles erzählt? Denn was Sie nur und einzig und allein interessiert, ist: Wann kommt das Schnitzel auf meinen Teller? Sie interessieren sich für das Schnitzel und nicht für das Schwein.

Genauso geht es Ihren Teilnehmern in den Präsentationen. Für sie zählt nicht, was Sie beispielsweise alles zu bieten haben, wie lange es Ihr Unternehmen schon gibt und was es alles macht, sondern einzig und allein, was jeder einzelne Teilnehmer von Ihrem Produkt, von Ihren Lösungen, von Ihren Leistungen, von Ihren Ideen hat. Dies gilt auch für interne Präsentationen. Wenn Sie Ihren Chef von einem Projekt überzeugen wollen, dann müssen Sie ihm erklären, was er persönlich davon hat. Reine Darstellung von Fakten und Informationen ist „Schwein erklären“. Fragen Sie sich dagegen immer: Wo ist das Schnitzel? Und panieren Sie dieses mit Humor.

Erklären Sie Ihren Zuhörern nicht das Schwein, sondern liefern Sie ihnen so schnell wie möglich das Schnitzel

Wie lange dauert die Präsentation? Wie gehen Sie vor? Welche Spielregeln gelten? Auch diese Fragen sollten Sie bereits in der Eröffnung klären. Es ist zwar allgemein üblich, darum zu bitten, dass Fragen erst am Ende gestellt werden, bedenken Sie aber, dass eine erfolgreiche Präsentation interaktiv sein sollte. Die Zeiten von Einbahnstraßen-Kommunikation sind vorbei. Je professioneller Ihr eigenes Kommunikationsverhalten, umso eher können Sie in die Interaktion gehen.

Klären Sie also den zeitlichen Ablauf und den Umgang mit Fragen möglichst früh, damit Sie später bei Bedarf darauf Bezug nehmen können. Welche Erwartungen haben die Teilnehmer? Was sollte passieren? Was auf keinen Fall? Überhöhte Erwartungen kann man auch sympathisch karikieren.

Scheuen Sie sich nicht, auch in einer gut angekündigten Präsentation mit einem üblichen Einladungsverfahren noch einmal kurz die Erwartungen, die Vorkenntnisse und die Ziele Ihrer Teilnehmer zu klären. Bei größeren Veranstaltungen mit einem größeren Teilnehmerkreis können Sie ja ein, zwei oder drei Teilnehmer aus der ersten Reihe fragen, mit welchen Vorkenntnissen und Erwartungen sie gekommen sind. Klären Sie noch einmal die Agenda, auch wenn diese im Vorfeld verschickt wurde, und testen Sie, ob Sie sich korrekt vorbereitet haben.

Überprüfen Sie nochmals an Ort und Stelle, ob Sie sich wirklich richtig vorbereitet haben

Wenn Sie feststellen, dass Ihre eigene Präsentation nichts mit den Erwartungen Ihres Publikums zu tun hat, nützt es nichts, einfach fortzufahren wie geplant. Dann hilft nur noch, das zu tun, was das Publikum verlangt. Hier zeigt sich der Einsatz von Humor als spontanes Mittel zur Krisenbewältigung.

DER EINSTIEG IN DIE PRÄSENTATION

Suchen Sie einen zündenden Aufhänger

Ein wichtiger Punkt, wenn nicht *der* wichtigste Punkt für Ihre Präsentation bei der tatsächlichen Durchführung ist ein guter Aufhänger, ein guter Einstieg.

Viele Präsentatoren beginnen einfach mit dem Thema. Das ist jedoch mitnichten ein Einstieg. Einen Vortrag zu unserem Buch könnte man zum Beispiel mit einem großen Brotmesser beginnen. *„Humor, verehrte Zuhörer, ist scharf wie ein Messer. Ein Messer kann verletzen oder gar töten. Was kann es noch?“* Sofort tönt aus dem Publikum *„Brot schneiden“*, *„Bierflaschen öffnen“* etc. *„Ein Messer als Flaschenöffner zu nutzen, ist wirklich nur im äußersten Notfall eine Lösung. Wir wollen eher über das Schneiden von Brot reden, also über die produktive, nicht verletzende Wirkung von Humor im Business“*. Ein Bild, ein klarer Einstieg über unser inhaltliches Ziel. Überlegen Sie sich etwas Besonderes, eine Metapher, eine Geschichte, eine persönliche Anekdote, ein Beispiel, eine Provokation oder – Achtung – einen Witz. Letzterer, auch wenn dieses Buch von Humor handelt, ist bei Präsentationen allerdings gefährlich. Witze können Sie nur dann erzählen, wenn Sie absolut hundertprozentig sicher sein können, dass dieser Witz zu Ihrer Zielgruppe passt. Da dies nur in den seltensten Fällen wirklich gewährleistet werden kann, sollten Sie davon Abstand nehmen.

Witze müssen hundertprozentig zur Zielgruppe passen

Humor ist dagegen unbedingt erlaubt, auch und gerade bei ernsten Themen. Auch ein wissenschaftlicher Kongress kann gut und gerne mit Humor gewürzt werden. Hier gibt es ganz unterschiedliche Traditionen, beispielsweise im angelsächsischen Raum. Dort ist es allgemein üblich und anerkannt, dass ein hoch dekorierter Professor einen Vortrag zur Quantenphysik mit einer humorvollen persönlichen Anekdote würzt. In Deutschland scheinen dagegen viele immer noch zu glauben, dass Humor und Seriosität sich gegenseitig ausschließen. Viele Redner und Präsentatoren fürchten, ihre Glaubwürdigkeit und fachliche Kompetenz zu verlieren und konzentrieren sich deshalb auf eine möglichst sachliche Darstellung.

In Deutschland herrscht vielfach die Meinung, dass sich Humor und Seriosität ausschließen

Oberstes Prinzip beim Einstieg in die Präsentation ist Authentizität. Es nützt überhaupt nichts, wenn Sie jetzt versuchen, Mario Barth zu sein, es aber nicht sind. Es geht nicht darum, sofort schallendes Gelächter zu provozieren, ein Schmunzeln reicht durchaus und ist viel eher planbar. Es geht darum, Ihren persönlichen Sinn für Humor darzustellen und auf das Publikum zu übertragen.

Authentizität ist oberstes Gebot

Anmerkung zu einem Missverständnis: Immer wieder ist zu beobachten, dass ein Vortragender oder ein Präsentator zu Beginn einen Witz erzählt, der vielleicht für sich genommen sogar von einigen Teilnehmern als witzig, humorvoll oder lustig angesehen wird, leider nur jeglichen Bezug zur Veranstaltung und zum Thema vermissen lässt. Der Einstieg sollte aber immer eine Brücke zum Thema darstellen, deshalb heißt es ja Einstieg, in das Thema einsteigen. Wenn keine Verbindung da ist, handelt es sich um eine reine Zeitverschwendung, im schlimmsten Fall um eine Ablenkung, die kontraproduktiv ist und einen Bruch zum Thema erzeugt.

Einstieg über eine humorvolle Analogie:

Die Analogie setzt unterschiedliche Dinge miteinander in Beziehung. Ihre kreative Leistung besteht darin, eine Beziehung zum Thema Ihrer Präsentation herzustellen, die vielleicht auf den ersten Blick nicht für jedermann ersichtlich ist.

Beispiel: In unserem Trainingsprogramm geht es immer darum, die Teilnehmer dazu zu bewegen, Dinge auszuprobieren, die sie normalerweise nicht machen. Auch wenn dies eine banale Erkenntnis ist, ist es für uns Trainer doch immer wichtig, die Teilnehmer ganz bewusst darauf hinzuweisen. Viele Teilnehmer verhalten sich nämlich sonst wie vor einem Büffet, sie stehen staunend davor, beobachten die eine oder andere interessante Vorspeise und entscheiden sich am Ende doch wieder für Mozzarella mit Tomaten. Genauso verhält es sich auch mit den Seminarinhalten. Probieren Sie Dinge aus, von denen Sie noch nicht hundertprozentig wissen, wie sie schmecken, nur dann können Sie hinterher sagen, ob es zu Ihnen passt oder eben nicht.

In einem Training können wir diese Analogie wesentlich kraftvoller und wirkungsvoller präsentieren, indem wir quasi an einem imaginären Büffet vorbeilaufen und den Teilnehmern vorspielen, wie wir zögernd vor den einzelnen Speisen stehen bleiben und schließlich auswählen. Das sorgt automatisch für Schmunzeln und möglicherweise Gelächter. Durch diese Art der Analogie und den bewussten Einsatz von Humor können wir einen viel direkteren und besseren Bezug zu unseren Teilnehmern herstellen, als über einen rein sachlichen Einstieg. Als Präsentator erhalten Sie auf diese Art und Weise auch sofort Rückmeldungen über die Befindlichkeit Ihrer Teilnehmer, welche Art von Humor sie haben. Dabei handelt es sich um einen sehr wichtigen Feedbackprozess, den Sie für den weiteren Verlauf Ihrer Präsentation nutzen können.

Den Bogen schließen: zum Abschluss wieder auf die Einstiegsanalogie zurückkommen

Der gute Einstieg zeichnet sich auch dadurch aus, dass Sie ihn auch als Abschluss wieder hervorkramen können. Genau dies kann man mit einer solchen Analogie, verbunden mit einer persönlichen Anekdote, auf perfekte Art und Weise machen. Kleiner Selbsttest: Welche Story, welche Analogie, welcher Witz passt zu mir und meiner Präsentation?

Malcolm Kushner empfiehlt in seinem sehr erfolgreichen Buch „Erfolgreich präsentieren für Dummies" den eigenen Einstiegswitz oder eine Einstiegsstory folgendermaßen zu testen: Stellen Sie sich vor, die Tatsache, dass Sie diese Story oder diesen Witz als Einstieg in Ihre Präsentation benutzt haben, stünde auf der ersten Seite Ihrer Tageszeitung. Wären Sie stolz darauf oder wäre es Ihnen peinlich? Benutzen Sie die Geschichte nur, wenn Sie stolz auf sie wären.

Die persönliche Anekdote:

Es gibt unzählige Bücher über passende Geschichten für Präsentationen, dabei sind auch jede Menge humorvolle Geschichten. Das Problem ist jedoch, nur wenige Menschen können fremde Geschichten so erzählen, dass sie zu ihren eigenen werden.

Eigene Geschichten lassen sich authentischer rüberbringen

Wenn Sie nicht gerade Schauspieler von Beruf sind, wird Ihnen dies nur mit großer Übung gelingen. Besser und in jedem Falle überzeugender, weil authentischer, ist das Erzählen eigener Geschichten. Es kann auch eine Geschichte sein, die einem Freund, einem Bekannten oder Verwandten oder Kollegen oder Kunden passiert ist. Wichtig ist, dass sie Ihnen persönlich erzählt wurde und Sie damit einen direkten persönlichen Bezug haben. Dann gelingt es den meisten Menschen auch, solche Geschichten authentisch und oft auch mit viel Humor zu erzählen.

- Die Taxifahrerstory:

Bei Vortragsrednern sehr beliebt ist die Taxifahrerstory. Hier verwischt sich persönliches Erleben mit gutem Erfindungsreichtum. Sie beschreiben, wie Sie während der Fahrt im Taxi vom Flughafen oder Bahnhof zum Ort Ihrer Präsentation ein Gespräch mit dem Taxifahrer hatten und stellen einen Bezug zum Thema des Tages her. Humor können Sie unter anderem dadurch einbringen, dass Sie etwas Skurriles über das Taxi, den Taxifahrer, die Geschichten, die er erzählt hat, seinen Fahrstil oder Ähnliches in die Story hineinpacken.

- Persönliche Anekdote mit Kindern:

Wenn Sie Kinder haben, brauchen Sie kein Buch über Einstiegsmethoden für Präsentationen, Sie müssen einfach nur Ihre humorvollen Alltagserfahrungen mit den lieben Kleinen verwenden. Dabei muss es sich gar nicht um übertrieben lustige Ereignisse handeln, oft reicht es beispielsweise schon, eine Situation zu schildern, die jeder andere im Raum, der auch Kinder hat, aus eigenem Erleben kennt. Viele Alltagserlebnisse in der Kommunikation zwischen Erwachsenen und Kindern haben eine unfreiwillige Komik, die sofort jeder erkennt, ohne dass Sie diese umständlich erklären müssen.

Praxis Albrecht Kresse

Wenn ich meinen Teilnehmern in einem Seminar beim Thema „Präsentieren" vermitteln möchte, wie sie Dinge, auch komplizierte Sachverhalte, ganz einfach erklären können und dass dies auch vor einem vermeintlichen Business-Publikum von herausragender Bedeutung ist, erzähle ich gerne eine Anekdote aus meiner eigenen Familie. Es war ein Montagmorgen, als ich noch relativ verschlafen beim Frühstück in der Küche saß und mein damals sechsjähriger Sohn Jannis mich fragte: „Sag mal, Albrecht, wozu sind wir eigentlich auf der Welt?“ Sie können sich vorstellen, dass mich diese Frage an einem Montagmorgen komplett überforderte. Sie hätte mich auch am Montagabend und jedem anderen Wochentag überfordert.

Die Aufgabe an meine Teilnehmer lautet dann jeweils, ihre Produkte und Lösungen so zu erklären, dass Jannis es verstehen würde. Die Botschaft des Trainings lautet: Wenn Jannis es versteht, sind Sie auf dem richtigen Weg.

Sie sehen, die Geschichte ist, wenn man sie so liest, noch nicht einmal besonders witzig und trotzdem reicht es meistens für ein Schmunzeln – zumindest bei all denjenigen, die selber Kinder haben oder schon einmal mit Kindern dieses Alters von Verwandten oder Freunden zu tun hatten. Die Geschichte lebt von der Alltagserfahrung von Erwachsenen im Umgang mit Kindern. Mit jeder Antwort kommt noch eine weitere Frage, bis man völlig den Überblick verloren hat. Neben den Kindern eignen sich auch der Rest der Familie und die eigene Partnerschaft für Anekdoten.

- Familie und Partnerschaft:

Es ist seit einiger Zeit in Mode gekommen, das Verhältnis zwischen Mann und Frau zum Thema ganzer kabarettistischer Programme zu machen. Vielleicht bietet auch Ihre Partnerschaft eine Reihe von Beispielen, die Sie als humorvollen Einstieg für Ihre Präsentation nutzen können.

Für mich beispielsweise ist es vollkommen normal, in meinen Präsentationen und Trainings Geschichten aus dem Zusammenleben mit meiner Frau zu erzählen. Wichtig ist dabei, dass meine Frau weiß, dass ich dies regelmäßig tue, und in schwierigen Fällen hole ich mir vorher ihre Erlaubnis.

Generell aber gilt die berühmte Aussage von Harald Schmidt: „Für eine gute Pointe kenne ich keine Verwandten“. Dabei scheue ich auch nicht davor zurück, auf Klischees zurückzugreifen. Da ich selbst ein eher kreativ-chaotischer Mensch bin, während meine Frau sehr ordnungsliebend ist,

Praxis Albrecht Kresse

geht es bei uns häufig um das Thema Ordnung. Zu diesem Phänomen habe ich schon so manche Anekdote erzählt und sehr viele meiner Zuhörer, egal ob männlich oder weiblich, finden sich in diesen Geschichten wieder und können herzhaft lachen.

Auf einem Kongress hielt ich eine Einführung zum Thema „Hybride Lernarchitekturen“. Ich ging davon aus, dass ein Großteil der Teilnehmer wahrscheinlich nicht wirklich wusste, was sich hinter diesem Wortungeheuer verbarg (Ihnen geht es jetzt wahrscheinlich ähnlich). Also wählte ich zur Erklärung einen Bereich, in dem das Wort Hybrid schon größere Verwendung gefunden hatte, die Automobilindustrie. Ich fragte also die Teilnehmer, wie vielen der Hybridantrieb ein Begriff war. Daraufhin hoben sich viele Arme. Daraufhin erzählte ich die Geschichte von meiner Frau, die mich in diesem Zusammenhang kürzlich gefragt hatte, wo denn die nächste Hybridtankstelle sei.

Schlussfolgerung: Auch wenn man einen Begriff schon kennt und auch den entsprechenden Zusammenhang herzustellen vermag, heißt das noch lange nicht, dass man wirklich verstanden hat, worum es geht. Bei Geschichten, die in Sachverhalte oder Probleme einführen oder Begriffe erklären, kommt es immer darauf an, in welcher Tonalität sie erzählt werden. Die Teilnehmer sollten sich mit der Geschichte und der Art, wie Sie sie erzählen, identifizieren können. Wirkt das Ganze, als würden Sie einen bösartigen Scherz auf Kosten eines nicht anwesenden Dritten machen, bleibt ein schaler Nachgeschmack. Insofern wandeln Sie bei solchen Geschichten auf schmalem Grat. Sammeln Sie persönliche Anekdoten. Am besten, Sie schaffen sich ein Notizbuch an und machen sich kleine Bemerkungen und Notizen zu Ihren Alltagserlebnissen. Ansonsten kann es sein, dass Sie genau in dem Moment, wo Sie eine Anekdote benötigen, nichts Passendes präsent haben.

Sammeln Sie gezielt persönliche Anekdoten und archivieren sie

Einsatz von Zitaten:

Eine weitere beliebte und klassische Einstiegsmethode sind Zitate. Aber Vorsicht, vergreifen Sie sich nicht an schwergewichtigen Vertretern der deutschen Philosophie oder der römischen Klassik. Schöner und oftmals passender ist ein humorvolles Zitat, das zur Branche, zum Thema oder zur Zielgruppe passt. Wie wäre es zum Beispiel mit dem selten gebrauchten Zitat zum Thema Humor: „Humor ist, wenn man trotzdem lacht!“? Solche Banalitäten sind selbstverständlich tabu und nicht unterhaltsam. Suchen Sie lieber nach einem ungewöhnlichen Zitat.

Humorvoller Einstieg mit überholter oder unzutreffender Expertenmeinung:

Eine unzutreffende Expertenmeinung belehrt Ihre Zuhörer gleich eines Besseren

Kennen Sie die Bill Gates zugeschriebene Aussage zum Thema Speicherkapazität von Personalcomputern? Wenn ja, möglicherweise aus einer Präsentation, in der ein Präsentator dieses berühmte Zitat als Aufhänger verwendet hat? Und zwar soll Bill Gates 1981 gesagt haben, dass niemand jemals mehr als 640 Kilobyte Speicher brauchen würde. Solche unzutreffenden oder inzwischen überholten Expertenurteile bieten oft einen guten Einstieg ins Thema. Weitere Beispiele:

„Wer zum Teufel möchte Schauspieler sprechen hören?“ Harry M. Warner, Gründer von Warner Brothers, 1927

„Fliegende Maschinen dürfen nicht schwerer sein als Luft.“ William Lord Kelvin, britischer Physiker, 1895

„Alles, was erfunden werden kann, wurde bereits erfunden.“ Charles Duell, Direktor des Patentamts der USA, 1899

Es gibt ganze Sammlungen von solchen falschen Expertenmeinungen, die eine wahre Fundgrube als Einstieg zu den unterschiedlichsten Themen darstellen. Unter den folgenden Internetadressen finden Sie nützliche Auflistungen:

- http://www.janko.at/Zitate/Themen/Irrtuemer.htm
- http://www.unmoralische.de/irrtum.htm
- http://home.arcor.de/raja69/kurios/irrtum.html

Humorvoller Einstieg mit Abkürzung oder Akronym:

Die Businesswelt ist voll von Abkürzungen und Akronymen. Kaum ein Begriff lässt sich nicht mit einer sinnvollen oder noch häufiger sinnlosen Abkürzung beschreiben.

Produzieren Sie einfach eine Folie und notieren mit der größtmöglichen Schriftgröße eine Abkürzung. Fragen Sie dann die Teilnehmer, was das bedeuten könnte. Idealerweise wählen Sie eine Auflösung, die keinen Sinn macht. Beispiel: SWG steht für das Selbstwertgefühl eines Menschen in der Kommunikation. Sie leiten ein: *„Mit SWG sind sicher nicht die Stadtwerke Gütersloh gemeint. Wofür könnte es noch stehen?“*

Humorvoller Einstieg mit Schlagzeilen aus der Boulevardpresse:

Wenn sie zum Thema passen, eignen sich womöglich Schlagzeilen aus der Presse, besonders der Boulevardpresse, um die Bedeutung Ihres Themas zu illustrieren. Sie können dann die tatsächlichen Schlagzeilen auch um eine fiktive Schlagzeile erweitern, die eine noch deutlich humorvollere Zuspitzung enthält.

Humorvoller Einstieg mit Schildern:

Ist Ihnen schon einmal aufgefallen, dass die Welt voll mit Schildern ist? Dort, wo es keine realen Schilder gibt, werden diese erfunden, um in merkwürdigen Geschäften mit tausend anderen nutzlosen Dingen verkauft zu werden. Wenn Sie ein Mobiltelefon mit integrierter Kamera dabei haben, können Sie überall einen Schnappschuss von skurrilen Schildern machen und diese in Ihre Präsentationen einfügen. Meistens lässt sich dies dann auch mit einer Anekdote kombinieren. Neulich, als ich in Oldenburg unterwegs war, habe ich folgendes Schild gesehen: Prof. Dr. M. Sonnenschein und Prof. Dr. W. Nebel, Informatik, Universität Oldenburg.

Die Seite www.namentlich.de gibt kreative Unterstützung bezüglich Ortsschildern, Namens- und Firmenschildern.

Einstieg mit einem humorvollen Gegenstand:

Halten Sie sich buchstäblich an etwas fest

Es ist immer gut, einen Vortrag oder eine Präsentation mit einem Symbol, einem Gegenstand, den Sie tatsächlich in den Händen halten, zu beginnen. Dies hat schon eine Reihe von ganz pragmatischen Vorteilen. Viele Redner und Präsentatoren wissen nicht, was sie mit ihren Händen machen sollen. In jedem Training wird Ihnen dazu erklärt, dass Sie diese in einem positiven Bereich verwenden sollen. Dieser beginnt üblicherweise etwa in Hüfthöhe. Das Problem ist: Wenn Sie besonders nervös sind, können Sie sich an diese guten Tipps nicht mehr erinnern und fangen alle möglichen komischen Dinge an, die Ihre Wirkung eher negativ unterstreichen.

Wenn Sie dagegen einen Gegenstand in der Hand haben, haben Sie die Hände automatisch in Hüfthöhe und fühlen sich sicher, weil Sie etwas in den Händen halten. Wenn Sie nun noch etwas zeigen, das humorvolle Assoziationen weckt und Ihr Publikum neugierig macht, haben Sie die Aufmerksamkeit von Anfang an auf positive Weise für sich und Ihr Thema gewonnen.

Beispiel: Sie halten einen Vortrag zur IT-Strategie Ihres Unternehmens und halten ein gelbes Quietscheentchen in der Hand. Selbstverständlich wird Ihr Publikum sich fragen, was das Gummitier mit Ihrem Vortrag zur IT-Strategie zu tun hat. Genau diese Frage legen Sie Ihrem Publikum zur Eröffnung in den Mund: *„Wahrscheinlich fragen Sie sich, warum ich während meines Vortrags zur IT-Strategie unseres Unternehmens diese kleine gelbe Quietscheente in Händen halte. Damit hat es folgende Bewandtnis: Gestern Abend habe ich meiner vierjährigen Tochter beim Plantschen in der Wanne zugesehen und beobachtet, wie sie eifrig versuchte, ihr Quietscheentchen zu versenken. Mit zweifelhaftem Erfolg, wie Sie sich denken können ...“* Sie sehen, letztlich landen Sie fast immer bei einer persönlichen Anekdote.

3.2.4.3 Der Hauptteil Ihrer Präsentation

Haben Sie einen guten Einstieg hingelegt, ist der Hauptteil Ihrer Präsentation gar nicht mehr so schwierig, wie Sie vielleicht befürchtet haben. Ein gelungener Einstieg ist zwar nicht alles, wenn es Ihnen aber hier nicht gelungen ist, Ihre Zuhörer für sich und Ihr Thema zu gewinnen oder Sie gar eine negative Stimmung verbreitet haben, wird es schwer, die Sache im Hauptteil noch zu retten.

Kontinuierliche positive Emotionalisierung sichert Ihnen die Aufmerksamkeit Ihrer Zuhörer

In jedem Fall sollte der Hauptteil, der Ihre sachlichen und seriösen Informationen enthält, immer auch unterhaltend sein. Denken Sie an die geringe Aufmerksamkeitsspanne Ihrer Zuhörer. Auch hier heißt es also: Emotionalisierung verschafft größere Wirkung. Positive Emotionalisierung durch Humor ist jederzeit immer wieder erwünscht. Würzen Sie auch Ihre fachlichen Beiträge mit einem Cartoon, einem Beispiel, einer Analogie, einer kleinen persönlichen Anekdote.

Wichtig außerdem, dass Sie Ihren Argumenten eine Priorisierung geben und Ihre Argumente so ordnen, wie Elefanten, die durch die Steppe laufen. Vorne läuft der zweitgrößte Elefant, hinten der größte und die anderen in aufsteigender Reihenfolge. So sollten Sie es auch mit Ihren Argumenten halten. Zu Beginn nehmen Sie das zweitstärkste Argument, dann eine Aufzählung etwas schwächerer, die noch etwas gefüttert werden und noch wachsen müssen, und zum Schluss das stärkste

Argument, das auch den letzten Teilnehmer hoffentlich überzeugt.

3.2.4.4 Der Abschluss

Kommen Sie zum Schluss wieder auf Ihren Einstieg zurück

Die gute Nachricht lautet: Alles, was Sie als Einstieg benutzen können, können Sie auch als Abschluss benutzen. Insofern muss an dieser Stelle nicht mehr viel hinzugefügt werden. Klar ist, für den ersten Eindruck gibt es keine zweite Chance und der letzte Eindruck bleibt. Insofern sollten Sie hier noch einmal einen Treffer landen. Wichtig ist an dieser Stelle auch eine Zusammenfassung des Gesagten. Man kann Zuhörern den Vortrag in kurzen Stichpunkten erneut Revue passieren lassen.

Wenn Sie eine humorvolle persönliche Anekdote zu Beginn geschildert haben, bietet es sich an, die gleiche Geschichte weiterzuführen, um Ihre Präsentation zu beenden oder zumindest eine Geschichte zu erzählen, die einen Bezug zum Einstieg herstellt. Das Gleiche gilt auch für die Verwendung von Zitaten. Auch hier ist es sinnvoll, zum Abschluss noch einmal einen Bogen zum Einstieg zu schlagen. Das gibt allen das Gefühl, dass es sich um eine runde Veranstaltung gehandelt hat.

3.2.4.5 Die Diskussion

Spätestens jetzt wird es interaktiv und damit besonders spannend. Hier gilt es, auf alle Fragen einzugehen und Schlagfertigkeit zu beweisen. Welche Rolle spielt hier Humor? Auch beim Umgang mit schwierigen Fragen, Einwänden und sogar mit persönlichen Angriffen gilt: Humor ist immer gefragt.

3.2.4.6 Der Einsatz von Cartoons

Wissen Sie noch, was Sie als Erstes gemacht haben, als Sie das Buch zum ersten Mal in der Hand hatten? Möglicherweise haben Sie, wie die meisten Leute, das Buch erst einmal ein bisschen unstrukturiert von vorne bis hinten durchgeblättert (ich mache es genau umgekehrt, ich fange hinten an und ende dann vorne). Dabei sind Ihnen sicher die Cartoons aufgefallen, die Ihre Kaufentscheidung – da Sie jetzt hier lesen – wahrscheinlich positiv beeinflusst haben (vielen Dank dafür).

Willst du was schildern, sag es in Bildern

„Willst du was schildern, sag es in Bildern", lehrt der Volksmund schon immer völlig richtig und mittlerweile durch die Gehirnforschung bestätigt. Visualisierung hilft unserem Gehirn, Informationen langfristig zu verankern. Sind diese Visua-

lisierungen nun auch noch mit positiven Emotionen besetzt, ist, wie Sie als Humorprofi längst schon wissen, der Weg ins Langzeitgedächtnis nicht mehr weit. Genau das ist die Begründung für den Einsatz von Cartoons.

Sahnehäubchen: Live vor den Augen Ihrer Teilnehmer angefertigte Zeichnungen und Cartoons

In Präsentationen sind live vor den Augen Ihrer Teilnehmer angefertigte Zeichnungen und Cartoons gewissermaßen das Sahnehäubchen, das Ihnen und Ihrem Anliegen garantiert die gebührende Aufmerksamkeit sichert. Deshalb widmen wir diesem Thema hier einigen Raum.

Hatten Sie in der Schule Kunstunterricht oder, wie es zu unserer Zeit hieß, Kunsterziehung? Und mussten Sie dort unter den Beurteilungen von frustrierten Kunstlehrern leiden, deren eigenes Talent leider für die Kunstakademie nicht ausreichte und die uns deshalb immer sehr motivierende Rückmeldungen mit auf den Weg gaben? Die meisten Menschen haben in der Schule gelernt, dass sie nicht zeichnen und malen können. Mit diesem Glaubenssatz laufen sie dann durchs Leben. Wenn man Sie deshalb jetzt fragt: *„Können Sie gut zeichnen? Glauben Sie, dass Sie Cartoons zeichnen können?“*, behaupten wahrscheinlich auch Sie, kein Künstler zu sein.

Cartoon-Zeichnen kann in relativ kurzer Zeit jeder lernen

Müssen Sie auch gar nicht! Cartoon-Zeichnen kann in relativ kurzer Zeit jeder lernen. Wenn Sie in der Lage sind, gerade Striche zu zeichnen, Kreise und Punkte, können Sie auch Cartoons zeichnen. Auch berühmte Cartoon-Figuren wie Donald Duck und Mickey Mouse setzen sich aus einfachen geometrischen Figuren zusammen. Wenn man diese Systematik einmal verstanden hat, kann man sehr schnell immer wieder die gleichen Cartoons produzieren.

Ihr Crashkurs im Comic-Zeichnen

Bevor Sie jetzt also weiterlesen, schnappen Sie sich einen Bleistift oder irgendeinen anderen Stift, der gerade zur Hand ist, und starten Sie Ihren Crashkurs im Cartoon-Zeichnen.

Als Erstes zeichnen wir ein männliches Gesicht.

1 Wir beginnen mit den Augen. Diese bestehen aus zwei Hühnereiern, die aneinandergelehnt sind. Sie zeichnen Sie etwa knapp oberhalb der Mitte Ihres Blattes.
2 Danach zeichnen wir wieder ein Ei, dieses Mal quer liegend, unter die Augen. Das ist die Nase.
3 Jetzt zwei Striche, die den oberen Teil des Kopfes bilden, dann wieder zwei halbe Eier als Ohren.

4 Dann vervollständigen Sie das Gesicht durch die Kinnpartie. Jetzt können Sie selbst entscheiden, ob es ein langes Gesicht ist, ein kurzes, dickes. Wie Sie mögen.
5 Nachdem dieser Umriss steht, folgen die Details: Augenbrauen, zwei Kringel in die Ohren, ein freundlicher Mund mit zwei Strichen am Rand für die Mundwinkel sowie ein kleiner Strich als Grübchen am Kinn.
6 Zuletzt zeichnen Sie die Haare und Pupillen in die Augen und dann den Halsansatz, ein runder Kragen und den Schulteransatz. Ihr erster Cartoon.

Cartoon-Zeichnen kann man lernen

In den meisten Meeting-Räumen steht ein Flipchart – leider meistens mit den falschen Stiften. Oft ist es relativ traurig, mit welch trostlosem Gekritzel diese schönen weißen Seiten verunstaltet werden. Mit dem richtigen Stift und einer einfachen Systematik können Sie in Zukunft ein deutlich positiveres, humorvolles und gleichzeitig kompetentes Bild von sich und Ihren Inhalten abgeben.

Humorvoll ansprechendes Agenda-Chart

Ein Beispiel dafür ist das Agenda-Chart. Statt Ihre Kollegen, Mitarbeiter oder Teilnehmer mit der üblichen PowerPoint-Folie zu langweilen, nutzen Sie in Ihrem nächsten Meeting das Flip-Chart einmal wirklich sinnvoll aus. Sie malen ein Programm-Chart oder Agenda-Chart nach der folgenden Systematik:

Die Grundidee besteht darin, dass wir einen Menschen zeichnen, der eine große Tafel in den Händen hält, die größer ist als er selbst, und auf dieser Tafel sind die einzelnen Tagesordnungspunkte Ihres Meetings oder Ihrer Präsentation oder Ihres Trainings aufgeführt.

Das Beispiel folgt dem Trick, als Cartoon-Anfänger mit Weglassungen und Verdeckungen zu arbeiten, um schwierige Details nicht zeichnen zu müssen. Eine vollständige Person mit richtigen Proportionen zu zeichnen, ist schon deutlich schwieriger als nur das Gesicht. Deshalb geben wir die Tafel einem Cartoon-Männchen in die Hand, sodass man nur einen Teil des Gesichts – das Sie jetzt schon zeichnen können – und die Hände sieht. Das ist alles.

Und so funktioniert es:

1 Wir zeichnen die Hälfte der Tafel.
2 Die Hände. Wir sehen nur die Finger und diese bestehen aus vier kleinen Würstchen, die direkt nebeneinander liegen.
3 Dann komplettieren wir die Tafel.
4 Zwei horizontale Striche am Ende geben dem Ganzen schon eine räumliche Dimension.
5 Jetzt malen wir ein halbes Gesicht. Ein gerader Strich, ein Ohr und die Hälfte des Kinns, zwei Augen, eine Nase und die Hälfte vom freundlichen Mund. Ein paar Striche für die Haare und fertig ist unser Cartoon-Männchen.

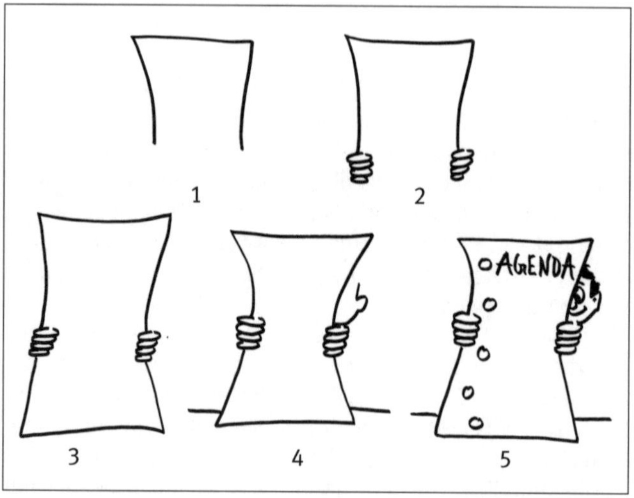

Agenda-Chart für Ihre Meetings, Präsentationen oder Trainings

Dicke Kreise für die einzelnen Tagesordnungspunkte und jetzt mit ordentlicher Schrift und einem dicken Stift die einzelnen Punkte aufschreiben. Schon haben Sie ein Agenda-Chart, das Ihren Teilnehmern das erste Lächeln ins Gesicht treibt. Wahrscheinlich werden Sie dafür schon das erste Kompliment ernten und haben dadurch einen wesentlich besseren Start in die Veranstaltung. Wenn Sie das Ganze noch freundlicher machen wollen, besorgen Sie sich ein paar Kreiden, um das Chart entsprechend zu kolorieren.

Weitere Tipps und ein Video mit mehreren Beispielen finden Sie auf unserer Website: www.edutrainment-company-com. Viel Spaß und Erfolg!

Variation: Cartoons erzählen

Einen Cartoon zu erzählen, klingt erst einmal widersprüchlich. De facto hat es aber schon fast jeder von uns einmal getan. Sie unterhalten sich in der Kantine oder einer Seminarpause über einen Cartoon und versuchen, dem anderen verbal zu illustrieren, was vor Ihrem inneren Auge präsent ist. Dies können Sie auch als Einstieg in eine Präsentation verwenden und mit einer persönlichen Anekdote kombinieren.

Beispiel: *„Neulich habe ich in der Zeitung einen Cartoon von Dilbert gesehen. Sie alle kennen wahrscheinlich die Dilbert-Cartoons …“* etc.

3.2.4.7 Exkurs: Worüber können Sie sich in Ihrer Präsentation oder Ihrem Vortrag lustig machen?

WER ÜBER SICH SELBST LACHEN KANN, HAT DIE LACHER AUF SEINER SEITE

- **ÜBER SICH SELBST LACHEN.** Es kann einen guten Eindruck machen, Späße über sich selbst zu machen, aber Sie sollten es auch nicht übertreiben, ansonsten gelten Sie womöglich als Psychopath oder neurotisch.

  Beispiel: Wenn Sie IT-Spezialist sind und als solcher auch gerade angekündigt wurden, können Sie zu Beginn Ihres Vortrags etwa erwähnen, dass es ja bekannt ist, dass sich IT-Spezialisten nur selten in ganzen Sätzen ausdrücken können, Sie aber dennoch probieren werden, das Publikum in den folgenden 30 Minuten nicht zu langweilen.

- **ÜBER IHRE EIGENEN FEHLER ODER MAROTTEN LACHEN.** Wenn Sie bestimmte Fehler oder Marotten haben, können Sie diese erwähnen, gerne auch in Verbindung mit einer kleinen persönlichen Anekdote, und Ihrem Publikum erlauben, über Sie zu lächeln, zu schmunzeln oder sogar zu lachen.
- **DIE LÄNGE IHRER REDE THEMATISIEREN.** Sehr beliebt ist es, Witze über die Länge des eigenen Beitrags zu machen. Der langatmige Redner ist beinahe sprichwörtlich und so ist es beliebt, sich darauf zu beziehen. Sei es nun, weil man geschafft hat, sich ganz kurz zu fassen oder weil man doch etwas länger gebraucht hat, als eigentlich gedacht.

  Hier ein Klassiker der erfundenen oder tatsächlichen Zitate in diesem Zusammenhang: „*Ich war mir der heutigen Botschaft meiner Rede etwas unsicher. Sollte ich ernst oder eher heiter sein, herausfordernd oder bequem, provozierend oder nüchtern? Ich fragte meine Frau und sie sagte: Sei barmherzig und fasse dich vor allem kurz.*"
- **AUF DIE AKTUELLE DEBATTE UND KRITIK BEZUG NEHMEN.** Wenn Sie Gegenstand oder Teilnehmer einer derzeit geführten Debatte sind, möglicherweise auch Opfer von Kritik wurden, können Sie dies auch nutzen, um einen humorvollen Einstieg in Ihre Präsentation zu wählen.

  Beispiel: *Ich bin froh, dass ich nach der Debatte der letzten Wochen trotzdem heute noch erscheinen durfte.*
- **MIT SCHEINBAREN SCHWÄCHEN OFFEN UMGEHEN.** Besonders souverän wirkt es, wenn Sie mit einer scheinbaren Schwäche offen umgehen und daraus eine Stärke machen. Solche scheinbaren Schwächen können auch markenbildend sein.

  Beispiel: Verona Feldbusch wurde immer wegen ihrer grammatikalischen Schwächen kritisiert und belächelt. Sie konnte daraus eine Stärke machen und sogar einen Werbevertrag für eine Telefongesellschaft erhalten. Die Werbebotschaft lautete: „*Hier werden Sie geholfen.*"

Ronald Reagan wurde während seines ersten Wahlkampfs zum amerikanischen Präsidenten 1980 immer wieder mit seinem hohen Alter konfrontiert. Er reagierte darauf, indem er ständig Witze über sein Alter machte.

Zitat: *„Zunächst möchte ich Ihnen sagen, wie dankbar ich bin, dass Sie mich eingeladen haben, um an dem hundertsten Jahrestag der Ritter des Kolumbus teilzunehmen. Übrigens ist es nicht wahr, dass ich bereits am ersten Jahrestag daran teilgenommen habe.“*

Zitat: *„Ja, wir haben ein Handelsdefizit, aber das ist nicht völlig neu, die Vereinigten Staaten hatten in fast allen Jahren zwischen 1790 und 1875 ein Handelsdefizit. Ich erinnere mich gut daran, obwohl ich damals nur ein kleiner Junge war.“*

Die Wirksamweit dieser Strategie Ronald Reagans zeigte sich darin, dass sein Alter bei seiner Wiederwahl 1984 überhaupt keine Rolle mehr spielte, obwohl er in der Zwischenzeit nicht jünger geworden war.

3.2.4.8 Nachbereitung der Präsentation

Neben allen üblichen Aufgaben, die zur professionellen Nachbereitung eines Präsentationstermins gehören, fragen Sie sich ab jetzt auch: Wie war der Humorfaktor? Haben meine Teilnehmer gelacht? Hat der Humor funktioniert? Wo kann ich in Zukunft weitere Humorpunkte sammeln? Sie werden feststellen, Sie werden von Präsentation zu Präsentation souveräner mit dem Thema Humor umgehen und dadurch immer größere Sicherheit erlangen.

3.2.5 Service, Beschwerdemanagement und Kundenbindung

Kennen Sie die Drei-Hammer-Methode? Erstens den Kunden anhauen, zweitens umhauen, drittens abhauen. Ein solches Vorgehen können sich leider nur noch die Willi-Windigs dieser Welt leisten, die an langfristigen Kundenbeziehungen aus unterschiedlichsten Gründen kein Interesse haben. Absolut vorurteilsbeladen nehmen wir an, dass das bei Ihnen anders ist. Es ist eine alte und weit verbreitete Weisheit, dass Servicemitarbeiter mehr direkten Kontakt mit dem Kunden haben als der Vertrieb. Wenn mein Autoverkäufer zwar alle drei Jahre nett zu

Schwierige Kunden mit Humor nehmen

mir ist, die Werkstadtmitarbeiter mich aber alle vier Monate auflaufen lassen (Wie oft fällt bei Ihnen eines der neuen Super Navigations JPS Freisprechschnickschnack Elektronik Features aus?), weckt das bei mir nicht das Bedürfnis, hier auf Dauer Kunde zu bleiben. Sollten Sie schon selbst Ihre Mitarbeiter aus dem Bereich Service und Technik geschult haben, haben Sie möglicherweise festgestellt, dass diese nicht immer für die Erleuchtungen der kundenorientierten Gesprächsführung empfänglich sind (O-Ton eines Servicemitarbeiters: *„Wenn ick Verkäufer hätte werden woll'n, wär ick Verkäufer jeworden, wa?!"*). Meist verfügen diese Kollegen aber sehr wohl über einen herzlichen und sehr authentischen Humor. Genau dies ist die Brücke zur Kundenbindung. Statt Lagermitarbeiter und technisches Personal mit Formulierungen aus der Phrasendreschmaschine (à la *„Wie kann ich Ihnen ganz persönlich helfen?"*) zu malträtieren, erlauben Sie Ihnen eine Kommunikation, die vom Herzen und vom Zwerchfell kommt.

Praxis Albrecht Kresse

In meiner jetzigen Werkstatt habe ich z.B. mit einem der Serviceleiter deutlich mehr Spaß als mit allen Verkäufern und den super korrekten Kundenzufriedenheitsbefragungsexpertenmaschinen, die mich alle drei Monate terrorisieren.

Authentischer Humor schafft mehr Kundenbindung als das Abspulen der üblichen Phrasen

Ein schönes Beispiel aus der gleichen Branche (Sie merken sicher, von welchem Autor diese Beispiele stammen, Männer interessieren sich einfach nur für Autos!) von Humorkollege John Morreall aus Virginia: Eine Auto-Reparaturwerkstatt hatte das ernsthafte Problem, dass Kunden den Kfz-Mechanikern bei der Autoreparatur über die Schulter blickten. Im besten Falle bekamen sie noch Tipps und Reparaturtricks von den Kunden. Das kostete die Mitarbeiter Zeit und Nerven und hielt sie von ihrer Arbeit ab. Die Kunden direkt wegzuschicken, empfand die Firma jedoch in jeder Hinsicht als zu unfreundlich. Man hängte daher folgendes Schild auf:

Auto Reparatur:	40 $/h
Wenn Sie warten:	45 $/h
Wenn Sie zugucken:	60 $/h
Wenn Sie helfen:	75 $/h

Die Kunden lasen es mit viel Vergnügen, verstanden sofort die humorvoll versteckte Botschaft und die Anwesenheit der zuschauenden Kunden reduzierte sich.

Viele Unternehmen geben sich größtmögliche Mühe, in der Kommunikation mit ihren Kunden als absolut perfekt und auf der Höhe der Zeit zu erscheinen. Dies ist einerseits richtig, vernachlässigt jedoch den hier schon eingehend beschriebenen Humorfaktor. Wer möchte schon gerne mit Menschen zu tun haben, die immer nur höchst professionell, perfekt und sachlich sind. Menschen mögen auch Macken und Menschlichkeiten, vor allem aber Humor. Letztlich ergeht es uns in der Kommunikation mit einem Unternehmen genauso. Kombinieren Sie Professionalität in Ihren Abläufen und Prozessen mit Herzlichkeit und Humor in der Kommunikation.

Kombinieren Sie Professionalität in Ihren Abläufen und Prozessen mit Herzlichkeit und Humor in der Kommunikation

Dies betrifft sowohl die direkte Kommunikation im persönlichen Gespräch am Telefon oder vor Ort als auch die schriftliche Kommunikation. Gerade hier greifen viele Unternehmen lediglich auf „professionelle Formulierungen" zurück.

Schreiben Sie Mails, die Ihre Kunden zum Schmunzeln bringen? Wie sind die begleitenden Informationen zu Ihren Produkten gestaltet und getextet? Muss sich der Kunde mühsam von Zeile zu Zeile kämpfen, um die tatsächlich notwendigen Informationen zu erhalten oder ist das Ganze so anregend mit Humor formuliert, dass Ihr Kunde gerne weiterliest und beim Lesen positive Emotionen entstehen, die automatisch mit der Produktinformation abgespeichert werden?

Sie können Humor auch im Umgang mit Einwänden und Gegenargumenten einsetzen.

Wenn Sie einen Einwand befürchten, können Sie diesen vorwegnehmen und entkräften, indem Sie den kritischen Sachverhalt bewusst so dramatisieren, dass Ihr Gegenüber, beispielsweise ein Kunde, automatisch beschwichtigt wird.

Beispiel: *„Wahrscheinlich darf ich mich bei der verspäteten Lieferung glücklich schätzen, dass ich Ihr Firmengelände überhaupt noch betreten durfte."*

Mit einer solchen Technik müssen Sie selbstverständlich sparsam umgehen. Wenn Sie jedes Mal so reagieren und Ihre Termintreue sich nicht verbessert, stiften Sie mit einer solchen Reaktion auf Dauer natürlich mehr Schaden als Nutzen.

Wenn Ihr Gegenüber permanent mit persönlichen Angriffen auf Sie losgeht, fragen Sie einfach nach: *„In Anbetracht der*

Kritik und Ihres Ärgers auf mich, würden Sie mich gerne erschießen oder bevorzugen Sie eine qualvollere Methode?" Diese scheinbar ernste Frage wird Ihren Konfliktpartner hoffentlich irritieren und ihm auf nicht ganz ernste Weise zeigen, dass er mit seiner Kritik etwas übers Ziel hinausschießt und die Botschaft durchaus bei Ihnen angekommen ist.

3.3 Interne Kommunikation

3.3.1 Unternehmenskultur

Seit einigen Jahren ist es in Mode gekommen, eine schriftlich niedergelegte Unternehmenskultur zu haben. Es ließe sich an dieser Stelle trefflich darüber streiten, ob es überhaupt möglich ist, Kultur zu definieren und diese dann schriftlich festzulegen. Klar ist in jedem Fall, dass viele dieser Dokumente schon unfreiwillig komisch sind, viele zudem langweilig, sehr häufig wiederholen sie sich und zitieren immer wieder die gleichen Allgemeinplätze.

Dort ist dann etwa zu lesen, dass der Kunde immer im Mittelpunkt steht (böse Zungen behaupten, er steht im Weg) und die Mitarbeiter das größte Kapital des Unternehmens darstellen (der Betriebsrat stellt hier meistens eine deutliche Differenz zwischen Anspruch und Wirklichkeit fest). In jüngster Zeit darf auch das Thema der Nachhaltigkeit in solchen Dokumenten nicht fehlen. Die Unternehmen sind jetzt auch ein Hort des Umweltschutzes und der Klimapolitik geworden.

Unternehmensleitbild: „Hier darf herzhaft gelacht werden"

Humor taucht in diesen schriftlichen Definitionen der Unternehmenskultur selten auf. Welches Unternehmen traut sich, einmal schriftlich festzulegen: *„Hier darf herzhaft gelacht werden"?* Auch und gerade über den eigenen Chef. Es gibt ein Unternehmen, in dem in der Eingangshalle die Bildnisse der Vorstände aufgehängt sind – und zwar als Säugling. Dies ist bereits ein klares und für jeden sichtbares Signal, dass sich hier auch die Wichtigen nicht zu ernst nehmen.

Machen Sie einmal den Test, bezogen auf die Kultur in Ihrem eigenen Unternehmen, und lesen sich die schriftlich dokumentierte Unternehmensleitsätze durch. Sie finden sie entweder auf der Internet- oder Intranetseite oder können sie in der Personalabteilung einmal nachfragen. Die Personaler freuen sich, wenn sich tatsächlich einmal jemand proaktiv für die schönen Broschüren, die für teures Geld gedruckt wurden, interessiert. Taucht dort das Thema Humor, Spaß und Lachen auf? Darf man Vergnügen und spielerische Herangehensweisen für neue Ideen haben?

Und jetzt fragen Sie sich, wie sieht die gelebte Unternehmenskultur aus? Worin zeigt sie sich in Ihrem Arbeitsalltag im Umgang mit Kunden, im Umgang innerhalb der Kollegen, im Umgang zwischen Führungskräften und Mitarbeitern und im Umgang mit allen anderen externen Partnern? Haben Sie eine Kultur, die Humor fördert, die gemeinsames Lachen erlaubt? Wird Humor bereits als Mittel der Kommunikation eingesetzt?

Falls nicht, bietet Ihnen dieses Buch Möglichkeiten, Humor ganz bewusst zum Bestandteil Ihrer Unternehmenskultur zu machen.

3.3.2 Humor in der Pflichtlektüre

In jedem Unternehmen gibt es Dokumente, die erstellt werden müssen und von denen man sich auch wünschen würde, dass jemand sie zur Kenntnis nimmt, die aber de facto niemand freiwillig liest, der nicht gesetzlich dazu verpflichtet ist. Beispiele: Brandschutzbestimmungen und Quartalsberichte. Viele dieser Schriftstücke könnten nach der zweiten Seite in Blindtext übergehen, wie ihn Werbeagenturen verwenden, ohne dass es jemandem auffallen würde.

Das amerikanische Software-Unternehmen Adaptec hat bereits im Jahr 1996 daraus die notwendigen Schlüsse gezogen und den Jahresbericht in Form eines Comics vorgestellt, im darauf folgenden Jahr als Kinderbuch. Der Erfolg war überwältigend. Offensichtlich zum ersten Mal wurde der Jahresbericht sowohl von den Mitarbeitern als auch der Öffentlichkeit mit Begeisterung gelesen. Die Menschen fingen an, sich darüber zu unterhalten. Und da Adaptec das erste Unternehmen war, das dies in großer Form zur Methode erhob, hatte es selbstverständlich auch einen angenehmen PR-Nebeneffekt. Deshalb wird es auch zehn Jahre später noch von uns zitiert. Sie sehen, Humor ist also in unserer humorfreien Welt immer auch ein PR-Thema. Diese Technik können Sie beispielsweise nutzen, indem Sie Gebrauchsanweisungen in Ihrem Unternehmen einmal durch Humor aufpeppen.

Jahresbericht einmal anders

Auch bei Protokollen und Maßnahmenplänen von Meetings und Workshops kann Humor ganz gezielt eingesetzt werden, um die Ergebnisse zu emotionalisieren und die Teilnehmer dazu zu bringen, sich nochmals ernsthaft mit den Maßnahmen auseinanderzusetzen.

Beispiel: Statt trocken im Maßnahmenplan zu fixieren, *„Klaus Meier macht bis zum 13.03. einen Projektplan für die Anpassung der neuesten Hydraulikpumpe und berichtet dabei an den Kollegen Krause kontrolliert"*, könnte die motivierendere Formulierung lauten: *„Klaus Meier hat sich unter laut vernehmbarem Stöhnen bereit erklärt, bis zum 13.03 für unsere tropfenden Hydraulikpumpen eine Lösung zu erarbeiten. Hans Krause wird ihn dabei überwachen und schauen, ob er diesen unrealistischen Termin diesmal wirklich einhalten kann."*

3.3.3 Team

Humor fördert Vertrauen und eine stabile Entwicklung in Teams

Sind Sie in einem größeren Unternehmen beschäftigt, dann haben Sie es im Arbeitsalltag mit Teamstrukturen und deren Dynamiken zu tun. Wenn Sie sich mit dem Thema Teamentwicklung beschäftigt haben, sind Ihnen möglicherweise Modelle wie die Teamuhr und das Performmodell begegnet. Grundlage dieser und ähnlicher Konzepte ist die von amerikanischen Psychologen entwickelte Unterscheidung verschiedener Phasen, die ein Team in seiner Entwicklung durchläuft. Auch hier kann Humor sinnvoll eingesetzt werden, sowohl zur Vertrauensbildung in beginnenden Teamstrukturen als auch zur Stabilisierung eines produktiven Teams.

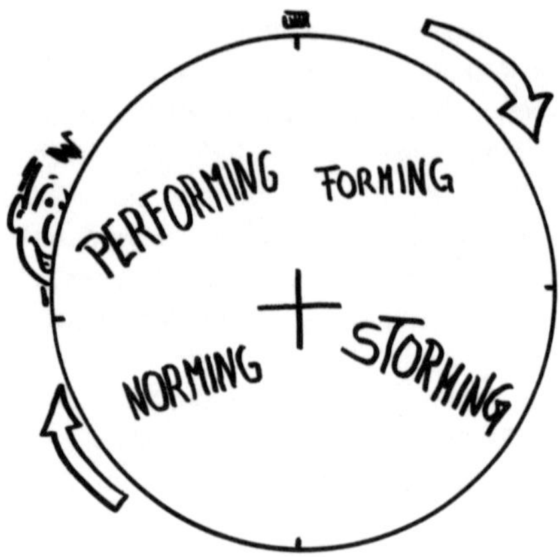

Die Phasen der Teamentwicklung

- FORMING: Dies ist die Phase, in der ein Team gebildet wird. Die Auswahl der Mitglieder erfolgt nach unterschiedlichsten Kriterien. Bei einem Projektteam nach Qualifikation (hoffentlich) oder nach Verfügbarkeit (leider).
- STORMING: Wie der Name sagt, geht es in dieser Phase sehr unruhig zu. Die Leute fangen an zu arbeiten und stellen fest, dass es nicht so funktioniert wie gedacht. Es kommt zu Unstimmigkeiten und Streitigkeiten und manche Teamleiter machen den Fehler, die Ursache dafür lediglich in der Zusammensetzung des Teams zu suchen. Diese Teamleiter kommen über die Stufe 1 leider nicht hinaus. Der Sport bietet hier gute Alternativen; beinahe in jeder Fußballsaison. Das Team fängt sich am Anfang eine Niederlage ein. Der Trainer versucht das Problem mit wechselnden Aufstellungen zu lösen. Meistens ohne Erfolg. Bis schließlich auch der Trainer ausgewechselt wird.

  Dabei geht es um Rollen, Aufgaben und Spielregeln. Diese müssen in der nächsten Stufe festgelegt werden. Sobald man eine Person neu ins Team holt oder jemanden herausnimmt, beginnt der ganze Prozess von vorn.
- NORMING: Beim Übergang von Stufe 2 zu 3 bildet ein Team feste Strukturen, Rollen und Spielregeln heraus. Diese Spielregeln sind oft informell. Wer schlau ist, macht daraus formelle Spielregeln. Aber die informellen Spielregeln sind immer die wichtigen. Wie redet man miteinander? Wie geht man mit Kunden um? Unterstützen sich Kollegen im Krankheitsfall? Wie geht das Team mit Fehlern um? Sind die Regeln etabliert und von allen akzeptiert, kann das Team seine wahre Leistungsfähigkeit entfalten und gelangt zu Stufe 4.
- PERFOMING: Die vierte Phase bedeutet ein produktiv arbeitendes Team. Rollen, Regeln und Aufgaben sind geklärt und alle konzentrieren sich auf das zu erledigende Tagesgeschäft.

„Teamgeist gut und schön! Aber musst du denn immer deine Kollegen mit nach Hause bringen?"

Welche Rolle spielt nun der Humor in diesen Phasen der Teamentwicklung? Sie können zwar auch mit Humor keine Phase auslassen oder überspringen, aber Humor ist ein Beschleuniger und er kann einen wesentlichen Beitrag dazu leisten Phase 2, das Storming, besser auszuhalten und in Phase 4 ein echtes Hochleistungsteam zu formen.

Konflikte offen und humorvoll ansprechen

Streitigkeiten und Auseinandersetzungen kann man durch Humor die Schärfe nehmen. Übertreibungen und Karikierungen können helfen, Aggression zu dämpfen und Offensichtliches zu spiegeln. Wenn ein neuer Mitarbeiter sich beispielsweise mit einem erfahrenen Mitarbeiter beharkt, könnte der Chef zu beiden sagen: *„Na, Sie beide würden sich jetzt am liebsten mal vors Schienbein treten!?“* Oder wenn er zu dem erfahrenen Kollegen eine gute Beziehung hat: *„ Na Klaus, jetzt hast du zehn Jahre hier in Ruhe gearbeitet und jetzt hole ich so einen Schnösel von der Uni hier ins Team.“* Dabei spielt die Intonation der Stimme eine wichtige Rolle. In verschiedenen Situationen sind auch unterschiedliche, humorvolle Deeskalationsstrategien angebracht. Überlegen Sie genau, welche Formulierung wann und wo hilfreich sein kann.

Ein typischer Konflikt, der ein bestehendes Team in Phase 1 zurückwirft, ist die Integration junger Nachwuchskräfte. Wenn Sie Führungskraft dieses Teams sind, können Sie auftretende Konflikte karikieren, indem Sie die zum Teil auch verdeckten Botschaften (er ist doch viel zu jung, er hat schon innerlich gekündigt) offen karikieren und ansprechen und das Thema Erfahrenheit oder Unerfahrenheit bewusst übertreiben.

Feedback durch ein Cartoon begleiten

Humor kann man auch beim Geben von Feedback einsetzen, damit sich das Gegenüber mehr darauf einlässt. Unsere Welt ist voll von Cartoons. Im Internet, in Tageszeitungen zu aktuellen politischen Anlässen und zu Tagesanekdoten. Nutzen Sie Cartoons. Eine Rückmeldung oder Benennung eines Konflikts, die von einem Cartoon begleitet werden, kommen gut an und man liest sie immer gerne. Auch das kann Schärfe aus einer Überreaktion nehmen oder ein erneutes Gespräch ermöglichen und erleichtern.

Es macht Sinn, sich mit seinem Team z.B. einen Tag außerhalb der Arbeitszeit Zeit für die Storming-Phase zu nehmen. Dabei durch Lockerheit Vertrauen zu schaffen, kann dazu führen, dass man mit dem Team erfolgreich in die produktive Phase gehen kann. Oft ist das ein klares Ziel von Teamtrainings.

Schwierig ist es, wenn das Training über oberflächliche Bespaßung nicht hinausgeht. Man kann die humorvolle und lockere Atmosphäre nutzen, um Beobachtungen, Rollenkämpfe und andere Befindlichkeiten zu thematisieren. Eine aus solchen Trainings erwachsene Schlussfolgerung ist häufig die Vereinbarung von Spielregeln und Rollenklärungen der einzelnen Mitarbeiter. Dabei hängt der Erfolg des Teamtrainings stark von der Anpassung der Trainingsgestaltung an die Zielgruppe ab. Mit manchen Gruppen macht es Sinn, einen Kletterwald zu durchwandern und einen Hindernisparcours zu überwinden, für andere empfiehlt sich etwa der gemeinsame Bau eines Fahrzeugs oder einer Maschine, weil dies einen starken Bezug und damit einen Transfer zu ihrer Arbeit herstellen kann.

Ein gutes Team zeigt sich dadurch, dass die Mitarbeiter die Macken der einzelnen Kollegen kennen und sich erlauben, darüber Witze zu machen. Davon konnte ich mir neulich ein Bild machen, als ich den Computer unseres Büroleiters anmachte. Auf dem Bildschirm erschien das riesige Bild eines Schokoriegels mit den Worten: „Iss mich, du willst es doch auch!" Die entsprechende Nascherei klebte unter dem Bildschirm. Das war für den Büroleiter gedacht, der bekennender Liebhaber eben dieses Schokoriegels ist und sich nach dem Weihnachtsfest und den damit verbundenen Schlemmereien vorgenommen hatte, kulinarisch etwas kürzer zu treten.

Praxis Albrecht Kresse

Streiche im richtigen Umfeld sind liebevolles Karikieren von Weltsichten und Eigenheiten. Wenn Sie solche Streiche in Ihrem Team feststellen, können Sie davon ausgehen, dass das Klima stimmt. Hierbei ist Humor eine hilfreiche Unterstützung. Gemeinsames Lachen ist motivierend, dass kennt jeder aus einer Freundesrunde.

3.3.4 Humor mit Führungskraft und Mitarbeitern

Viele Führungskräfte glauben offenbar, sie müssen der Ernsthaftigkeit ihres Tuns durch einen ebensolchen Blick Ausdruck verleihen. Sie schreiten mit Sargträger-Gesichtern durch die Großraumbüros dieser Welt und glauben, auf diese Weise die Mitarbeiter zu erhöhter Leistungsbereitschaft antreiben zu können. Die ernste Miene wird gerne ergänzt durch Spontanvorträge zu den bedrohlichen Auswirkungen der Globalisierung, den sinkenden Margen im Geschäft, dem Konkurrenzdruck im Allgemeinen usw. usw.

Die düstere Stimmung des Chefs legt sich wie Mehltau über die gesamte Abteilung. Von Produktivitätssteigerung keine Spur, im Gegenteil, Angst und Bedrohungsszenarien lähmen auf Dauer die Kreativität und letztlich auch die Leistungsbereitschaft der Belegschaft.

Verbreiten Sie bewusst gute Stimmung

Sie machen es ab jetzt anders. In dem Moment, wo Sie das Firmengelände betreten, genau genommen schon früher, zum Beispiel auf dem Parkplatz vor dem Firmengelände, beginnt ihr öffentlicher Auftritt. Machen Sie sich dies bewusst. Bringen Sie sich selbst in eine gute Stimmung. Setzen Sie ein Lächeln auf und machen Sie sich klar, dass Sie jetzt unter Beobachtung stehen.

Hier eine kleine Anekdote zum Thema „Ein Chef lernt, ‚guten Morgen' zu sagen": Vor einigen Jahren bekam ein befreundeter Beraterkollege den Auftrag, ein in Schwierigkeiten geratenes Maschinenbauunternehmen bei der Umstrukturierung zu begleiten. Dabei fiel ihm auf, dass der Werksleiter jeden Morgen mit zerknirschtem Gesicht ohne Gruß durch die Werkshallen in sein Büro lief. Er hatte den Ruf, ein muffelköpfiger Griesgram zu sein. Schließlich fasste sich unser Kollege ein Herz und fragte den Manager, ob er sich seiner Wirkung auf die Belegschaft bewusst sei. Dieser war überrascht. Selbstverständlich war ihm nicht bewusst, mit welch sauertöpfischem Gesicht er jeden Morgen durch die Hallen lief.

Also entwickelten die beiden ein Trainingsprogramm, um anders in den Tag zu starten. Stufe 1 war: halbwegs freundlich gucken und grüßen. Schon dies sorgte in der Belegschaft für Vermutungen à la „Der Chef nimmt Drogen." Der Werksleiter fühlte sich bei diesem noch neuen Begrüßungsritual auch nicht unbedingt wohl. Aber nach einiger Zeit hatte er sich daran gewöhnt und schließlich kam der Tag, an dem er auch zum ersten Mal morgens stehen blieb, um sich mit einigen Mitarbeitern zu unterhalten. Nach und nach wurden diese Begrüßungsrunden unverkrampft und authentisch und sorgten unter anderem dafür, dass die Führungskraft eine deutlich höhere Akzeptanz in der Belegschaft fand.

Was zeigt dieses Beispiel?

- Heutzutage sind Selbstverständlichkeiten nicht mehr unbedingt vorauszusetzen.

Schon Kleinigkeiten haben große Wirkungen

- Auch scheinbare Kleinigkeiten wie die Tageszeit zu sagen und regelmäßig wohlwollende Gespräche zu führen haben große Wirkung.

- Statt teure Seminare zum Thema Management by Walkaround zu besuchen, halten Sie sich einfach an ein paar gute alte Regeln, die Ihnen wahrscheinlich schon Ihre Oma mit auf den Weg gegeben hat. Ein freundliches „guten Morgen" sollte so kompliziert nicht sein.

3.3.4.1 Meetings

Laut einer Untersuchung verbringen Führungskräfte pro Tag etwa 60 Prozent ihrer Zeit in Gesprächen und Meetings. Viele Führungskräfte beklagen sich daher darüber, dass sie nicht mehr zu ihrer eigentlichen Arbeit kommen. Diesen sei gesagt, dass sie offensichtlich nicht verstanden haben, worin ein Großteil der täglichen Führungsarbeit besteht, nämlich in der Kommunikation. Bei Meetings soll es sich laut der oftmals schriftlich festgehaltenen Unternehmenskultur und den Führungsleitsätzen um Begegnungen zur Förderung der Kreativität, der Entwicklung wahrhaft revolutionärer Problemlösungsstrategien und um Veranstaltungen handeln, in denen offen und konstruktiv miteinander diskutiert wird.

Die Realität sieht jedoch oft vollkommen anders aus. Sie werden dies wahrscheinlich aus eigener Erfahrung kennen. Während der Abteilungsleiter Dr. Knörk gerade über die neuesten strategischen Ideen der Geschäftsführung monologisiert, blicken sich die alten Hasen gelangweilt in die Augen, während diejenigen, die schon über einen BlackBerry verfügen, in der Lage sind, unter dem Tisch endlich ihr Posteingangsfach in Outlook zu sortieren. Alle warten, dass es vorbei ist, Dr. Knörk wundert sich über die geringe Beteiligung und kurze Zeit später sitzt man zum gleichen Thema wieder im nächsten Meeting und wundert sich, dass so wenig umgesetzt wurde.

Dr. Knörk monologisiert

Für die Veränderung der Meeting-Kultur ist Humor ein probates Mittel

Für die Veränderung der Meeting-Kultur ist Humor ein probates Mittel. Allerdings nicht in der Form, wie es bei einem unserer Kunden angewendet wurde. Hier war es Tradition, dass am Ende eines Meetings immer ein „lustiges" Pin-up-Bild mittels PowerPoint an die Wand projiziert wurde. Eine solche Form peinlichen Humors ist sicherlich nur in einer von männlichen Alphatieren dominierten Macho-Kultur denkbar und nicht zu empfehlen.

Humorvoller und deshalb wirkungsvoller wäre, wenn man etwa Teilnehmer, die während des Meetings E-Mails schreiben, auf ihr Desinteresse anspricht und ironisierend feststellt: *„Sie kann ich wohl heute völlig faszinieren"*.

Sich selbst als Führungskraft und sein Anliegen humorvoll in dem Meeting vorzustellen, kann ebenfalls Interesse erzeugen. Humorvolle Anekdoten (es müssen nicht immer Witze sein) untermalen Projektpläne, Absichten und auch Finanzübersichten. Würzen Sie Ihre Präsentationen mit Humor wie ein Sandwich. Steigen Sie mit etwas Humorvollem ein: Zünden Sie z.B. ein Streichholz an mit dem Hinweis auf nun folgende heiße Neuigkeiten, legen dann eine Schicht Fakten zwischen die beiden Brötchenhälften, die besagten Neuigkeiten, und enden Sie mit etwas Humorvollem, z.B. einem Feuerlöscher, der ein Signal für Beruhigung ist. Zwar sind es heiße und wichtige Neuigkeiten gewesen, die sie präsentiert haben, aber auch die werden abkühlen und mit Humor haben alle daran Beteiligten die im Meeting vermittelten Fakten vielleicht schon schneller in ihren Arbeitsalltag integriert, als ein Feuerlöscher löschen könnte. Versuchen Sie außerdem Projektbesprechungen so weit es geht im Frage-Antwort Stil durchzuführen. Zu lange Monologzeiten würgen jedes Humorgefühl ab.

Vereinbaren Sie klare Spielregeln, nach denen Meetings ablaufen

Wenn Sie die Effizienz Ihrer Meetings erhöhen wollen, vereinbaren Sie mit Ihren Mitarbeitern klare Spielregeln, nach denen die Meetings ablaufen sollen. Achten Sie dabei darauf, dass Sie sich durchaus selbst einmal auf die Schippe nehmen und mit üblichen Marotten von Ihnen sehr offen umgehen.

Beispiel: Wenn Sie wie viele Führungskräfte dazu neigen, Meetings zu dominieren und zu monologisieren (dies hat wahrscheinlich mit ihrem dominanten Charakter zu tun, sonst wären Sie keine Führungskraft), dann können Sie beispielsweise statt „monologisieren" einen anderen Begriff verwenden, der sich aus Ihrem Namen ableitet, und daraus ein Verb machen. Wenn Sie Roland heißen, dann ist „rumrolanden" in Zukunft Ihr Synonym für „Mitarbeiter zutexten".

Weiteres Beispiel: Sie können gezielt nach Anlässen und Beispielen aus dem Alltag suchen, die humorvoll sind, zum Beispiel eine Reklamation erwähnen, die besonders lustig war. Gut ist immer, wenn Sie sich als Chef selbst nicht zu ernst nehmen und Ihren Mitarbeiter erlauben, auf Ihre Kosten herzhaft zu lachen.

Wer aktuelle Beschreibungen des Wirtschaftslebens im Zeitalter der Globalisierung liest, gewinnt nicht den Eindruck, dass es sich hier um eine humorvolle Veranstaltung handelt, im Gegenteil: Offensichtlich wird der Wettbewerb immer härter, die Konkurrenz immer unnachgiebiger und der eigene Arbeitsplatz immer unsicherer. Grund zum Lachen scheint es hier anscheinend wenig zu geben.

Gerade in angespannten Zeiten ist die Führungskraft auch als Stimmungsbeeinflusser gefragt

Gleichzeitig zeigt sich jedoch, dass gerade unter schwierigen Bedingungen, die auch emotional und seelisch hohe Ansprüche an den Arbeitnehmer stellen, die Führungskraft nicht nur als Manager, sondern auch als Stimmungsbeeinflusser gefragt ist. Hier kann Humor eine wichtige Rolle spielen. Dass dies nicht neu ist, beweist eine Ordensregel des Benedikt von Nursia, dem Begründer des Benediktinerordens, der von seinen Führungskräften unter anderem verlangte, dass sie ihren Mitarbeitern Freude bei der Arbeit vermitteln sollten.

Statt nun zu fordern, dass alle Führungskräfte auch begnadete Comedians sein sollten, orientieren wir uns an Fredmund Malik und seiner Forderung, nicht danach zu fragen, welche Persönlichkeit eine Führungskraft haben müsste, sondern was wirksame Führung ist, um dabei Humor integrieren zu können.

Die Führungskraft sollte Humor reflektiert einsetzen

Die von Malik aufgestellten drei Grundanforderungen an Führungskräfte lassen sich auch auf einen anspruchsvollen Humor in der täglichen Führungsarbeit anwenden. Malik nennt

- die Notwendigkeit der Führungskraft zu reflektiertem Denken und Handeln, das heißt, notwendige innere Distanz sowohl zu sich selbst als auch, wenn notwendig, zu den Mitarbeitern,
- die Fähigkeit, die Folgen des eigenen Handelns vorauszusehen und auch das mögliche Scheitern einzukalkulieren und sich damit auseinanderzusetzen und
- das Bewusstsein über die eigene Vorbildfunktion.

Klare Handlungsanweisungen bei einer gleichzeitig menschlich-persönlichen Komponente

Der Humor in der Führung kann in diesem Sinne eine sehr wichtige Funktion erfüllen: Er ermöglicht das Mitteilen und Vermitteln von klaren Handlungsanweisungen und Orientierungen bei einer gleichzeitig menschlich-persönlichen Komponente.

Gemeint ist damit aber nicht der gepflegte Herrenwitz bei einem Kaminabend im Rahmen einer Klausurtagung, sondern Humor als Lebenseinstellung. Wie bei allen Verhaltensweisen ist auch hier Authentizität gefragt.

Wenn Sie als Führungskraft auf das Pferd Humor setzen, werden Themen wie Mitarbeitergespräche, Mitarbeiterbindung, Produktvermittlung und Stellenempfehlung interessant. Inwiefern können Sie Arbeitsabläufe in Ihrem Unternehmen mit Humor optimieren?

Was Humor konkret unterstützen kann

- Verkürzung der Ärgerzeiten, mehr Zeit für Produktivität und Kreativität
- Höheres Engagement der Mitarbeiter durch Vergnügen am Arbeitsplatz
- Commitment zur Führungsetage und den eigenen Produkten, wenn beides nicht immer überernst genommen wird und darüber gelacht werden darf (sowohl der Chef über sich selbst, als auch über die Wirksamkeit des Produktes)
- Erlaubnis von sinnfreien Humorrunden erhöht die anschließende Arbeitseffektivität der Mitarbeiter
- Je seriöser der Inhalt, umso wichtiger das Instrument Humor als Ventil
- Humor als Verhandlungsbeschleuniger (je höher die Summen, desto entspannender wirkt Humor)
- Humor als Konfliktlöser
- Humor als Mittel, den häufig existierenden Unterschied von Real-Ist zu Ideal-Soll konstruktiv anzugehen

3.3.4.2 Mitarbeitergespräche

Humor ist bei der Einstellung von Mitarbeitern ein wichtiges Kriterium

Eine Studie aus dem Jahre 1980 mit 480 CEOs ergab, dass die Mehrzahl der befragten Unternehmensführer Humor als eine entscheidende Alltagsfähigkeit für ihre Arbeit darstellt. Und schließlich bestätigte die Mehrzahl der Befragten, dass Humor bei der Einstellung von Mitarbeitern ein wichtiges Kriterium ist. Bei gleicher Qualifikation werde der Mitarbeiter mit mehr Humor bevorzugt.

Ein ungewöhnliches Projekt zur Steigerung der Mitarbeiterfreundlichkeit

Die New York Manhattan Bank hatte in ihrem Unternehmen ein Problem mit der Freundlichkeit der Mitarbeiter. Das Betriebsklima wurde zunehmend schlechter und die Kunden begannen sich zu beschweren. Die hier übliche Vorgehensweise wäre eine Teamsitzung mit der Aufforderung zu mehr Engagement und Freundlichkeit gewesen. Was entschied dagegen die Führungsetage der Bank? Sie rief einen Wettbewerb zum „schwierigsten Kunden des Monats“ aus. Einmal im Monat versammelten sich alle Mitarbeiter und präsentierten den schrecklichsten Kunden, den sie erlebt hatten. Das führte innerhalb kürzester Zeit dazu, dass die Mitarbeiter anfingen, sich gegenseitig in ihrer anstrengenden Arbeit zu schätzen und sich darüber bewusst zu werden, dass die Kollegen den gleichen Arbeitsaufwand hatten wie sie selbst. Diese sehr anschaulich vermittelte Einsicht verbesserte das interne Betriebsklima. Außerdem begannen die Mitarbeiter, sich um die schwierigen Kunden zu bemühen. Bestand doch die Aussicht, am Ende des Monats nicht nur Sekt oder Kuchen zu gewinnen, sondern auch, sich und seine Arbeit in den Mittelpunkt eines wohlgesonnenen Publikums zu stellen. Eine paradoxe, also untypische Intervention, die einen schnellen Erfolg mit sich brachte.

Humor als Schmiermittel in Zielvereinbarungs- und Beurteilungsgesprächen

Auch im täglichen Gespräch mit den Mitarbeitern und sogar in turnusmäßig stattfindenden Zielvereinbarungs- oder Beurteilungsgesprächen kann Humor als Schmiermittel für die Kommunikation eingesetzt werden. Gerade formelle Gespräche, zum Beispiel Jahresbeurteilungen, sind oft sehr starr und schematisch. Dies liegt schon daran, dass die Personalabteilung für diese Art Gespräche lange Formblätter entwickelt hat und das Ganze dadurch den Charme eines Kreditantraggesprächs bei der örtlichen Sparkasse hat.

Wenn Sie üblicherweise im Arbeitsalltag einen sehr engen und kollegialen Umgang mit Ihren Mitarbeitern pflegen, können solche Gesprächsformalien sogar eine ungewollte Distanz herstellen, die dem eigentlichen Ziel des Gesprächs absolut entgegensteht. Hier ist Humor gefragt, um durch eine entsprechende Anspielung auf die ungewollt skurrile Gesprächsatmosphäre die Stimmung aufzulockern.

Auch hier ist Humor ein Instrument zur Entspannung, quasi ein kostenloser Tranquilizer, der alle etwas gelassener macht. Dies können Sie gerade in schwierigen Situationen bewusst einsetzen.

Alle kennen das aus eigener Erfahrung: Bei einem formellen Gespräch, wie etwa im Falle einer Bewerbung, sind alle sehr angespannt und versuchen sich richtig und korrekt zu verhalten. Dadurch verläuft das Gespräch sehr formell, oft stockend und auch nicht wirklich authentisch. Diese Gesprächsatmosphäre verändert sich ganz rasant, wenn etwa einer der Beteiligten versehentlich seine Kaffeetasse umstößt. Jetzt fallen alle buchstäblich aus ihren Rollen und machen das, was jetzt wirklich ansteht. Sie kramen nach Tempotaschentüchern und versuchen die Folgen der Koffeinüberflutung zu beheben. Oftmals ist nach einem solchen Vorfall die Gesprächsatmosphäre völlig anders, weniger formell und wesentlich authentischer.

Stoßen Sie eine Kaffeetasse um!

Man könnte das Umstoßen von Kaffeetassen in Bewerbungsgesprächen fast als nützliche Technik zur Herstellung einer authentischen Gesprächsatmosphäre etablieren. Es gibt jedoch nur wenige, die sich trauen, diese Technik bewusst einzusetzen. Natürlich gibt es durchaus auch einige Argumente, die dagegen sprechen, etwa die hohen Kosten für die Reinigung Ihrer Anzüge. Humor, der beispielsweise die angespannte Situation bewusst karikiert, kann die gleiche Funktion erfüllen wie die umgekippte Kaffeetasse.

Um die Humorfähigkeit Ihrer Ansprechpartner zu testen, nehmen Sie zunächst sich selbst aufs Korn

Wenn Sie noch nicht wissen, wie Ihre Gesprächspartner auf Humor reagieren, ist es zunächst am sichersten, Humor auf eigene Kosten zu machen. Sie können beispielsweise Ihre eigene Ungeschicklichkeit aufs Korn nehmen und ein Gespräch eröffnen, indem Sie sagen: *„Üblicherweise kippe ich immer als Erster eine Tasse Kaffee um, deshalb trinke ich heute nur noch Wasser aus Plastikflaschen.“*

Gut machen sich auch Witze auf Kosten der eigenen Funktion oder auf Kosten der eigenen Ausbildung. Wenn Sie beispielsweise Personalchef sind und Psychologie studiert haben, könnten Sie in einem Bewerbungsgespräch sagen: *„Achtung, Sie müssen jetzt aufpassen, ich habe Psychologie studiert und werde daher jede Ihrer Äußerungen sofort mit Ihrer schweren Kindheit in Zusammenhang bringen.“* Sie erfüllen somit ein Klischee, das automatisch mit Ihrem Beruf in Verbindung gebracht wird – und zeigen damit Souveränität. Das macht sympathisch und erlaubt den anderen, die Vorurteile, die sie ohnehin in Bezug auf Ihre Funktion und Ihre Ausbildung haben, möglicherweise offen zu zeigen.

Praxis Albrecht Kresse

Ähnlich verfahre ich in meinen Trainings mit dem Thema Psychologie und Kommunikation. Ich bezeichne all das, was damit zusammenhängt, immer gerne als „Psycho-Kacke“.

In einem meiner ersten Seminare als junger Trainer hatte ich eine Teilnehmerin, von der ich wusste, dass sie eine Vollpsychologin war. Es ging um das Thema Kommunikation und wir hatten ein Rollenspiel durchgeführt, in dem eine Meetingsituation simuliert wurde. Beim Videofeedback, in dem die relativ ernste und mir damals sehr humorlos erscheinende Psychologin durch eher destruktive Beiträge und vor allen Dingen extrem ablehnende Körpersprache auffiel, stand diese irgendwann auf, schrie laut, „Das ist doch alles Psycho-Kacke", und verließ mit krachender Tür den Raum. Dieses Erlebnis war für meinen weiteren beruflichen Weg prägend.

So könnte man bereits in der Einführung eines Kommunikationstrainings den Begriff „Psycho-Kacke" verwenden und ganz bewusst alle Vorurteile karikieren, die Teilnehmer bei der Beschäftigung mit dem Thema Kommunikation und Psychologie haben können. Warum entspannt dies die Situation?

Ein ironisierender Umgang mit Ihrer Thematik zeugt von Souveränität

Ängste und Vorurteile der Teilnehmer werden benannt, ohne dass sie selbst dies öffentlich benennen müssten. Sie können sich sogar ohne Gefahr davon distanzieren. Gleichzeitig demonstriert der Trainer damit, dass er souverän genug ist, um mit Vorurteilen und Klischees in Bezug auf seine eigenen Inhalte und seine Methodik gelassen umzugehen. Dies wiederum weckt sogar bei Skeptikern die Hoffnung, dass es womöglich nicht ganz so schlimm werden wird, wie befürchtet. Genau diese Technik könnten Sie auch in schwierigen Gesprächssituationen mit Mitarbeitern einsetzen.

Beispiel: Sie führen ein Gespräch mit einem Mitarbeiter, der zum wiederholten Male durch Unpünktlichkeit und Minderleistung aufgefallen ist und wahrscheinlich schon befürchtet, von Ihnen eine Abmahnung oder Ähnliches zu erhalten. Dieser unangenehm angespannten Gesprächsatmosphäre können Sie schon zu Beginn des Gesprächs Einhalt gebieten, indem Sie den unerfreulichen Gesprächsanlass karikieren: *„Hallo, Herr Müller, ich bin jetzt hier der Oberpünktlichkeitsfanatiker, der um jede Minute mit Ihnen streiten wird, die Sie im letzten Jahr zu spät gekommen sind."* Egal, was genau Sie sagen, um das Gespräch zu eröffnen, entscheidend ist, dass Sie Ihre eigene Rolle aufs Korn nehmen und die Gesprächsatmosphäre selbst zum Thema machen. Letztendlich betreiben Sie auf dieser Art und Weise Metakommunikation mit Humor.

Durch Humor wird Metakommunikation erleichtert

Die paradoxe Intervention im Mitarbeitergespräch:
Die Paradoxie als Mittel des Humors wurde bereits in Kapitel 2.5 näher beschrieben. Sie können diese Technik auch in einem Mitarbeitergespräch einsetzen.

- Statt im Gespräch zu der Reklamation eines wichtigen Kunden den verantwortlichen Mitarbeiter zusammenzufalten, können Sie als Gesprächsziel formulieren, dass es Ihnen darum gehe, gemeinsam zu überlegen, wie Sie den Kunden ganz gezielt noch unzufriedener machen können. Mit schlechter Erreichbarkeit und zu späten Lieferungen seien Sie da ja schon ein gutes Stück vorangekommen.

  Achten Sie unbedingt auf Ihre körpersprachlich wohlwollende Haltung

  Wichtig ist dabei, unbedingt auf Ihre körpersprachlich wohlwollende Haltung zu achten, sonst geht der Schuss nach hinten los. Sie wollen konstruktive Verhaltenskritik, keine destruktive Charakterkritik anbringen. Mit paradoxer Intervention sollte man karikieren und nicht verletzen. Dann klappt's auch mit dem Mitarbeiter.

- Ein bekannter Witz zur Servicequalität in Hotels lautet ungefähr wie folgt: *Ein Hotelgast morgens zum Kellner: „Ich hätte gerne zwei steinhart gekochte Eier, eiskalten Speck, verkohlten Toast, tief gefrorene Butter und lauwarmen Kaffee." Darauf der Kellner: „Das dürfte etwas schwierig sein." Der Gast: „Warum? Gestern ging es doch auch."*

  Stellen Sie sicher, dass Ihr Gegenüber für Ihren Humor empfänglich ist

  Als eine Äußerung durch die Blume kann man das wohl kaum noch verstehen. Problematisch ist es dann, wenn Sie Ihr Gegenüber mit dieser Art von Humor überfordern, was durchaus der Fall sein kann. Manche Menschen sind für Ironie nicht wirklich empfänglich. Wie wir dank der modernen Gehirnforschung wissen, handelt es sich dabei um einen kleinen Defekt im Gehirn. Achtung! Das heißt nicht, dass jeder Mensch, der Ihre Witze nicht mag, einen Defekt hat.

- Ein weiteres Beispiel (von Humorkollege John Morreall): Während der Fußball-WM gab es in vielen Firmen regelmäßig das Problem, dass Mitarbeiter unter vorgeschobenen Gründen fehlten, um die Spiele verfolgen zu können und sich wegen Krankheit oder Beerdigungen etc. entschuldigten. Das sorgte für wenig Transparenz und Unmut unter den nicht fehlenden Kollegen.

  Ein Automobilhersteller hängte in dieser Situation ein Schild mit folgender Aufschrift in seine Produktionshalle: *„Jeder Mitarbeiter, der krank sein wird oder zu einer Beerdigung muss, meldet sich bitte bei der Sekretärin bis 10 Uhr am Tag vor dem Fußballspiel."*

Das Problem wurde auf diese Weise humorvoll kommuniziert, was zu mehr Transparenz im Unternehmen führte.

- Ein Mitarbeiter, nennen wir ihn Thomas, kam morgens immer ohne Grund zu spät. Das begann natürlich die Kollegen zu ärgern, die alle pünktlich im Unternehmen erschienen. Nach zwei Wochen hatte Thomas ein erstes Gespräch mit seinem Vorgesetzten. Doch das brachte keine Besserung. Eines Morgens eröffnete der Abteilungsleiter einen Wettbewerb unter den Mitarbeitern: Er bot demjenigen 20 Euro, der die exakte Zeit des Erscheinens von Thomas voraussagen könnte. Auf einem Flipchart wurden alle Zeiten notiert. Die Mitarbeiter hatten viel Spaß bei dem Wettbewerb. Als der Kollege Thomas dann eine Stunde später ins Büro kam gab es ein großes Hallo für den Gewinner des Wettbewerbes. Thomas kam nie wieder zu spät.

- 1980 beschäftigte sich die Chase Manhattan Bank mit oft wiederholten Fehlern von Kassierern im Bankalltag. Es erfolgten typische Maßnahmen, die Ihnen sicher aus anderen Änderungsprozessen durchaus bekannt vorkommen: ein Gespräch mit dem Chef, ein Erinnerungsmemo. Die Mitarbeiter fühlen sich unwohl, die Änderung fällt schwer und ist emotional negativ besetzt.

  Da begann man Graphikzeichner zu beauftragen, lustige Poster über die Fehler der Kassierer zu zeichnen. Diese wurden in der Bank im Aufenthaltsraum aufgehängt. Die Folge war, dass die Kassierer über die Comics lachen mussten, sich dabei nicht bedroht und unwohl fühlten und sich trotzdem mit den Fehlern beschäftigten. Ergebnis? In 95 Prozent der Fälle konnten die Fehler zukünftig vermieden werden!

3.4 Lernen und Trainieren mit Humor

Haben Sie auch schon einmal in einem Seminar oder einer Präsentation gesessen – und sich entsetzlich gelangweilt? Immer noch werden jeden Tag an unzähligen Orten in Deutschland Menschen mit wenig inspirierten Seminarmonologen malträtiert. Folienschlachten und langatmige Vorträge in grässlichen Räumen mit funktionaler Ausstattung und in unpersönlicher Konferenzatmosphäre.

Lernen und Spaß zu haben scheinen sich vielfach geradezu gegenseitig auszuschließen

Die meisten Mitarbeiter großer Unternehmen kennen diese Art von Veranstaltungen. Sie erinnert an Schul- und Studienzeit und wirkt auf viele deshalb durchaus angemessen. Wo richtig gelernt wird, soll es auch nach Lernen aussehen. Die Schule hat ja schließlich auch nicht wirklich Spaß gemacht. Zumindest nicht der Unterricht. Dort, wo in der Erwachsenenbildung das Credo des lebendigen Lernens strapaziert wird, muten die Versuche der Umsetzung nicht selten ähnlich bemüht an, wie bei gleichartigen Projekten in der Schule. Musik und Spiele stehen dann genauso unvermittelt neben der eigentlichen Seminararbeit wie die Projektwochen und die merkwürdigen Vorlesestunden vor den Ferien in der Schule. Sie liefern Abwechslung und hoffentlich auch Spaß, aber einen wirklichen Bezug zum angestrebten Lernziel haben sie oft nicht.

Das liegt neben den Methoden des sonstigen Lernens nicht selten an den Trainern oder Dozenten selbst. Manch einer dieser Lehr- und Lernspezialisten des beginnenden Jahrtausends führt zwar die neuesten Trends der Gehirnforschung im Munde, ist selbst jedoch noch ein Opfer der kognitiven Wissensvermittlung. Er weiß eine Menge, aber kann er es auch anwenden? Und wenn er es anwendet, kann er es auch vermitteln?

Erwerb von Kreativitätstechniken über einen Einzelvortrag?

Ungewollt komisch wirken solche blinden Flecken der Trainerpersönlichkeiten dann in Seminaren, in denen Konzepte zur Kreativitätsförderung in langatmigen Monologen erklärt werden. Wenn es sich bei dem Vortragenden dann noch um einen anerkannten Spezialisten handelt, womöglich mit akademischen Weihen höherer Art ausgestattet, traut sich niemand mehr zu widersprechen.

Wir erinnern uns in diesem Zusammenhang mit Grausen (und wohliger Schadenfreude, wir gestehen es!) an ein gemeinsames Training mit einem Professor der Betriebswirtschaftslehre und Organisationspsychologie. Der Mann war eigens auf Wunsch des Vorstands für die Erhellung des Führungsnachwuchses engagiert worden. Nach einem intensiven Seminartag griff der Mann gegen 17:00 Uhr in seine Aktentasche, beförderte ein mehrseitiges, schon sichtlich vergilbtes Manuskript zutage und begann eine von ihm entwickelte Persönlichkeitstypologie zu verlesen. Mehrere Teilnehmer schliefen ein, was unser Herr Professor jedoch gar nicht merkte, da er auch beim Vorlesen erfolgreich jeden Blickkontakt mit seinen Teilnehmern vermied. Ein Schelm, der dabei an Tucholskys Ratschläge für schlechte Redner denkt.

Ein Einzelfall? Mitnichten. Gerade unter den Experten und Spezialisten finden sich viele angebliche Profis, die in punkto Wissensvermittlung leider zu den Amateuren zu zählen sind. Erst kürzlich trat ein Münchner HR-Berater mit Dackelblick bei einem Unternehmerfrühstück auf. Sein Plädoyer für Eigenverantwortung und Selbstmotivation geriet zur unfreiwilligen Grabrede und machte wenig Appetit. Weder auf Brötchen, noch auf Seminare oder Berater dieses Kalibers. Mit solchen Präsentationen können Sie Ihre Kollegen, Kunden und Vorgesetzten kaum begeistern und Veränderungen anstoßen.

EDUTRAINMENT: *Einheit von Ausbildung (education), Training und Entertainment*

Gefragt ist vielmehr eine erlebnisorientierte und den neuesten Erkenntnissen der Lernforschung folgende Vermittlung von Inhalten. Wir nennen dies EDUTRAINMENT. Die Einheit – nicht Mischung – von Ausbildung (education), Training und Entertainment.

Ein Seminar sollte so sein wie eine gute Party oder ein schöner Urlaub. Je intensiver und angenehmer das Erlebnis, umso tiefer die Erinnerung, umso größer die Freude an der weiteren Beschäftigung mit den Inhalten und deren Umsetzung und so wahrscheinlicher die freiwillige Wiederholung. Das ist gar nicht so neu, sondern war schon eine Forderung von Pestalozzi, der im 19. Jahrhundert den schönen Slogan vom Lernen mit Kopf, Herz und Hand erfand. Nur hat uns die Gehirnforschung in den letzten 20 Jahren ein paar nützliche Erkenntnisse über die Bedeutung von Herz und Hand beim Lernen beschert, die herkömmliche Formen des Lernens recht veraltet erscheinen lässt.

Was allerdings in deutschen Schulklassen und Universitäten an der Tagesordnung ist, erscheint wie die lerntheoretische Umsetzung des Selbstversuches, den eine in Deutschland lebende Familie vor wenigen Jahren für das Privatfernsehen durchführte. Eine fünfköpfige Familie ließ sich drei Monate aus einer Großstadt auf eine Hochalm nach Tirol verfrachten, um das karge Bauernleben des neunzehnten Jahrhunderts nachzuleben. Die Familie war nicht nur wegen der Belohnung von 100.000 Euro froh, als der bizarre Selbstversuch im historischen Almhüttencontainer nach drei Monaten vorbei war. Unsere Studenten sitzen dagegen immer noch im Selbstversuch *Historisches Lernen* und niemand sagt ihnen, dass sie *keine* Belohnung zu erwarten haben. Neues Lernen und Lehren ist keineswegs nur eine Frage für die betriebliche Weiterbildung, sondern für alle, die in Vorträgen und Präsentationen ihre Ideen und Konzepte an andere weitergeben wollen. Für Sie als Führungskraft gehört diese Qualifikation zu den Schlüsselqualifikationen, die über Ihren und damit den Erfolg Ihres Unternehmens entscheiden.

Der renommierte Kommunikationstrainer Alexander Christiani spricht in seinen Seminaren gerne von der neuen Lernformel und benutzt das Beispiel des Eingeschlossenseins im Fahrstuhl eines brennenden Hochhauses. Die alte Lernformel lautet, *„Dauer x Wiederholung"*, bei der neuen kommt die Emotionalität als Lernturbo hinzu.

Wer einmal in einem Fahrstuhl eingeschlossen war und das Inferno eines brennenden Hochhauses überlebt hat, kann seine Einstellung gegenüber Fahrstühlen in kurzer Zeit dauerhaft verändern. Ganz ohne Training und Coaching. Negative Erlebnisse prägen sich ein, blockieren wirkliches Lernen aber eher als es zu fördern.

Und deshalb lautet die Aufforderung an Sie:

> *JE MEHR POSITIVE EMOTIONEN SIE IN IHREN PRÄSENTATIONEN UND TRAININGS HERVORRUFEN, UMSO GRÖSSER DER EFFEKT IM SINNE IHRER ZIELE. GENAU DAS IST EDUTRAINMENT. UND GENAU DAS ERREICHEN SIE DURCH DEN EINSATZ VON HUMOR!*

Praxis Albrecht Kresse

Für ein Pharmaunternehmen entwickelten wir ein internationales Fachtraining für Ärzte. Bisher war es üblich, die Veranstaltungen im Stile von wissenschaftlichen Kongressen durchzuführen. Nüchtern, seriös und eher trocken. Wir brachten ganz bewusst Humor in die Fachtrainings. Unter anderem durch die Einspielungen eines Videos mit einem fiktiven Arzt, der von unserem Kollegen John Paul Atkinson verkörpert wurde. Die Trainings wurden ein voller Erfolg, erfreuen sich steigender Beliebtheit bei den Ärzten und die Sketche mit Dr. Atkinson, in denen er vorführt, was man alles falsch machen kann, sind beinahe Kult. Zu den alten Trainingsformaten möchte niemand zurück.

Oder ein Beispiel von Servicetrainings für Hotelangestellte: Für den Hotelkonzern Accor bzw. die Accor Academy führt meine Firma, die edutrainment company, unter anderem die Trainings zum Thema Gastfreundschaft durch. In früheren Zeiten war es für die Mitarbeiter oft ein Hinweis auf ihre mangelnde Leistung, wenn sie zu diesem Training „geschickt" wurden.

Gemeinsam mit dem Auftraggeber entwickelten wir ein vollkommen neues Trainingsformat auf Basis einer fiktiven TV-Sendung zum Thema Gastfreundschaft. Spaß und Humor unterstützen die Teilnehmer beim Erarbeiten der Inhalte, die sie später in der Fernsehsendung präsentieren. Das Programm gewann den Deutschen internationalen Trainingspreis in Silber 2008.

Wir interviewten Gerrit Mauch, Manager Training Académie Accor, Accor Hotellerie Deutschland:

Interview mit Gerrit Mauch, Manager Training Académie Accor, Accor Hotellerie Deutschland

Kresse: *Welche Rolle spielt Humor bei der Entwicklung und Durchführung von Konzepten in der Personalentwicklung bei Accor?*

Mauch: *Bei der Personalentwicklung von Accor ist es wichtig, mit dem Trainingsprogramm einen Sog für die Mitarbeiter entstehen zu lassen. Das bedeutet, dass sie daran interessiert sind, zu lernen. Das heißt nicht, dass die Inhalte keine Tragfähigkeit haben, aber sie dürfen sehr wohl Spaß machen. Spaß und Einfachheit, das steckt für mich hinter Humor, sind sehr wohl zwei Faktoren, die einfach dazugehören.*

Kresse: *Wie reagieren die Mitarbeiter auf das Thema Humor, wenn es gezielt eingesetzt wird?*

Mauch: *Mit Trainings verbindet man immer Lernen. Lernen hat den Status der Ernsthaftigkeit und nicht des Humors. Das führt zu Verunsicherungen. Manche Reaktionen sind dann: „Kindergarten!" oder „Aus dem Alter sind wir heraus" und „Nur ein Training ist ein gutes Training, wenn es möglichst streng zugeht und auch der Trainer möglichst streng ist." Es wird also immer Autorität mit Strenge gleichgesetzt. Es ist interessant, wie Mitarbeiter ausschließen, dass autoritäre Menschen Humor haben können.*

Kresse: *Was tun Sie, um diesen Einwänden zu begegnen?*

Mauch: *Einfach das Training erleben lassen. Ich denke mir, jeder Mitarbeiter wird am Ende des Trainings, wenn er skeptisch beginnt, begeistert sein, dass man auch Lerninhalte mit Humor weiterentwickeln kann, mit Humor erleben kann und dass das einfach ein tragendes Element sein kann über den gesamten Trainings- oder Seminartag hinweg.*

Kresse: *Sie ermitteln ja wahrscheinlich auch die Zufriedenheit. Wie zufrieden sind die Mitarbeiter letztendlich mit solchen Angeboten?*

Mauch: *Natürlich versuchen auch wir, herauszufinden, wie zufrieden unsere Teilnehmer mit den Trainings sind. Gerade die edutrainment company GmbH kommt auf über 93 Prozent Zustimmung …*

Kresse: *(lacht)*

Mauch: *… was natürlich bei einer Anzahl von, ich denke mir, mindestens 400 bis 500 Teilnehmern, die die edutrainment company GmbH letztes Jahr für uns trainiert hat, doch dafür spricht, dass mit Humor einiges gut oder besser funktioniert.*

Kresse: *Wie reagiert denn der Hotelgast auf Humor? In vielen Hotels hat man ja oft das Gefühl, dass gerade professionelles Servicepersonal sich doch durch ziemliche Humorfreiheit auszeichnet.*

Mauch: *Gut, das eine ist Humor, das andere ist Freundlichkeit. Ich wäre schon zufrieden, wenn wir erst mal Freundlichkeit erreichen, und zwar so weit, dass sie flächendeckend ist. Aber Freundlichkeit ist etwas, was natürlich nicht anzutrainieren ist, und das möchten wir auch gar nicht antrainieren. Wir möchten einfach, dass jemand Spaß an der Arbeit und an dem, was er täglich tut, entwickelt. Dazu gehört auch ganz bestimmt ein bisschen Humor im Gespräch mit dem Gast. Und wenn man selbst mit Humor an schwierige Situationen rangeht und nicht verbittert gleich den Widerpart sucht, lösen sich viele Dinge auch viel, viel leichter.*

Kresse: *Also ist Humor auch „am Gast" erlaubt?*

Mauch: *Natürlich, selbstverständlich.*

Kresse: *Danke schön!*

Ziel von Trainern, Pädagogen und Personalern kann also heute sein, so zu arbeiten, dass man Teilnehmer in den Seminaren derart inspiriert und begeistert und ein so dichtes emotionales Lernerlebnis schafft, dass sie völlig begeistert zurückkommen, allen davon erzählen und selber anfangen, sich weiter mit den Themen, um die es geht, zu beschäftigen, um die definierten Lernziele zu erreichen.

Das geht nur über positive Emotionen. Wirklich erfolgreich ist man dann, wenn Schüler anfangen, freiwillig und mit Begeisterung an Hausaufgaben zu gehen, weil sie sich nichts Spannenderes vorstellen können. Das wäre doch mal eine Zukunftsvision für Schule.

Praxis Albrecht Kresse

Ebenfalls mit der Académie Accor entwickelten wir die Kaffeehauskette Moonpenny. Dabei haben wir für den Hotel-Konzern Accor eine fiktive Kaffeehauskette gegründet, an der das Thema Reklamationsbearbeitung und Umgang mit Reklamationen dargestellt wird. Wir haben Filme gedreht und es gibt Charaktere, die im Seminar auftreten.

Im Mittelpunkt steht ein Herr Schäumig, ein sehr schwieriger, griesgrämiger Mitarbeiter. In den Trainings werden die Teilnehmer zu Mitarbeitern von Moonpenny und müssen einen Ablauf und Prozesse zum Thema Beschwerdemanagement erarbeiten. Es gibt Cartoons und eine Moonpenny-Filiale, die gerade in Second Life einzurichten ist usw.

Ziel dabei ist immer, die Teilnehmer auch außerhalb des Seminars mit Moonpenny zu beschäftigen. Die Teilnehmer können irgendwann auch Franchise-Partner werden und eine eigene Moonpenny-Filiale eröffnen. Das Spiel an sich ist dann so attraktiv, dass es dazu führt, dass sich Teilnehmer auch weiterhin mit dem Thema Reklamationsverhalten und kommunikative Techniken beschäftigen. Die Teilnehmer werden auch aufgefordert, Reklamationen selbst zu erfinden.

Man könnte dieses Vorgehen auch „Guerilla-Didaktik" nennen: Wenn wir es schaffen, dass Teilnehmer sich freiwillig in ihrer Freizeit auf eine Website begeben, sich mit Kollegen austauschen und Beschwerden selbst verfassen, haben wir es geschafft: Wir haben sie von Second Life oder World of Warcraft in unsere Lernwelten herübergeholt. Das ist eine Lernlösung, die Zukunft hat.

3.5 Exkurs: Lernen im Alter

(mit Christina Maier; Universitätsklinik Ulm, Psychiatrie)

Die Erfahrungen älterer Mitarbeiter nutzen

Das Alter ist eine Herausforderung unserer modernen Gesellschaft. Die Konsequenzen des demografischen Wandels sind heute noch nicht absehbar. *„Überalterung der Bevölkerung"* und *„Rente mit 67"* sind jedoch aktuelle Schlagworte, die ältere Arbeitnehmer in den Vordergrund rücken. Unternehmen sollten in naher Zukunft ältere Beschäftigte nicht als Problem, sondern als Gewinn wahrnehmen.

Lebenslang arbeiten und lernen klingt jedoch nicht nach Spaß, sondern eher nach „lebenslänglich". Das Potenzial der Mitarbeitergruppe 50 plus in Form von Erfahrungswissen ist für Unternehmen von unschätzbarem Wert. Durch die Entlassung dieser Personengruppe in den Vorruhestand bzw. in die Arbeitslosigkeit verschenkt man deren Kompetenz.

Besser stünde eine Personalpolitik im Vordergrund, die auch ältere Arbeitnehmer im Fokus behält und deren Ressourcen nutzt. Dies erfordert allerdings auch kontinuierliche Maßnahmen und einen neuen Blickwinkel zur Qualifizierung. Insbesondere in der Personalentwicklung ist „lebenslanges Lernen" ein Thema und ältere Beschäftigte können durch Weiterbildungsmaßnahmen weiterhin für ihre Arbeit qualifiziert werden, um ihre Beschäftigungsfähigkeit zu erhalten. Dafür muss man die Lernstrukturen älterer Menschen betrachten und zielgruppengerecht neueste Erkenntnisse der Gehirnforschung mit lebendigen Trainingsmethoden verbinden.

Weiterbildungsmaßnahmen müssen immer an die Anforderungen der Zielgruppe angepasst werden. Um Trainings für ältere Menschen zu gestalten und einen optimalen Lernerfolg zu erreichen, müssen insbesondere zwei Fragestellungen beantwortet werden:

- Wie lernt der ältere Mensch?
- Wie sehen nachhaltig wirksame Weiterbildungsmaßnahmen für ältere Arbeitnehmer aus? Welche Anforderungen an Weiterbildungskonzepte lassen sich aus den Forschungsergebnissen ableiten?

Hippocampus und Co.

Aus der kognitiven Altersforschung ist deutlich geworden, dass die geistige Leistungsfähigkeit und insbesondere die Fähigkeit, Neues zu lernen, mit zunehmendem Alter von Person zu Person stark variieren.

Seit langem ist bekannt, dass das Gehirn im Alter einem natürlichen Abbauprozess unterliegt. Nervenzellen gehen zugrunde, auch in den für das Gedächtnis wichtigen Gehirnstrukturen. Für das Lernen neuer Informationen ist insbesondere eine Gehirnstruktur zuständig: der Hippocampus.

Je mehr Gehirnareale genutzt werden, umso mehr wird das Nachlassen der Lernfähigkeit kompensiert

Die neurowissenschaftliche Forschung hat nun eine interessante Entdeckung gemacht: Im Alter ist „lernendes Gehirn" nicht gleich „lernendes Gehirn". Einigen älteren Menschen gelingt es nämlich, dem Abbauprozess ein Schnippchen zu schlagen. Sie nutzen beim Lernen neben dem Hippocampus auch weitere Gehirnareale und fangen somit die mit dem Abbauprozess verbundene Gefahr der verminderten Lernfähigkeit auf. Jedoch nicht alle älteren Personen können diesen Mechanismus immer effizient in Gang setzen. Die Schlussfolgerung: Sie benötigen daher mehr Zeit, um die gleiche Lernleistung zu erbringen.

Aus dieser Erkenntnis kann man ableiten, dass Weiterbildung von Älteren einen sensiblen Umgang mit der vorhandenen Heterogenität in der Kompensationsfähigkeit erfordert und eine Abstimmung der Lernsituation mit den individuellen Bedürfnissen sinnvoll ist.

Stress und Cortisol

Ältere Menschen reagieren empfindlicher auf Stress

Cortisol, gemeinhin als Stresshormon bekannt, beeinflusst das Gehirn eines älteren Menschen ungleich stärker als das eines jüngeren. Denn nicht nur natürliche Abbauprozesse, sondern auch die Höhe des Cortisolspiegels im Blut wirkt in bedeutsamem Maße auf die Fähigkeit ein, den Hippocampus beim Lernen intensiv zu nutzen. Schießt demnach der Cortisolspiegel in die Höhe, beispielsweise weil sich der Lernende in der Lernsituation einem erhöhten Druck ausgesetzt fühlt, kann er nicht mehr mithalten. Dies gilt besonders für Lernsituationen, in denen große Informationsmengen vermittelt werden. Die Schlussfolgerung: Um den subjektiv erlebten Stress innerhalb einer Lernsituation zu vermindern, erscheint auch hier eine Abstimmung auf die individuellen Bedürfnisse sinnvoll. Man sollte also in keinem Fall Druck als Lernbeschleuniger einsetzen, sondern könnte ganz konkret Humor zur Beseitigung von Stress nutzen.

Mit Humor lässt sich Lernstress gezielt vorbeugen

Bereits zur Vertrauensbildung zu Beginn eines Trainings ist Humor eine große Hilfe. Sobald Menschen gemeinsam lachen entsteht Vertrauen. Aber auch zur Vermittlung bzw. Erzeugung von Wohlbefinden beim Anleiten der Übungen kann Humor gezielt eingesetzt werden. Entweder durch Karikieren der Ängste, Abbau von Spannungen, bei Wiederholungen von Anleitungen, zur Entspannung bei Fehlern etc. Ziel des Trainings ist es auch hier, optimale Lernergebnisse zu gewinnen.

Sehr stark richtet sich der Trainingsfokus bei älteren Teilnehmern auf Ressourcennutzung, humorvolle Vermittlung von Lerninhalten und eine noch stärkere Möglichkeit für Teilnehmer, das Gelernte spielerisch und mit hoher Fehlertoleranz auszuprobieren. Dabei muss man mit unterschiedlicherer Lernzeit als bei jüngeren Gruppen rechnen, die ein homogeneres Lernverhalten mitbringen.

Sensibler Umgang mit den Lernvoraussetzungen des Einzelnen und dessen Bedürfnissen in der Lernsituation

Vor diesem Hintergrund erscheint ein sensibler Umgang mit den Lernvoraussetzungen des Einzelnen und den individuellen Bedürfnissen in der Lernsituation sinnvoll. Dies löst zwei Probleme auf einmal. Zum einen eine Anpassung an die im Alter zunehmend unterschiedliche Kompensationsfähigkeit des Gehirns und zum anderen eine Verminderung des subjektiv erlebten Stresses im Rahmen der Lernsituation. Beide Faktoren hängen zusammen und bedingen den Erfolg von Weiterbildungsmaßnahmen bei der beruflichen Förderung älterer Arbeitnehmer.

Das bedeutet für die Trainingskonzeption individuelle Zeiteinteilung der Teilnehmer, schnelle Erfassung der heterogenen Lernfähigkeiten und Abstimmung unterschiedlicher Inhalte. Exakte Beobachtungen, wann was gelernt wird und wie viel pro Zeiteinheit gelernt wird, werden in den Trainingsablauf integriert. Wissen wird in kleineren Häppchen, zwischen praktischen Übungen, integriert. Auf unterschiedlichem Niveau werden Teilnehmer in die Übungen und Wissensvermittlung eingebunden.

Ein besonderer Schwerpunkt der Trainingskonzeption liegt auf der gut ausgefeilten Kombination von humorvoller Vermittlung, Training und Spaß, den die Teilnehmer beim Ausprobieren haben sollen. Als Trainer ist man einerseits Vermittler von Inhalten, andererseits aber auch Entertainer, der den Teilnehmern eine freudige und humorvolle Grundhaltung ermöglicht und aus ihrer Erfahrung lernt bzw. diese mit einbezieht.

Erfahrungen und Sozialkompetenz älterer Arbeitnehmer stellen für Unternehmen eine nicht zu unterschätzende Ressource dar und Humor ist ein probates Mittel, diese Ressource zu erschließen.

3.6 Humor in Konflikten und Grenzsituationen

Einige Experten und Ratgeber scheinen den Eindruck zu vermitteln, dass es sich beim Einsatz von Humor in Konfliktfällen um eine völlig neue Idee handelt. Tatsächlich ist jedoch Lachen schon immer ein Weg gewesen, Konflikte zu entspannen. Mehr noch: Konflikte sind gewissermaßen der biologische Entstehungsgrund für Humor und Lachen.

Lachen als Deeskalationsstrategie

Gemäß dieser Erklärung stammt Lachen als Deeskalationsstrategie aus der Zeit, als unsere Spezies noch nicht in der Lage war, verbal zu kommunizieren. Bekanntermaßen ist Lachen ansteckend, und wem es im Falle physischer Gewalt gelang, den Gegner durch Lachen auf seine Seite zu ziehen, konnte für sich und andere Schlimmeres vermeiden.

Heute haben wir es zwar in der Regel nicht mehr mit unmittelbarer physischer Gewalt zu tun, nichtsdestotrotz sind Konflikte und grenzwertige Situationen zu bewältigen. Nichts ist dabei motivationshemmender für die Beteiligten, als die Einhaltung von Grenzen und Regeln mit dem moralisch erhobenen Zeigefinger einzufordern. Oft sehen Unternehmen jedoch keine andere Möglichkeit und das hat immer einen faden Beigeschmack.

Beispiele für Humor in Konflikten

Es gibt einige interessante Beispiele von Konflikten und Grenzkommunikationen, die mit Humor bewältigt wurden, die an dieser Stelle erwähnenswert sind.

Louis Armstrong, der berühmte Jazz-Trompeter, hatte in den 1930er-Jahren mit einer Plattenfirma einen Exklusivvertrag abgeschlossen. Dieser erlaubte es ihm nicht, mit anderen Labels Platten zu produzieren. Eines Tages hörte der Geschäftsführer der Plattenfirma Musik eines anderen Labels, die eindeutig Armstrong zuzuordnen war. Er zitierte ihn zu sich und stellte ihn zur Rede. Armstrong antwortete, als ihm das Album vorgespielt wurde: *„Das bin ich nicht“*, und nach einer kurzen Pause fügte er hinzu, *„... und ich werde es auch nie wieder tun“*. Beide mussten sehr lachen und der Konflikt konnte konstruktiv bearbeitet werden.

Der Sonderpädagoge und heutige Humortrainer John Morreall arbeitete in einem Kinderheim, als er gleich zu Beginn seines Arbeitsantritts einen Konflikt mit einem der Jungen bekam. Der sollte sein Zimmer aufräumen, tat aber nicht wie ihm geheißen. Türen wurden zugeschmissen und es kam zu einem lauten Streit. Wenig später hörte Morreall einige Jungen im Zimmer des Betreffenden über das Problem diskutieren. *„Lasst ihn uns mit Draht knebeln"* oder *„Wir stellen ihm morgen eine Falle"*, waren Wortfetzen, die er aufschnappen konnte und die ihm Schauer über den Rücken jagten. Er befürchtete einen Komplott gegen das ganze Betreuungsteam.

Morrealls erste Idee war, konfrontativ ein Hausmeeting einzuberufen und die Sache zu besprechen. Am nächsten Morgen beim Frühstück startete er zwischen den Cornflakes Schüsseln jedoch einen indirekteren Versuch und fragte scheinbar völlig unverfänglich: *„Jungs, ich gehe heute früh zum Baumarkt. Da gibt's ein Sonderangebot für Draht. Soll ich vielleicht jemandem was mitbringen?"* Alle Jungen, die beim Frühstück saßen, erstarrten, sahen ihn entgeistert an und mussten dann laut losprusten. Morreall lachte mit und entwickelte in dieser entspannten Atmosphäre ein Gespräch über die Situation. Dadurch konnten sowohl Bedenken und Bedürfnisse bezüglich eines Neustarts im Haus als auch Ordnungserforderlichkeiten besprochen und Regeln vereinbart werden.

In Toronto, Canada, wurde die Polizistin Adelle Roberts zu einem Familienstreit gerufen. Als sie am Haus ankam, flog gerade der Fernseher durch das Fenster. Die Polizistin klingelte an der Tür. Von drinnen kam aggressiv die Frage, wer denn da sei. *„Der Fernsehmonteur"*, antwortete die Polizistin. Das Paar hörte verdutzt auf zu streiten. Es hatte immer noch ein Problem zu lösen, ließ jedoch die Polizistin ein und war bereit zu diskutieren.

Humor kann durch ungewöhnliche Perspektiven die Fronten aufbrechen

Humor ist nicht der einzige Weg zur Konfliktbewältigung. Oft ist er jedoch eine hocheffektive Methode, um Spannungen oder offensichtliche Konfliktgründe anzusprechen und mit einer unerwarteten Perspektive die Situation aufzulockern. Dies funktioniert schnell und ist oft Ideengeber für Gesprächsstrategien oder Türöffner für Menschen, die durch wütende Emotionen verschlossen sind.

Prinzipiell mögen Menschen keine Regeln und Verbote. Es gibt viele höfliche Formeln, vom fordernden *„Dürfte ich Sie bit-*

ten ...“ bis zum unverbindlichen *„Könnten Sie sich vorstellen...“*. Auch hier ist Humor ein effektiver Weg, eine Regel oder Warnung auszusprechen.

In Dublin wurde schon vor einigen Jahren das Rauchen in Pubs verboten. Eine Kneipe hängte folgendes Schild auf: *„Want to smoke? Meet new friends outside.“*

Auf einer Bundesstraße warnten vor einer Sperrung nicht wie üblich entsprechende Mitarbeiter mit Fahnen, sondern es wurden Gorilla-Roboter mit leuchtenden Westen aufgestellt. Die Autofahrer, die über Baustellen meistens genervt sind, kamen hier sogar zurück und schossen Fotos.

3.7 Humorexhibitionismus und Humor im Internet

Wir leben in einer Zeit des Widerspruchs. Während sich die Datenschützer wortreiche Gefechte liefern, in denen es darum geht, dem als absolutistisch empfundenen Staat den Zugriff auf Telefondaten zu verwehren, reicht eine halbe Stunde im Internet, um sich davon zu überzeugen, dass gleichzeitig ein Großteil der Menschheit offensichtlich ungeheuren Spaß dabei empfindet, die Allgemeinheit selbst an intimsten Details ihres oftmals nicht wirklich spannenden Lebens teilhaben zu lassen.

Alle Welt stellt vermeintlich Komisches ins Netz und schreckt dabei auch vor intimen Details nicht zurück

Internetportale wie StayFriends, MySpace, StudiVZ oder XING leben davon, dass Menschen sich oftmals leider nicht zu schade sind, albernste Details und peinliche Fotos aus ihrem Privatleben mit dem Rest der Menschheit zu teilen. Auch auf YouTube finden sich tausende privater Videos, die allenfalls Auskunft darüber geben, wie erbärmlich es um das Humorniveau ihrer Produzenten bestellt ist. Ähnlich verhält es sich mit Mailings zum Thema Humor. Es ist auch beliebt, irgendwelche Internetwitze an die halbe Menschheit zu verschicken.

Im Internet setzt sich fort, was schon seit vielen Jahren in Fernsehsendungen wie „Pleiten, Pech und Pannen“ gezeigt wird. Offensichtlich empfinden viele Menschen eine große Befriedigung darin, andere an ihren eigenen kleinen Katastrophen teilhaben zu lassen. Zuweilen beschleicht einen das Gefühl, dass etliche Eltern nichts anderes zu tun haben, als mit der Videokamera hinter ihren Kindern herzulaufen, um diese dabei zu filmen, während sie mit dem Bobbycar die Treppe herunterstürzen oder in den Swimmingpool fallen. Wie tröst-

Nutzen Sie das Netz als Ideengeber

lich, dass die lieben Kleinen dann doch noch in letzter Minute gerettet werden. Das Internet ist humoristisch betrachtet ein Medium, bei dem es sehr darauf ankommt, wie man es nutzt und wonach man sucht und fragt. Gleichzeitig neben vielem „Unterirdischen" bieten solche Internetportale aber auch die nützliche Möglichkeit, sich mit den Produktionen professioneller Comedians und Kabarettisten der letzten 30 Jahre zu versorgen und relativ vollständige Seriensammlungen zu erhalten. Von fast allen Kabarettisten und Comedians und auch von musikalisch-humorvollen Künstlern finden sich bei YouTube Ausschnitte aus ihrem Schaffen. Sie können das wunderbar nutzen, um ihren eigenen Humorfundus zu aktualisieren oder aufzustocken oder, wenn man sich beispielsweise in der Mittagspause nicht auf den genauen Text eines Mittermeier- oder älteren Otto Waalkes-Sketches einigen kann, mit der exakten Formulierung glänzen zu können.

3.8 Ausblick: Humor in der Gesundheitsbranche

Medizinische Leistungen werden zu Dienstleistungen, die in betriebswirtschaftlichen Parametern beschrieben und gemessen werden

Im Zuge des Wellnesstrends werden auch medizinische Leistungen zunehmend zu Dienstleistungen, die am Markt angeboten und in betriebswirtschaftlichen Parametern beschrieben werden. Die medizinische Versorgung und der Pflegedienst lassen sich so schon lange mit dem Hotelservice vergleichen. Erfolge werden nicht über die Zufriedenheit mit der Hilfe am Menschen, sondern knallhart von Betriebswirten an der Auslastung der Betten und der Anzahl der durchgeführten Operationen gemessen. Es gibt im Klinikalltag ähnliche Probleme und Herausforderungen wie in einem mittelständischen Unternehmen oder gar Großkonzern.

Die Klinik, ein Ort des Heilens, der Versorgung und des Gesundwerdens. Ein Ort, an dem Gutes getan und dem Nächsten gedient wird. Warum fühlen wir uns dort nur so wohl? Warum schwärmt man gerade in der Hospital-Arbeit von harmonischer, verständlicher Kommunikation? Alle wollen im Krankenhaus arbeiten in diesen ganzheitlich fördernden Team-Strukturen!

Wozu brauchen wir da Ressourcentrainer? Wir sind doch alle ganz sachlich bei der Arbeit und dem Problem Krankheit. Rein ins Krankenhaus, fachlich richtige Diagnose, Behandlung, und schon ist man gesund und wieder raus aus dem Laden. Nichts einfacher als das. Deswegen braucht man auch keine Kommunikationstrainings, hat nie ausgebranntes Klinikpersonal, es gibt keine Missverständnisse, nie Streit, keine subtilen Vorwürfe, keine Ungerechtigkeiten, keine Hierarchie. Klinikleiter, Ärzte, Pfleger und Patienten verstehen gegenseitig, was sie für Anforderungen, Probleme und Fragen oder Ängste im Alltag haben. Das Ganze ist das reinste Paradies.

Wir wissen alle, dass dem nicht so ist. Die Arbeit in der Klinik erfordert hohe Fachkompetenz, viel Stehvermögen und bringt sehr schwierige Arbeitszeiten mit sich, um nur einige kritische Punkte zu nennen. Dabei haben die Mitarbeiter eines Krankenhauses einen ganzen Kasten mit Handwerkszeug für ihre Kommunikation, um mit der besonderen Situation Krankheit und mit allen daran beteiligten Menschen gut klarzukommen. In den meisten Fällen klappt das sehr gut. In manchen Gesprächen nützt jedoch all das Handwerkszeug nichts. Da geht es einfach schief und man missversteht sich komplett.

Viele haben trotzdem immer wieder das Bedürfnis, gut, also ohne permanente Missverständnisse, zu kommunizieren. Jeder Mensch möchte seinen Alltag gewinnend bewältigen, Erfolg haben und natürlich in den Genuss von Lebensfreude kommen. Einfaches Ziel, dafür muss es doch auch eine einfache Methode geben, oder?

Findet man Humor in der Klinik?

Es gibt einige Methoden, mit denen man einen Streit schlichtet, Verhandlungen oder Mitarbeiter beruhigt. Sehr selten verwendet man jedoch Humor. Findet man ihn überhaupt in der Klinik? Könnte man ihn als Kommunikationswerkzeug zu den bisher bestehenden hinzufügen? Hat man ihn als Ressource bisher übersehen? Ganz offensichtlich macht er allen Beteiligten Riesenspaß. Aber wie funktioniert er?

Wo kann man Humor in der Klinik finden? Ist er ein Patient? Wenn ja, ist er dann stationär fest etabliert oder ein ambulanter Patient, der immer mal reinschneit, wenn es die Situation hergibt und bei dem man nie weiß, wann er das nächste Mal kommt? Ist er Oberarzt, sollte er immer die Führung haben, ist dann aber auch schwer zu finden, wenn man ihn gerade mal braucht? Ist er heilender Stationsarzt, routiniert und fachlich kompetent und immer dort eingreifend, wo es richtig und notwendig ist? Ist er vielleicht ausschließlich als herzliche Pflegekraft geeignet? Mit dem richtigen Wort zur Motivation, Ablenkung und Unterstützung? Ist er vielleicht ein hoch effektives Medikament? Auch als dieses müsste man gut über ihn

Bescheid wissen: woraus er sich zusammensetzt, wie er funktioniert, was seine Wirkungen und Nebenwirkungen sind. Vielleicht ist er ein ganz neues Medikament und man muss seine Wirkung erst noch testen. Nicht jedes Medikament wirkt bei jedem Patient gleich. Medikamente haben eine Grundfunktion, aber eben auch Abweichungen, mit denen man sich vertraut machen muss. Und Kinder brauchen definitiv eine andere Dosis als (junge) Erwachsene oder ältere Menschen.

Das Medikament Humor – ganz ernsthaft getestet

Willibald Ruch, Psychologe in Zürich, hat erste Ergebnisse zur Wirkung von Humor als klinischem Instrument zur Schmerzreduzierung auf der internationalen Humorkonferenz in Tübingen 2005 vorgestellt. Dass Humor Schmerzen wirksam bekämpfen kann, lässt sich endlich beweisen. Die Psychiaterin Irina Falkenberg in Tübingen führte eine Pilotstudie zu Humor als Therapieinstrument für Depression durch. Barbara Wild und Frank Rodden untersuchen, wo sich Humor und Lachen im Gehirn lokalisieren, welche Teile das Gehirn aktiviert oder eben weniger bewegt und vielleicht entspannt. Am Max-Planck- Institut in Leipzig untersucht Andrea Samson, wie Cartoons wirken und was sie bewirken.

Beim Lachen nehmen wir drei- bis viermal so viel Sauerstoff auf wie gewöhnlich

Laut Statistik lachen die Menschen in Deutschland etwa zehn- bis fünfzehnmal am Tag. Dabei entweicht die Luft mit einer Geschwindigkeit von 100 km/h aus der Lunge. Dadurch nehmen wir beim Lachen drei- bis viermal so viel Sauerstoff auf wie gewöhnlich. Zum Vergleich: Während des Joggens erhöhen wir die Sauerstoffzufuhr im Gehirn lediglich um 50 Prozent. Sie sollten sich also in Zukunft überlegen, ob Sie morgens laufen oder lieber ein paar Minuten herzhaft lachen. Lachen ist nicht nur geistig gesund, sondern auch körperlich. Von Kopf bis Fuß werden ca. 300 verschiedene Muskeln angespannt und bewegt.

Männer haben regional unterschiedlich viel zu lachen

Eine weitere Studie, die die Zeitschrift Men's Health gerade veröffentlichte, hat in 50 deutschen Großstädten das Lachen von Männern gemessen. Dabei sind signifikante Unterschiede herausgekommen. Die Kölner lachen zehn Minuten am Tag. Es folgen Städte wie Essen, Mainz und Berlin im Achtminuten-Bereich. Hamburg, Dresden und Leipzig schlagen sich schon bei sechs Minuten herum. An letzter Stelle stand Chemnitz mit 5:17 Minuten. Das MDR-Fernsehen hat versucht, Chemnitzer zum Lachen zu bringen und daraufhin eine Erklärung gesucht, warum der gemeine Chemnitzer so wenig lacht. Aber auch die zehn Minuten des Kölner Mannes sind immer noch ganz schön wenig für die Bandbreite, die wir an Lachwerkzeug an und in unserem Körper zur Verfügung haben.

Egal ob ernst gemeinte Forschung oder Zeitschriftenbeiträge, die man nicht ernst zu nehmen braucht, ob Grundlagenforschung oder klinikrelevante Forschung, das Medikament Humor wird mehr und mehr getestet und ernst genommen. Scheinbar ist es einsatzfähig, wirksam und schnell. In jedem Fall macht es Spaß!

Der Humorpfleger

Humor ist Schmiermittel für den Kontakt zwischen zwei Menschen

Humor kann Kommunikation pflegen. Er ist Schmiermittel für den Kontakt zwischen zwei Menschen. Es ist also sinnvoll, sich dafür zu sensibilisieren.

Suchen Sie nach Paradoxien in Ihrem (Arbeits)Alltag. Oft erleben wir Dinge und Situationen, die eigentlich nicht zusammenpassen. Worte doppelt zu deuten kann ein Weg sein, Humor zu produzieren. In den einfachsten Wortspielen findet man Humor:

- *Ein Angeklagter muss sitzen, weil er gestanden hat.*
- *Man erwärmt sich beim Büfett für die kalte Platte.*
- *Man wird zunehmend schlanker.*
- *Eine Kreisschwester geht um die Ecke.*
- *Jemand ist eingefleischter Vegetarier.*
- *Ein Arzt empfiehlt wärmstens kalte Umschläge.*

Weitermachen kann man mit der eigenen Mimik. Sicher kennen Sie das bekannte Beispiel aus dem Film *Patch Adams*. Robin Williams setzt seiner Filmpartnerin am Tisch die Clownsnase auf und hält ihr heimlich einen Spiegel vor die Nase.

Lachen Sie sich morgens im Spiegel zu?

Was machen Sie, wenn Sie morgens in den Spiegel schauen? Was für ein Gesicht machen Sie, was denken Sie als Erstes? Ich kenn dich nicht, aber ich wasch dich trotzdem! Mensch altes Haus, lange nicht gesehen und trotzdem wiedererkannt. Lass uns das schwere Los des Tages aufreißen und den Alltag bewältigen! Haben Sie schon einmal versucht sich zuzugrinsen? Zu lächeln, zu lachen, morgens einen Witz zu lesen, den Sie mögen, ein Bild anzuschauen, das Sie zum Schmunzeln bringt, und mit diesem Gesichtsausdruck zum Spiegel zu gehen. Versuchen Sie es! Lachen Sie sich eine Woche lang morgens im Spiegel an. Nutzen Sie Humor als Schmiermittel in der Kommunikation zu sich selbst. Nutzen Sie ihren Humorpfleger. Bei Nichtfunktionieren und Nebenwirkungen wenden Sie sich an einen guten Humorfachmann oder eine Humorfachfrau. Kämmen Sie Ihre Haare morgens mal, wie Sie es nie machen würden. Ziehen sie sich so an, wie sie sich nie anziehen würden, bevor Sie anschließend in die Arbeitskleidung schlüpfen. Machen Sie mit Kollegen einen Wettbewerb. Männer können einen Tag in der Woche um den hässlichsten Schlips kämpfen. Frauen um die auffälligsten Schuhe. Fangen Sie an, witzige Dinge in Ihrem Arbeitsumfeld zu entdecken.

Humor: Meistens ohne Risiken und unerwünschte Nebenwirkungen

Der Humorarzt empfiehlt:

Zu guter Letzt wollen wir den Humor noch aus Sicht des Arztes betrachten. Humor kommt oft exakt dann, wenn man ihn braucht. Manchmal muss man aber auch ein bisschen länger auf ihn warten, obwohl man ihn dringend nötig hätte. Meistens steht dann jemand im Weg, wenn man in einer schwierigen Situation den Humorarzt rufen möchte. Das ist der Ärger. Man möchte etwas Humorvolles erwidern, ärgert sich aber über die Bemerkung des Gegenübers stundenlang zu Tode. Lässt man weniger Platz für Ärger, bleibt mehr Platz für Humor und Kreativität. John Morreall behauptet, dass Ärger und Humor nicht gleichzeitig im Gehirn funktionieren. Nun ist es aber nicht so leicht, in manchen Situationen den Ärger abzustellen und den Humor zum Zuge kommen zu lassen.

Nutzen Sie Humor zur Auflockerung, Konfliktentspannung oder Kritikvermittlung

Spielen Sie mit dem Offensichtlichen! Es bemerkt sowieso jeder. Nutzen Sie Humor zur Auflockerung, Konfliktentspannung oder Kritikvermittlung und entwickeln Sie damit ein weiteres Instrument in Ihrer Gesprächsführung. Denken Sie flexibel. Humor bedeutet, sich von einer alten Betrachtungsweise zu lösen und einen neuen Blickwinkel zu entdecken. Wie könnte man Situationen und Dinge noch sehen?

Nutzen Sie den Schwung des gegnerischen Angriffs. Watzlawiks Judomethode, mit der man die Zielrichtung eines verbalen Angriffs bestätigt und verstärkt. Warum sollte man sich gegen Kritik verteidigen, wenn sie falsch oder übertrieben ist? Machen Sie Ihr Gegenüber zum Verbündeten. Praktisch am Humorarzt ist, dass er sich beim Verwenden nicht abnutzt, sondern sich fokussiert und immer besser und charmanter wird.

Humor als Medikament, Pfleger oder Arzt. Es gibt zahlreiche Möglichkeiten, Humor in diesem speziellen Berufsfeld zu entdecken. Ebenso zahlreiche Möglichkeiten gibt es, Humor einzusetzen. Ob Klinikclowns, Kabarettisten, Bücher, CDs, Filme oder andere künstlerische Ideen.

Humor als Medikament, Pfleger oder Arzt

Humor als heilendes Instrument in der Klinik ist noch ein wenig erforschtes Gebiet und bietet viel Raum für neue Ideen und Unterstützung.

Eckart von Hirschhausen hat die Stiftung „Humor hilft heilen" ins Leben gerufen. Diese unterstützt Humor in Kliniken. Als Medikament, kostenfrei und ohne Nebenwirkungen, als Pfleger in Form von Clowns und als Arzt in Form von aktuellem Wissen aus der Humorforschung einfach verpackt.

4 SPEEDCOACHING ZUR EIGENEN HUMORPRAXIS

Sie wissen jetzt, womit sich Gelotologen beschäftigen. Sie durchschauen die Techniken der Stand-Up-Comedians und Humorprofis von Dieter Nuhr bis Stefan Raab. Sie wissen nun, welche Wirkung das Lächeln des Menschen auf den prämotorischen Kortex hat und können damit ihren Freundeskreis an zukünftigen Samstagabenden aus dem Dunkeln der ernsten Unwissenheit ans Licht holen.

Hat dies aber irgendeinen Einfluss auf Ihre eigenen Humorfähigkeiten? Werden andere Sie deshalb für Ihren geistreichen Humor loben, sodass Sie sich vor Einladungen zu Dinnerparties und Cocktailempfängen kaum noch retten können? Leider noch nicht ganz. Viel über Humor zu wissen heißt leider noch nicht, auch humorvoll zu sein, auch wenn es ein guter Schritt in die richtige Richtung ist.

Sie werden jedoch nicht umhinkommen, sich noch mit dem wichtigsten Humorexperten in Ihrem Leben zu beschäftigen – mit sich selbst! Was nützen Ihnen alles Wissen über Humor und die schönsten Beispiele aus der Praxis, wenn Sie weiter mit Sargträgermiene durch den globalisierten Wirtschaftsernst schreiten.

Sie selbst sind Ihr wichtigster Humorexperte

Auf den folgenden Seiten erwartet Sie daher ein Speedcoaching für die Entfaltung Ihres Humor-Ichs. Dabei können Sie feststellen, dass Ihnen mit Humor Veränderungen, die sich an-

Messen Sie Ihren Gelophiliefaktor

fänglich nicht immer gut anfühlen, wesentlich leichter gelingen und Sie die mit Sicherheit eintretenden Rückschläge deutlich besser ertragen.

Zuerst sollten Sie Ihren Gelophiliefaktor (Gelophilie = die Liebe zum Lachen) messen. Mit freundlicher Genehmigung des bereits mehrfach zitierten Humorexperten Thomas Holtbernd können Sie den nun folgenden Fragebogen ausfüllen. Dabei geht es um Ihren eigenen Umgang mit Humor.

Eine 1 kreuzen Sie an, wenn eine Aussage für Sie überhaupt nicht zutrifft, die 2, wenn die Aussage auf Sie eher nicht zutrifft, eine 3, wenn die Aussage schon eher auf Sie zutrifft und die 4, wenn die Aussage bei Ihnen exakt den Nagel auf den Kopf trifft.

Messen Sie Ihren Gelophiliefaktor: Welcher Humortyp sind Sie?		1	2	3	4
1.	Sie lächeln oft.	❑	❑	❑	❑
2.	Sie lachen gerne und oft.	❑	❑	❑	❑
3.	Sie mögen es, wenn die Menschen um Sie herum lachen.	❑	❑	❑	❑
4.	Sie lachen auch morgens schon mal.	❑	❑	❑	❑
5.	Sie erinnern sich, dass Sie in Ihrer Kindheit gehänselt wurden.	❑	❑	❑	❑
6.	Sie hören gerne lustige Geschichten.	❑	❑	❑	❑
7.	Sie erzählen gerne lustige Geschichten.	❑	❑	❑	❑
8.	Sie können gut abschalten.	❑	❑	❑	❑
9.	Sie sind ein vergnügter Mensch.	❑	❑	❑	❑
10.	Sie lassen sich schnell von einer vergnügten Stimmung anstecken.	❑	❑	❑	❑
11.	Sie mögen Bücher mit schwarzem Humor.	❑	❑	❑	❑
12.	Sie lachen laut und leise je nach Situation.	❑	❑	❑	❑
13.	Sie lachen über die fremde und die eigene Ungeschicklichkeit.	❑	❑	❑	❑
14.	Sie lachen über eigene Scherze und die anderer.	❑	❑	❑	❑

15.	Sie schauen sich gerne witzige Werbesendungen an.	❑	❑	❑	❑
16.	Sie nehmen die Dinge so, wie sie kommen.	❑	❑	❑	❑
17.	Sie würden gerne mehr lachen.	❑	❑	❑	❑
18.	Sie finden in Ihrem Umfeld oft einen Anlass zum Lachen.	❑	❑	❑	❑
19.	Sie haben auch schon mal in einer völlig unpassenden Umgebung gelacht (Kirche, Friedhof, Bank, offizieller Empfang).	❑	❑	❑	❑
20.	Sie haben auch schon einmal beim Sex gelacht, vielleicht sogar, wenn etwas nicht funktionierte.	❑	❑	❑	❑
21.	Sie lachen heute mehr als früher.	❑	❑	❑	❑
22.	Mit Ihrer Gesundheit steht es gut.	❑	❑	❑	❑
23.	Sie haben keine Schlafprobleme.	❑	❑	❑	❑
24.	Ihre Bekannten und Freunde würden Sie als lustige, geistreiche Person charakterisieren.	❑	❑	❑	❑
25.	Ihnen gelingt es auch die komischen Seite einer ernsten Sache zu sehen.	❑	❑	❑	❑

Nun addieren Sie alle Kreuze mit ihrem entsprechenden Zahlenwert zusammen und berechnen so Ihre Humorstufe:

Die fünf Stufen des Humors

Erste Stufe (1 bis 25 Punkte): Sie sind ein echter Trauerfall

Sie sind ein echter Trauerfall und schon über vierzig. Sie sind ein Mensch, der aufgrund seiner individuellen Situation, seines Wertesystems oder seines Umfeldes selten lachen kann. Die beruhigende Nachricht: Alle drei Bereiche kann man zum Positiven verändern!

Zweite Stufe (26 bis 55 Punkte): Nur Mut, ein Ansatz ist da

Lachen Sie doch mal. Nur ein bißchen! Nur Mut, der Ansatz ist da. Sie können lachen, jedoch oft ausgelöst durch ein Missgeschick anderer. Hierbei handelt es sich um Schadenfreude. Wenn Ihnen etwas passiert, finden Sie es nicht sehr köstlich, wenn über Sie gelacht wird.

Dritte Stufe (56 bis 75 Punkte): Sie können über sich selbst lachen

Sie sind auf einer spannenden Humorstufe. Sie sind fähig, auch über sich selbst zu lachen und haben daher einen höheren Persönlichkeitsreifegrad entwickelt.

Vierte Stufe (76 bis 89 Punkte): Sie gestatten anderen, über Sie zu lachen

Ihnen gelingt es bereits, auch anderen zu gestatten, über Sie selbst zu lachen. Es gelingt Ihnen so, Ihre Situation aus anderen Blickwinkeln zu sehen: Ein großer Schritt in Richtung Alltagskomik.

Fünfte Stufe (90 bis 108 Punkte): Humor ist in Ihrem Alltag eine feste Größe

Glückwunsch. Höchstmögliche Stufe. Sie sind fähig, gemeinsam mit anderen Menschen über selbst erlebte Ereignisse lachen zu können. Diese Stufe teilt man eher mit engen Freunden und Familienmitgliedern, sie gelingt aber auch effektiv und sehr sympathisch im Arbeitsalltag.

Entwickeln Sie eine Humorkultur

Ziel für Sie ist selbstverständlich die Entwicklung der fünften Stufe. Das bedeutet, Sie geben Ihren Mitmenschen Freiraum zum Lachen. Sie lachen selbst mit und erlauben es, dass auch über Sie selbst gelacht werden darf. Dies kann sogar bewusst gefördert werden. Es entwickelt sich eine Humorkultur.

4.1 Ziele setzen – die Sache mit dem Einkaufszettel

Der Weg zur Hölle ist mit guten Vorsätzen gepflastert, heißt es in einem deutschen Sprichwort. Wenn Sie etwas in Ihrem Leben wirklich verändern wollen, ist es notwendig, ein persönliches Ziel zu formulieren. Was ist der Unterschied zwischen einem guten Vorsatz und einem persönlichen Ziel? Gute Vorsätze klingen ungefähr so: *„Wir müssen Oma mal wieder besuchen.“* Ein konkret formuliertes Ziel lautet dagegen vielleicht: *„Mindestens zweimal im Monat verbringen wir einen ganzen Tag zusammen mit Oma.“* Worin liegt der Unterschied? Die erste Aussage ist allgemein, unkonkret, schwammig und die Durchführung des Vorsatzes ist auf eine nebulöse Zukunft vertagt. Bei einer solchen Formulierung gestatten Sie sich bereits, irgendwann einmal feststellen zu müssen, dass Sie es nicht geschafft haben. Die zweite Formulierung ist konkret und beschreibt ganz genau und für jedermann überprüfbar, was Sie tun wollen, wie oft und ob Sie dieses Ziel erreicht haben oder nicht. Kenner sprechen hier von einem gehirngerecht formulierten Ziel.

Es gibt allerlei nützliche Formeln und Akronyme, die die unterschiedlichen Kriterien beschreiben, die für ein gut formuliertes Ziel verwendet werden sollten. Eine bekannte Formel ist die so genannte SMART-Formel.

Sie stammt aus dem Amerikanischen und die einzelnen Buchstaben stehen für *„specific, measurable, achievable/attractive, realistic, timed“*. Die deutsche Übersetzung wird meist mit *„spezifisch, messbar, attraktiv, realistisch, terminiert“* angegeben.

Schriftlich formulierte Ziele haben eine deutlich höhere Wahrscheinlichkeit auf Erreichung

Wir fügen noch „schriftlich“ eine erfolgreiche Zielformulierung hinzu. Warum schriftlich? Untersuchungen haben ergeben, dass schriftlich formulierte Ziele eine deutlich höhere Wahrscheinlichkeit auf Erreichung haben. Viele Menschen glauben, dass sie ihre Ziele im Kopf haben. Dort konkurrieren sie aber mit mehr als 49.000 anderen Gedanken, die ihnen tagtäglich durch den Kopf gehen. Nicht selten kommen Ihre persönlichen Ziele dabei viel zu kurz. Letztlich ist es wie beim Einkaufen: Haben Sie einen Einkaufszettel oder nicht? Wenn Sie keinen haben, kann es Ihnen passieren, dass Sie einige Dinge, die Sie eigentlich bräuchten, vergessen und am Ende wieder das Opfer der Marketingstrategen wurden. Die haben in der Nähe der Kasse nämlich ein paar Aktionsartikel platziert, zum Beispiel Großpackungen mit Schokoladeneiern. Nun haben Sie die doch wieder gekauft, obwohl Sie eigentlich ja gerade ein paar Pfunde verlieren wollten.

Manchen Leuten geht es mit ihrem gesamten Leben so: Am Ende stellen sie fest, dass ihnen einige Dinge zugestoßen sind, die sie eigentlich nicht „auf dem Zettel hatten“ und dass sie vieles von dem, was sie hätten machen wollen, nicht umgesetzt haben, weil sie den Zettel meistens vergessen oder es erst gar nicht aufgeschrieben haben. So hatten sie jahrelang einen Beruf, der ihnen nicht wirklich Spaß gemacht hat, waren zweimal unglücklich verheiratet und sind das ganze Leben in der Gegend geblieben, in der sie auch geboren wurden. Sie waren nicht in der Arena von Verona, sie waren nicht in Australien, haben nicht das Buch geschrieben, von dem sie so lange gesprochen haben, und haben sich nicht mit ihren Kindern versöhnt.

Wenn Sie Ihre Ziele dagegen aufschreiben, zwingen Sie sich selbst, diese immer wieder ins Gedächtnis zu rufen und die aktuelle Situation mit ihren Zielvorstellungen abzugleichen. Die Schriftlichkeit ist keine Garantie für die Erreichung Ihrer Ziele, aber ein ganz pragmatisches Hilfstool, um Sie bei der Zielerreichung zu unterstützen.

Wie lautet nun Ihr schriftlich formuliertes, konkretes, messbares, attraktives, selbst erreichbares und terminiertes Humorziel? *„Ich habe keinen Humor"* ist schon mal ein Ansatz, ist aber weder spezifisch, messbar, attraktiv noch terminiert.

MEIN HUMORZIEL:

- In ernsten Situationen möchte ich gerne humorvolle Aspekte entdecken.
- Ich setze Humor bewusst in Gesprächen und bei der Arbeit als Werkzeug ein.
- Ich habe Spaß an den Dingen, die ich tue, und meine Mitmenschen erkennen, dass ich Spaß an der Arbeit habe.
- In meinen Präsentationen habe ich immer ein humorvolles Chart. Mitarbeiter und Kollegen sprechen mich ungefragt auf meine humorvollen Beiträge an.

Das klingt doch schon deutlich konkreter. Achten Sie auch darauf, dass Ihr Ziel wirklich positiv formuliert ist. Viele Menschen wissen nur, was sie *nicht* wollen. Wenn Sie den ganzen Tag jedoch nur daran denken, dass Sie ein so ernster Mensch sind, laufen in Ihrem Inneren die falschen Filme ab. Unser Unbewusstsein sorgt dafür, dass wir die Dinge erleben, an die wir denken.

Der kleine blaue Elefant

Vielleicht kennen Sie die Aufforderung: *„Denken Sie jetzt nicht an einen kleinen blauen Elefanten!"* Was passiert? Sobald Sie diese Aufforderung hören, liefert Ihnen Ihre rechte Gehirnhälfte sofort das Bild eines kleinen blauen Elefanten.

Das Wort „nicht" existiert in Ihrem Gehirn nicht.

Dies ist das Fatale, wenn wir negativ formulierte Ziele haben. *„Ich möchte nicht mehr so ernst sein!“* gibt Ihrem Unbewusstsein gewissermaßen den Befehl, weiterhin ernst zu sein. Die positive Formulierung lautet: *„Ich bin ein humorvoller Mensch und lache gern.“*

Auch die Zeitform der Zielformulierung macht einen Unterschied. Wer sein Ziel bereits durch die Formulierung auf eine unbestimmte Zukunft vertagt, läuft Gefahr, dass die Realität weiterhin trist bleibt. Deshalb: *„Ich bin ein humorvoller Mensch“* statt *„Ich werde mich bemühen, ein humorvoller Mensch zu werden – eventuell ... vielleicht ... wahrscheinlich aber doch nicht, denn ich schaffe es ja doch nie, wie immer!“*

Formulieren Sie so, als hätten Sie Ihre Ziele schon realisiert

4.2 Analyse: Wo und mit wem bin ich schon humorvoll?

Wenn Sie etwas verändern möchten, ist es selten so, dass Sie eine Fähigkeit oder ein Verhalten komplett neu erlernen müssen. Meistens tragen wir das gewünschte Verhalten mindestens in Ansätzen schon in uns. Oder, was noch besser ist, wir sind sogar in der Lage, in manchen Momenten das gewünschte Verhalten schon einzusetzen. Oft sind es die Rahmenbedingungen, die einen Unterschied machen, oder die Personen, die uns umgeben, oder die Tagesform. Diese und andere Einflussfaktoren gilt es zunächst herauszufinden.

Die Rahmenbedingungen müssen stimmen

Variieren Sie festgefahrene Perspektiven

„A woman without her man is nothing.“ Eine Frau ist nichts ohne ihren Mann. Eine vollkommen andere Perspektive des gleichen Satzes, wenn wir gedanklich ein Komma setzen würden: *„A woman without her, man ist nothing.“* Was so viel bedeutet wie: Ohne eine Frau ist der Mann nichts. Ein Satz, zwei Perspektiven. Um Humor zu erzeugen, muss man nicht immer neue Dinge produzieren. Oft reicht es aus, ein und dieselbe Sache von einer anderen Perspektive zu betrachten. Oft lacht man über zwei Dinge die nicht zusammen passen.

Versuchen Sie, die Dinge von einer anderen Perspektive aus zu betrachten

Aber auch die Fallhöhe muss stimmen. Ein im Stau neben mir stehender Autofahrer, der sich in der Nase bohrt, ist weniger witzig als die Queen, die das Gleiche tut. Warum? Weil Nasebohren nicht in das Repertoire einer Queen gehört und damit die Fallhöhe hier höher ist.

Hase oder ...?
Es kommt immer auf den Blickwinkel an

Wann entdecken Sie Humor im Arbeitsalltag? Wann gelingt Ihnen ein Lachen? Was ist für Sie Situationskomik? Wie bereits in Kapitel zwei aufgeführt, gibt es sehr unterschiedliche Formen von Humor. Beim Humor kommt es auf die Betrachtungsweise an. Humor ist eine neue Perspektive. Er steckt oft in den alltäglichen Dingen. Viele sehen auf dem nebenstehenden Bild einen Hasen. Aber wenn man genauer schaut, kann man auch noch etwas anderes entdecken ... *(Neigen Sie Ihren Kopf doch einmal um 90 Grad nach rechts!)*

Innerhalb welcher Kontexte sind Sie bereits humorvoll?

Sie haben ein klares Profil von sich, Ihrem Unternehmen und davon, was Sie optimieren möchten. Welche Seiten an Ihrem Job haben Sie bereits als humorvoll enttarnt? Vielleicht sind Sie aber auch eher in Ihrer Freizeit mit bestimmten Freunden sehr locker und humorvoll, aber nicht in Morgenmeetings mit dem Team.

In einem Training zum Thema Konfliktfähigkeit gibt ein Teilnehmer den Wunsch an, bei der Arbeit konfliktfähiger sein zu wollen, durchsetzungsstärker. Der Trainer stellt fest, dass der Teilnehmer sich in seinem Arbeitskontext selten traut, seine eigene Meinung wirklich zu äußern. Er hat Angst vor Konflikten und möchte es seinen Kollegen oder dem Vorgesetzten möglichst recht machen. Ein eingehendes Gespräch macht jedoch deutlich, dass der Mitarbeiter in seinem Privatleben Kapitän einer Volleyballmannschaft ist und es dort häufig vorkommt, dass er nach einem verlorenen ersten Satz seine Kollegen noch auf dem Feld lautstark und zum Teil sehr deutlich mit derben Worten zur Raison bringt.

In diesem Umfeld, das heißt Kontext, fällt es ihm also leicht, seine eigene Meinung zu äußern, er erlaubt es sich gewissermaßen. Seine Arbeitskollegen wären sehr überrascht, wenn sie ihren Kollegen so beim Volleyball sehen würden. Umgekehrt wären die Sportkameraden ebenso überrascht, wenn sie ihren Mannschaftskapitän mucksmäuschenstill und schüchtern in einem Arbeitsmeeting sähen. Es ist jedoch der gleiche Mensch.

Lernen muss er jetzt nicht, wie man Konflikte austrägt oder wie man sich äußert, sondern es geht darum, dass er sich auch im Arbeitskontext gestattet, die eigene Meinung wirklich zu äußern. Was müsste sich im Rahmen der Arbeit verändern, um dem Mitarbeiter die Möglichkeit zu geben, seine Meinung hier genauso zu äußern wie beim Sport? Auf welche Weise kann er die Rahmenbedingungen des Sports, die ihm helfen, seine Meinung zu äußern, auf seine Arbeitssituation übertragen?

In unserem Beispiel kann die Ursache unter anderem darin liegen, dass der Mitarbeiter die Situation anders beurteilt und dies mit seinem persönlichen Wertesystem zu tun hat. Dies ist ein wichtiger Punkt, den wir in Kapitel 4.3 noch eingehender analysieren werden. Sein Wertesystem erlaubt es dem Mitarbeiter nicht, bei der Arbeit genauso zu handeln wie beim Sport – und umgekehrt. Wenn wir nun bei einer genaueren Analyse feststellen, dass beim Volleyball immer eine bestimmte Musik läuft und er andere Routinen im Tagesablauf hat als an regulären Arbeitstagen (motivierende Musik im Auto, Tee statt Kaffee trinken, andere Kleidung, Umgebung, Freunde etc.), dann bestünde ein Teil der Lösung möglicherweise darin, diese Rahmenbedingung auf die Arbeit zu übertragen. Der Mitarbeiter würde dann vor einem schwierigen Meeting die gleiche Musik hören, die er vor einem Volleyballspiel im Auto hört, und er hätte vielleicht unter dem Businesshemd sein Volleyballshirt an, das ihn an seine Rolle als Mannschaftskapitän erinnert.

Übertragen Sie förderliche Rahmenbedingungen in Ihr Arbeitsumfeld

Diese kleinen Tricks sind nicht nur „Psychokacke", sondern sie helfen tatsächlich. Im Meeting komplett im Sportdress aufzulaufen, wäre wahrscheinlich nicht unbedingt ratsam, wenn es auch den Humorfaktor deutlich erhöhen würde ...

Was im Bereich Konfliktfähigkeit funktioniert, ist natürlich auch auf Ihre Humorfähigkeiten übertragbar.

„Verankern" Sie Ihren Humor!

In welchen Situationen fällt es Ihnen leicht, Ihre Kollegen, Freunde, Familienmitglieder zum Lachen zu bringen? Worüber lachen Sie dann? Was können Sie davon in Ihre Arbeitswelt integrieren? Wenn Sie immer erst nach dem zehnten Bier dazu neigen, Witze zu erzählen, können wir nur dringend davon abraten, sich von nun an schon morgens vor der Arbeit entsprechend in Stimmung zu bringen.

Aber vielleicht können Sie ein paar so genannte Anker an Ihrem Arbeitsplatz platzieren. Unter einem Anker verstehen Psychologen das, was der Volksmund Talisman nennt.

Beispiel: Sie haben eine Muschel in Ihrem Regal liegen, die Sie jedes Mal an den letzten Urlaub erinnert und Ihnen vielleicht sogar hilft, das Rauschen des Meeres zu hören, wenn Sie nachmittags in Ihrem Wohnzimmer stehen. Es gibt ein Foto von einem sehr lockeren Abend mit Freunden, das Sie sich auf den Schreibtisch in das Büro stellen.

Ein Humoranker integriert eine humorvolle Situation aus Ihrer Freizeit in die Arbeitswelt

Welche Talismane oder Humoranker können Sie verwenden, um eine humorvolle Situation aus Ihrem Alltag in die Arbeit zu integrieren? Für manche Menschen sind es humorvolle Aufnahmen aus der Familie, witzige Geschenke von Kunden oder Freunden, Straßenschilderfotos oder lustige Bilder und Zeichnungen von den Kindern, kleine Gegenstände aus den Spielen, die Sie mit Ihren Kindern am Wochenende gespielt haben. Diese Humoranker helfen, auch im Arbeitsalltag die Leichtigkeit des Seins nicht komplett zu vergessen.

Praxis Albrecht Kresse

Ich habe beispielsweise bei der Arbeit öfter auch einmal ein Kuscheltier dabei, das meine Tochter mir mitgegeben hat, um mir den Alltag zu versüßen. Dieses verstecke ich dann nicht heimlich irgendwo, sondern habe es direkt sichtbar bei mir platziert. Entweder fragen mich meine Besucher direkt danach oder ich erzähle davon. Auf diese Weise erzeuge ich eine angenehme Gesprächsatmosphäre, der Besucher erzählt von ähnlichen Beispielen und wir schmunzeln beide.

Abends ist meine Tochter dann sehr, sehr stolz, wenn ich ihr sage, dass ich ihren Kuschelbär tatsächlich bei der Arbeit benutzt habe. Dies motiviert sie dann, mir immer wieder neue Kuscheltiere mitzugeben, die sie allerdings immer wieder zurückhaben will.

Wissen Sie, welche Personen Sie tatsächlich zum Lachen bringen?

Analysieren Sie, warum Sie bestimmte Personen zum Lachen bringen

Dabei ist es vollkommen gleichgültig, ob es sich um einen bekannten Kabarettisten handelt oder Ihren Großvater. Entscheidend ist, dass Sie klar benennen können, welche Person Sie zum Lachen bringt. Der nächste Schritt besteht dann darin, zu analysieren, warum ausgerechnet diese Person. Was macht er oder sie, um Sie zum Lachen zu bringen? Welche Technik setzt er oder sie ein – bewusst oder unbewusst? Den meisten Menschen ist dies gar nicht wirklich bewusst.

Vielleicht finden Sie beispielsweise Mario Barth deshalb lustig, weil er mit Klischees sehr offensiv umgeht und Ihnen bei jeder zweiten Szene ein eigenes Bild aus dem Zusammenleben mit Ihrem Partner oder Ihrer Partnerin ins Gedächtnis kommt. Die Vermischung zwischen den Szenen von Mario Barth und Impressionen aus Ihrer eigenen Partnerschaft würde hier also die Komik auslösen. Und nach einiger Zeit wissen Sie gar nicht mehr, ob Sie über die Witze von Herrn Barth lachen oder über die komischen Situationen aus dem letzten Urlaub, die vor Ihrem inneren Auge ablaufen.

Vielleicht stellen Sie bei einer solchen Analyse aber auch umgekehrt fest, Sie lieben gerade bei Loriot den leichten hintergründigen Witz, der sich daraus ergibt, das sehr viel mit Andeutungen gearbeitet wird. Sie lieben die Verdichtung eines ganzen Witzes in einer einzelnen Formulierung, z.B.: *„Sie haben da was!“*, – in Loriots berühmtem Sketch bekanntlich eine Nudel. Vielleicht fällt Ihnen dann aber auch auf, dass Sie an Dieter Hildebrandt immer gemocht haben und immer noch mögen, dass er quasi permanent einen Satz anfängt und dann immer wieder zurück und weiter und eine besondere Technik, die dadurch bei dieser Gelegenheit und ... Oder Sie lieben es an Ihrer Schwester, wie sie die Augen verdreht, die dann so groß werden wie bei Marty Feldman.

Egal was es ist, finden Sie es heraus und holen Sie sich mehr davon. Überlassen Sie die humorvollen Erlebnisse nicht dem Zufall, sondern erzeugen Sie sie so oft Sie können.

Meine Tochter beispielsweise zwingt mich dazu, Situationen immer wieder zu wiederholen. Wenn ihr gerade gefallen hat, wie ich mit der Stimme von Willi aus der Biene Maja gefragt habe, wo sie meine Schuhspanner versteckt hat, wird sie sofort zu mir sagen: „Papa, mach das doch noch mal, dass du in den Raum kommst und mit der Stimme von Willi fragst, wo ich deine Schuhspanner versteckt habe.“ Wenn ich nicht irgendwann Einhalt gebiete, kann es sein, dass ich mehrfach hintereinander immer wieder die gleiche Szene durchspielen muss.

Praxis Albrecht Kresse

Als Erwachsene sind wir meistens zu feige, um Situationen bewusst in unsere gewünschte Richtung zu beeinflussen oder sie uns einfach nochmals zu verschaffen. Wenn Sie sich als Kind bei den Louis-de-Funès-Filmen halb totgelacht haben, besorgen Sie sich einfach die Videos und veranstalten ein Louis-de-Funès-Wochenende, am besten mit alten Freunden von damals. Der Montag danach wird automatisch komisch, weil Sie wahrscheinlich merkwürdige Gesten, Gesichtsausdrücke und einige Witze mit an Ihren Arbeitsplatz bringen, selbst wenn Sie sich das gar nicht bewusst vornehmen. Legen Sie sich eine Sammlung mit Videos, Live-Mitschnitten von Kabarett-Auftritten etc. zu, die Sie garantiert zum Lachen bringen. Wappnen Sie sich für Situationen, in denen der Humor normalerweise zu kurz kommt – Zahnarzt, Stau und Wochenende mit der Schwiegermutter.

Nehmen Sie die praktische Umsetzung in Angriff!

Sie müssen leistungsfähig und motiviert sein, dürfen nicht leicht aufgeben und wollen oder müssen bestimmte Ziele erreichen. Als Mitarbeiter dürfen Sie nicht zu extrovertiert sein, wohl aber offen und spontan. Sie wissen gut, was Sie noch nicht können und noch verbessern wollen.

Vier Fragen zu einer anderen Perspektive

Nehmen Sie sich einen Moment Zeit für vier Fragen zu einer anderen Perspektive.

- Was funktioniert schon toll an Ihrem Humor? Was können Sie gut? Wann behandeln Sie ein Thema humorvoll?
- Welche Perspektiven machen Ihnen Spaß?
- Was oder welche Person hat Ihnen humorvoll über Durststrecken oder bei schwierigen Themen in Ihrem Leben bereits geholfen? Die Übertreibung von Freunden? Das Projekt mit dem Kollegen oder der Urlaub mit der Freundin?
- Was ist an Ihrem Unternehmen anders humorvoll als an anderen Unternehmen? Was ist Ihre humorvolle Unternehmensstärke? Wenn Sie eine Karikatur für sich oder Ihr Unternehmen finden würden, welche wäre das? Das Mutterschiff, eine große Familie, ein großer Platz, oder eher ein Heißluftballon, eine Boxarena, wo man mit Dingen wie Kundenanspruch, Telefonmarketingbeschwerdestelle und dem Direktmarketingverband zu kämpfen hat. Oder doch vielleicht ein großes Fußballfeld, auf das Sie jeden Morgen Ihr Team mit elf hochtrainierten Spielern losschicken. Je konkreter und humorvoller Ihr Bild, umso besser ist es nutzbar für Sie als Unterstützung und Ressource.

Welche Form von Humor ist Ihnen geläufig?

Im Zusammenhang mit der eigenen Humorfähigkeit unterscheiden die Gelotologen drei Formen.

- HUMOR-COPING ist der Bewältigungshumor und bezieht sich auf Humoreinsatz in Stresssituationen.
- HUMOR-APPRECIATION drückt die Wertschätzung für Humor aus, also wie empfänglich jemand für Humor ist.
- HUMOR-EXPRESSION, also die Humorproduktion meint die Fähigkeit, spontan humorvolle Situationen schaffen zu können.

Der Wechsel der Perspektive ist gewissermaßen die Initialzündung

Das alles ist verbunden mit einem Wechsel von Perspektiven, egal ob man Humor an anderen wertschätzt oder ihn selber produziert.

Machen Sie ein kurzes Gedankenexperiment. Wie viele Gespräche führen Sie ungefähr am Tag? Zehn, zwanzig, hundert? Wie viele davon sind wirklich gut bis sehr gut? Gut heißt, beim Gesprächspartner ist tatsächlich angekommen, was Sie meinen und umgekehrt. 70 bis 90 Prozent? Oft befindet sich in Seminaren die Antwort in diesem Prozentbereich.

Interessant ist nun die Frage, von welchen Gesprächen man abends seinem Partner erzählt oder welche Gespräche man mit seinen Kollegen diskutiert. Oft sind die schwierigen Gespräche Anlass zur Diskussion. Welche Ihrer Gespräche sind humorvoll? Die gut gelungenen und humorvollen Gespräche kann man ebenso analytisch besprechen und daraus lernen. Warum konnte so viel erreicht werden? Wie hat man eine gute Atmosphäre erzeugt? Wie ist es trotz schwieriger Verhandlung doch zum Abschluss gekommen? Welche lustige Anekdote hat gut funktioniert? Probieren Sie ungewohnte Perspektivwechsel. Warum bekommen manche Mitarbeiter in ihrem Leben kein Burnout? Warum sind Menschen 40 Jahre glücklich in ihrem Job, obwohl sie in ein und derselben Firma arbeiten? Warum sind Paare 30 Jahre zusammen?

Wie gelangen Sie zu wirklich innovativen Ideen?

Analysieren Sie Ihre Herangehensweise an neue Ideen, an ein neues Konzept oder an neue Problemlösungen! Meistens sitzen Sie mit Kollegen oder Mitarbeitern acht Stunden strukturiert am Schreibtisch, gehen dann in ein Meeting, in dem Sie neue Ideen, innovative Konzepte oder Problemlösungen finden wollen. Der Anspruch dabei ist, sofort eine geniale, außergewöhnliche, noch nie da gewesene Idee für Werbung, Kunden, das nächste Projekt, eine schwierige Verhandlung oder ein anderes Problem zu finden. Dieser Druck ist doch entspannend und sehr förderlich für gute Ideen oder?

Wie viel Aufwärmzeit gönnen sich Teams für neue Ideen? Wie machen Sie sich warm? Sie leisten oft Ähnliches wie Sportler, geben sich aber kaum Zeit zum Aufwärmen, in diesem Fall zum mentalen Aufwärmen. Eine Aufwärmung kann man auch vor einem schwierigen Gespräch machen, indem man bewusst das lockere Gespräch mit einem angenehmen Kollegen sucht, anstatt mit dem Controller aus der Buchhaltung noch die neuste Projektfinanzierung hart durchzukämpfen.

Um neue Ideen zu entwickeln, muss man oft Dinge miteinander kombinieren, die noch niemand kombiniert hat. Die Erfindung des Autos war eine Kombination von Pferdewagen und Dampflokomotive. Erst einmal eine ungewöhnliche Kombination. Die Bereitschaft für die Kombination von Untypischem ist wichtige Voraussetzung für neue Ideen. Auch dafür kann man sich aufwärmen. Je größer die Idee werden soll, desto wichtiger eine lange Aufwärmzeit. Große Einsichten sind durch nichts anderes entstanden, als dass Einstein, Edison und Co. einer bisher un-logischen und un-gewohnten Idee, einer neuen Kombination von Ideen nachgegangen sind. Gerade Erfinder sind dafür ein gutes Beispiel.

Übung: Was tust Du?

Abschließend hier noch eine praktische und kurze Aufwärmübung (ideal vor Brainstormings, morgens vor Firmenmeetings und überhaupt, wenn Sie schnell gute und humorvolle Ideen produzieren oder Mitarbeiter auflockern müssen, weil sie einen harten Tag vor sich haben).

Jeweils Zweierteams üben zusammen. Einer nennt eine Haushaltstätigkeit, der andere fragt: „Was tust Du?“ Derjenige, der die Tätigkeit ausführt, darf *alles* antworten, nur nicht das, was er genannt hat. Wenn also die erste Person vorgibt, etwas abzuwaschen, kann sie auf die Frage: *„Was tust Du?“* zum Beispiel antworten: *„Rasen mähen.“* Nun beginnt die zweite Person Rasen zu mähen und muss ihrerseits die Frage beantworten: *„Was tust Du?“*

Diese Übung 20 Minuten durchgeführt und Sie haben ein Ideales Kreativ-Warm-up für Ihr Gehirn gemacht! Laut Kreativitätsforschung sind die ersten 30 Ideen einer Sammlung wirklich Schrott. Erst danach beginnt man wirklich gute und vor allem neue, ungewöhnliche Ideen zu entwickeln. Oft kommen Teammeetings oder Verhandlungen überhaupt nicht so weit.

Außerdem ist die Übung hervorragend geeignet, um seine eigene Flexibilität für humorvolle Perspektiven zu schulen und ungewohnte Dinge zu kombinieren.

4.3 Das eigene Wertesystem

Nun hatten Sie schon einmal ein Ziel, Sie wollten es wirklich erreichen und haben doch nach einiger Zeit festgestellt, dass Sie in Ihr altes, eigentlich unerwünschtes Verhalten zurückgefallen sind? Das ist eine banale, aber doch traurige Erkenntnis der meisten von uns. Das Wertesystem besteht aus mehreren Bausteinen. Nur ein einziger Baustein davon ist das Wissen über Dinge und Prozesse, ein weiterer Baustein ist der Psychobauch, der gestreichelt werden will und viele andere Bausteine betreffen eigene Glaubenssätze und Einstellungen. Diesen wollen wir einmal etwas mehr Aufmerksamkeit gönnen.

Fehlerkultur

Ein Baustein unseres Wertesystems ist die eigene Fehlerkultur. Merkwürdigerweise ist die Bereitschaft, Misserfolge in Kauf zu nehmen, für die Produktion von Humor sehr hilfreich. Wie gehen Sie also mit Fehlern um? Ärgern Sie sich? Sind Sie wütend? Sind Sie wütend und lernen daraus? Können Sie über Fehler lachen? Präsentationsfehler, Produktionsfehler, medizinische Fehler? Erfolgreiche Menschen lernen aus den eigenen Fehlern. Schon das schaffen leider nur wenige. Wenn Sie noch erfolgreicher sein wollen, lernen Sie aus den Fehlern anderer. Die Bereitschaft, dass eine witzige Anekdote mal nicht der Brüller ist bzw. die Bereitschaft, Misserfolge zu erwarten, hat etwas mit Mut zu tun. Und ohne den geht es leider beim Humor nicht. Mut zum Risiko ist damit ein Instrument wie alle anderen auch. Man kann lernen, mit Fehlern umzugehen, sie spielerisch einzubauen, darüber zu lachen und aus ihnen zu lernen.

Die Bereitschaft, Misserfolge in Kauf zu nehmen, ist dem Humor sehr förderlich

Am erstaunlichsten dabei ist, dass man weniger Fehler macht, je mehr man sie in Kauf nimmt. Jeder Mensch kann Humor produzieren. Nicht jeder versteht jeden Humor. Deshalb hat man manchmal das Gefühl, der Kollege sei absolut humorfrei, dabei lacht er vielleicht nur über anderen Humor. Natürlich gibt es Leute, die mehr Humor als andere haben. Die werden Kabarettisten, Schauspieler oder Sänger. Es gibt aber auch Leute, die besser laufen und joggen als andere und die werden Langläufer. Dabei sagt kein Mensch, es gibt Menschen, die nicht joggen können.

Praxis Albrecht Kresse

Einer meiner Fehler ist z.B. der Versuch, keine Fehler machen zu wollen. Mein zweiter Fehler ist mein Hang zur Perfektion. Perfektionisten sind anstrengend, sowohl für sich selber, als auch für ihre Umgebung. Solange ich alleine als Trainer gearbeitet habe, konnte ich mir meinen Hang zum Perfektionismus erlauben, außerdem wurde ich dafür bezahlt, jeden Fehler möglichst schnell zu entdecken.

Als ich jedoch begann, ein Team mit eigenen Mitarbeitern aufzubauen, musste ich lernen, sowohl meine Einstellung zu Fehlern, als auch meinen Umgang mit Fehlern zu ändern. Ein Chef, der jeden Fehler sieht und eigentlich vermittelt, dass er null Fehlertoleranz hat, wirkt eher demotivierend und frustrierend auf seine Mitarbeiter. Früher habe ich jeden Rechtschreibfehler in einem Brief oder einem Konzept eines Mitarbeiters sofort entdeckt. Statt als Erstes den guten Inhalt zu würdigen, habe ich vor seinen Augen als allererste Maßnahme die Rechtschreibfehler angestrichen. Das war vielleicht nicht böse gemeint, vermittelt aber eine falsche Fokussierung.

Heute bin ich dank der Rechtschreibreform so verwirrt, dass ich selbst an einem durchschnittlichen Tag mehr Rechtschreibfehler produziere als früher in einem ganzen Schuljahr. Ich rege mich über Rechtschreibfehler nicht mehr auf. So macht es meinen Mitarbeitern mehr Spaß, Texte und Materialien zu produzieren und sie nach Textwürdigung erneut zu korrigieren.

Praxis Eva Ullmann

Im Rahmen eines lebendigen Networking-Events gab es in einer Kongresshalle eine Reihe von Vorträgen. Ein hervorragender Redner war gerade auf der Bühne. Fachlich versiert und motivierend in der Art, sprach er jedoch sehr schnell. Nach zehn Minuten traute sich eine von den 200 Zuhörern die Bitte zu äußern: „Könnten Sie bitte etwas langsamer sprechen!" Seine Reaktion darauf: „Hat noch jemand eine ernsthafte inhaltliche Frage?"

Kurz darauf fiel der Rechner aus und es gab ein technisches Problem. Der Redner wurde zunehmend nervöser und frustrierter. Das war sehr schade, weil es viel von seinem sehr positiv aufgebauten Image leider wieder ruinierte. Ein frustrier-

tes Verhalten auf der Bühne macht uns nicht zu einem besseren Redner. Im Gegenteil.

Das Publikum findet es völlig in Ordnung, wenn unerwartet Fehler passieren oder man eingestehen kann, dass man zu schnell spricht. („Sie werden sich vorkommen wie im ICE, wenn Sie mir zuhören, aber am Ende haben Sie das Gefühl, dass Sie viel Strecke zurückgelegt, also viele Informationen bekommen haben. Leider spreche ich etwas schnell.")

Vollkommen in die Herzen der Zuhörer spielt man sich, wenn man den unerwarteten Fehler oder das Problem spielerisch oder humorvoll in seinen Vortrag integriert: „Bei allen weiteren Rednern wird die Technik funktionieren. Bei mir muss sie sich einfach noch aufwärmen, liebes Publikum." Das wäre viel charmanter und ermöglicht dem Zuschauer, die Panne oder den Fehler sympathisch zu sehen. Macken von Menschen machen sympathisch, das erwähnten wir bereits.

Man darf ruhig mal einen Ball fallen lassen

In unseren Trainings nutzen wir die Kunst des Jonglierens, um den Prozess des Lernens und den Umgang mit Fehlern zu verdeutlichen. Die Teilnehmer lernen am Anfang, den Ball absichtlich und mit Freude fallen zu lassen: Um das Prinzip des Jonglierens nachzuvollziehen, ist es zunächst wichtiger, sich den Rhythmus des Werfens anzueignen, als den Ball zu fangen. Viele Menschen tun sich damit sehr schwer. (Eine Anleitung zum Jonglieren finden Sie unter www.edutrainment-company.com.).

In der Kunst des Improvisationstheaters gibt es die Regel: *„Störungen haben Vorrang"*. Das Können, Fehler zu erwarten und dann humorvoll oder gelassen mit ihnen umzugehen, ist eine Kunst, die sich viel produktiver auf das Tagesgeschehen, die Mitarbeitermotivation, Zuhörerbegeisterung und die eigene Lernkurve auswirkt, als das krampfhafte Bestreben, jeden Fehler zu vermeiden.

Interessanterweise ist man dem Null-Fehler-Ziel viel näher, wenn man voraussetzt, dass Fehler passieren. Das klingt paradox, hat man aber bereits bei Leistungssportlern beobachtet: Ihre beste Leistung bringen diese Sportler in einem entspannten Training statt auf dem Olympia-Feld.

Außerdem gibt es eine weitere Regel: *„Bleib locker, wenn etwas schiefgeht."* Keith Johnstone, Dramaturg am Royal Theater London, hat Schauspieler auf der Bühne beobachtet. Sie brachten dann eine viel höhere Leistung, wenn er erlaubte, dass sie auf der Bühne Fehler machen durften. Interessanterweise machten sie eben weniger Fehler, je mehr Fehler und Missgeschicke er ihnen zugestand. Wie gesagt paradox, aber hochwirksam für die eigene Fehlerkultur.

Wenn Sie einen komplizierten Prozess erlernen wollen, analysieren Sie ihn, zerlegen ihn in Einzelteile und lernen Sie diese langsamer und Stück für Stück.

Praxis Eva Ullmann

Eine befreundete Musikerin, Klarinettistin, erzählte mir, dass sie es ebenso macht. Bei komplexen Kompositionen nehmen Musiker einzelne Takte und spielen diese viel langsamer und wiederholen kurze Abschnitte, so lange, bis sie flüssig und schneller spielbar sind.

Schauen Sie einmal in Ihr eigenes Unternehmen. Wie geht man dort mit Fehlern um? Durch Qualitätsmanagement à la ISO 9000, KVP etc. werden nicht selten ganze Belegschaften zu geistigen Blockwarten erzogen, die nur auf der Suche nach dem nächsten Fehler sind. Der Spaß an der Arbeit und damit auch die Kreativität bleiben häufig auf der Strecke.

Nur eine Kultur der Fehlertoleranz erlaubt sinnvolle Lernprozesse

Dies ist kein Plädoyer dafür, Ihre Fehler zu ignorieren. Im Gegenteil. Es kommt jedoch auf Ihre Einstellung zu Fehlern an. Ihre Ziele sind richtig, aber statt in einer Denunzianten-Kultur Fehler zu suchen, ist es sinnvoller, in einer von Humor und Wertschätzung geprägten Herangehensweise Fehler aufzudecken und so auch entsprechende Lernprozesse zu ermöglichen.

Der amerikanische Begabtenforscher Howard Gardner, von dem das Konzept der multiplen Intelligenzen stammt, machte in diesem Zusammenhang eine interessante Entdeckung. Bei der Analyse unzähliger Lebensläufe besonders begabter Menschen, wie z.B. Mozart, stellte er fest, dass sie besonders hartnäckig und ausdauernd im Umgang mit ihren eigenen Fehlern waren. Deshalb wird in Seminaren zum Thema Erfolg so gerne das Beispiel des Erfinders Edison zitiert, der seine Erfindungen nicht einem genialen Geistesblitz verdankte, sondern dem Ausschluss von Fehlern. Der Legende nach soll er für die Erfindung der Glühbirne mehr als 11.000 Versuche unternommen haben. Wie viele Versuche erlauben Sie sich? Wie viele Fehler erlauben Sie sich und Ihren Mitarbeitern?

Der innere Zensor

Leider müssen wir Sie bei dem nun folgenden Baustein zu einem Gewaltverbrechen an sich selbst auffordern. Glücklicherweise handelt es sich dabei nicht um eine körperliche Verstümmelung, sondern um die Beseitigung eines lästigen Untermieters in Ihrem inneren Team. John Vorhaus setzt für eine effektive Nutzung der eigenen Humorfertigkeiten voraus, dass man den grimmigen inneren Zensor in sich töten muss, um produktiv zu werden. Der eigene Anspruch und die Perfektion sind oft auch Gründe, warum wir Fehler verabscheuen, obwohl wir aus ihnen lernen. Vorbereitungen auf Projekte, Präsentationen oder Veranstaltungen sind oft akribisch und sehr perfektionistisch. Das ist auch in Ordnung so, denn damit wird professionelle Arbeit gewährleistet.

Ein lästiger Untermieter in Ihrem inneren Team

Dazu kommt allerdings eine sehr weit verbreitete irrige Annahme bzw. eine leise, innere Stimme, die Ihnen ins Ohr flüstert: *„Das funktioniert sowieso nicht.“; „Die anderen werden es nicht gut finden.“; „Das kann jemand anders besser.“, „Das hast Du schon mal besser gemacht.“* Sie wollen eine neue Anekdote im Vortrag ausprobieren oder mit einer Gruppe eine Übung machen und dann ist da plötzlich eine Blockade, so groß wie Obelix‘ Hinkelstein. Sie lassen es dann lieber. Leider weiß man somit nie, ob es nach einigem Üben gut funktioniert hätte. Man muss es probieren. Interessanterweise gibt es viele Gegenbeweise. Bereits in anderen Vorträgen haben Sie schon erfolgreich Anekdoten eingebaut oder neue Übungen gemacht. Eine tiefe innere Stimme erzählt einem ständig, man hätte eine Menge zu verlieren, wenn etwas Neues nicht sofort funktioniert. Das heißt: Wenn die Anekdote nicht funktioniert hat, dann mögen einen auch die Menschen nicht mehr, die einem zuhören. Dann ist man ein Versager, Dummkopf oder schlechter Redner. Das ist eine falsche Schlussfolgerung. Warum?

Oft stehen wir uns selbst im Wege

Menschen machen sich bis zu einem gewissen Grad Gedanken über ihr Erscheinungsbild. Wie bereits im Präsentationskapitel aufgeführt, zählen die ersten Sekunden, die erste Geschichte, die erste Körperhaltung. Die Zuschauer oder Zuhörer möchten einen guten ersten Eindruck von Ihnen haben und erwarten eine gewisse Kompetenz, aber eben keinen perfekt makellosen Auftritt. Menschen erwarten viel von ihrem Gegenüber, aber wenn dieses perfekt und ohne Fehl und Tadel ist,

Stromlinienförmiger Perfektionismus wirkt unmenschlich und macht schnell unsympathisch

wird es auch schnell unmenschlich. Das mag zwar von den jeweiligen Inhalten her gesehen widersprüchlich sein, ein hundertprozentiger Mr. Perfect aber ist selten auch Sympathieträger.

So kompetent wie nötig und so menschlich wie möglich

Unsere Empfehlung: so kompetent wie nötig und so menschlich wie möglich. Sie brauchen für Ihre erfolgreiche Humorkommunikation Freude am Ausprobieren und Üben. Dazu müssen Sie ihren inneren Zensor töten, der Sie ständig entmutigen will. Werden Sie Superman mit sympathischen Macken. Oder Wonderwoman mit ein bisschen Vergesslichkeit. Dann kommen Sie auch zu der Leistung, die Sie erreichen wollen.

Es wurde bereits in Kapitel 2.4.7 beschrieben, dass es sehr wirkungsvoll ist, eine komische Perspektive mit Menschlichkeit zu paaren. Der Mensch will gute Leistungen, aber keine Arbeitsperfektionsmonstermaschinen.

Ärger

Manche Zeitgenossen investieren viel Zeit darin, sich zu ärgern

Ein weiterer Baustein im eigenen Wertesystem, den es sich lohnt, genauer unter die Lupe zu nehmen, ist das „sich ärgern". Ärger nutzt selten etwas, trotzdem scheinen manche Menschen einen Großteil ihrer Zeit mit der Pflege, dem Ausbau und der Perfektion ihres Ärgers zu verbringen. Was wir sehr gut können, ist Ärger zuzulassen, darin zu baden, uns stundenlang daran zu laben und jedem zu erzählen, wie schlecht wir drauf sind – egal ob es derjenige hören will oder nicht.

Ärger ist nicht prinzipiell schlecht, unbrauchbar und nutzlos. Ärger entsteht im Zuge verletzter Bedürfnisse und bringt manche Menschen dazu, den Mut zu haben, längst fällige Dinge anzusprechen oder Prozesse zu klären. Wenn wir hier von nutzlosem Ärger sprechen, ist der Ärger gemeint, der in keinem Verhältnis zum Ärgernis steht. Es geht darum, das Zuviel an Ärger, das mehr Zeit kostet, als es letztlich bringt, abzustellen. Nutzen Sie in solchen Momenten nutzlosen Ärgers Humor, um Ihre eigene Frustrationstoleranz zu stärken. Humor als Notwendigkeit kann im Ärger oder Konfliktfalle sogar eine Not wenden.

Humor zur Stärkung der Frustrationstoleranz

Bausteine und Glaubenssätze seines Wertesystems überprüfen

Es ist interessant, eigene Bausteine und Glaubenssätze seines Wertesystems zu entdecken und zu überprüfen. Wenn man seine Humorfähigkeit verbessern will, ist es sogar notwendig, den einen oder anderen Glaubenssatz zu ändern. Egal ob es Mut, kabarettistische Fähigkeit oder Fehlerfreudigkeit ist, die man verstärken möchte. Fragen Sie sich, ob Sie die zu verbessernde Fähigkeit bereits über einen längeren Zeitraum ausprobiert haben, bevor Sie behaupten, etwas nicht zu können.

Seminarteilnehmer bewundern in unseren Seminaren oft die Cartoons, die im Laufe der zwei Tage gezeichnet werden. Viele behaupten zunächst: *„Ich kann leider gar keine Cartoons zeichnen."* Daraufhin fragen wir gerne: *„Wie viele Cartoons haben Sie denn über welche Zeit versucht zu zeichnen?"* Meistens haben es die Teilnehmer gar nicht erst probiert. Wie kann man wissen, dass man nicht zeichnen kann, wenn man es nicht probiert hat? Ob man wirklich zeichnen kann, diskutieren wir im Seminar erst bei einer Anzahl von 2.000 angefertigten Zeichnungen. Allerdings reichen für die Änderung dieses Glaubenssatzes meist schon zehn Minuten gemeinsamen Zeichnens. Viele Künstler sind so erfolgreich in ihrer Branche, weil sie ihren Glaubenssatz umgewandelt und die Phase des Übens gut durchgehalten haben.

Das heißt, nach der kritischen Überprüfung der eigenen Glaubenssätze gibt es natürlich in Ihrem Speedtraining nun noch weitere Werkzeuge auf dem Weg, Sie zu Ihrem eigenen erfolgreichen Humorfachmann zu machen.

4.4 Mentor

Viele Comedians ernten mit ihren ersten Geschichten und Bühnenprogrammen erst einmal nicht so viele Lacher. Wenn sie diese Phase der Übung und des Misserfolgs allerdings durchhalten, bis sie besser, komischer und reicher an Humor sind, blühen sie erst richtig in ihrer Kunst auf. Oft ist es hilfreich, wenn man sich in dem Bereich, in dem man sich entwickeln und gut werden will, einen Mentor sucht. Also einen Menschen, der vom Auftreten, Humorstil, Arbeitsstil oder der Lebensart her bereits da angekommen ist, wo man selbst hin will. Wer fällt Ihnen dazu ein?

Sprechen Sie jemanden direkt an, dessen Humorfertigkeiten Sie lernen wollen

Wenn Sie einen Kollegen in der Firma haben, dessen Esprit und Witz Sie schätzen und von dessen Leichtigkeit Sie sich etwas abschauen möchten, sprechen Sie ihn direkt an und sagen Sie ihm, was Sie von ihm lernen wollen. Möglicherweise reagiert derjenige überrascht, aber die meisten Menschen fühlen sich geschmeichelt, wenn man von ihnen etwas lernen will. Wessen humoristischen Lebensmut bewundern Sie? Wessen Lebensplan imponiert Ihnen oder welchen Menschen schätzen Sie für seine Menschlichkeit und Wertschätzung?

Mentoren schätzt man also nicht nur wegen ihres Erfolgs, sondern auch wegen ihrer Werte, Lebensstile, Charaktereigenschaften, ihrem Können und ihren Einstellungen. Ein Mentor ist jemand, der Sie aktiv unterstützt. Ein Mentor ist mehr als ein Vorbild, da man ihm einen aktiven Part für das eigene Leben zuspricht und er oder sie ihn auch annimmt und ausfüllt.

4.5 Ihr 30-Tage-Trainingsprogramm zur Entwicklung Ihres Humorpotenzials

Nun enden Sie mit Ihrem Speedtraining und münden in unserer 30-Tage-Regel. Wenn Sie sich mit den zuvor geschilderten Punkten wirklich auseinandergesetzt haben und ein konkretes Humorziel mit Ihrem Lieblingsfüller in Ihr Tage- oder Zielebuch geschrieben haben, steht Ihrem Erfolg eigentlich nichts mehr im Weg. Trotzdem scheitern viele Menschen am SAU-Prinzip. SAU steht für „Scheitern am Umsetzen".

Packen Sie es sofort an, sonst packen Sie es niemals an!

Was Ihnen Ihre Großmutter schon hätte sagen können, haben nun Wissenschaftler auch festgestellt. Wenn wir nach einem Entschluss für eine Veränderung nicht sofort mit der Umsetzung anfangen, bleibt es meist bei guten Vorsätzen. Sie kennen das möglicherweise von Silvester. Viele Menschen können sich schon Neujahr nicht mehr daran erinnern, was sie sich in der Silvesternacht vorgenommen haben.

Schaffen Sie Fakten, die Sie antreiben und stabilisieren

Die Wissenschaftler fanden nun heraus, dass wir innerhalb der ersten 72 Stunden nach dem Entschluss Fakten schaffen sollten. Der amerikanische Erfolgstrainer Anthony Robbins rät seinen Teilnehmern, nicht mit einer Kleinigkeit anzufangen, sondern an so vielen Stellen wie möglich Fakten zu schaffen. Das bedeutet nicht, dass Sie überall sofort alles perfekt umsetzen, aber je mehr kleine Dinge Sie in die gewünschte Richtung verändern, umso größer ist die Wahrscheinlichkeit, dass einige davon die gewünschten Effekte erzielen und Sie dem gewünschten Ziel immer näher kommen. Am besten, Sie suchen sich zwei, drei Dinge aus, die Sie bereits in den nächsten Tagen umsetzen können, um dann ein ganz gezieltes 30-Tage-Programm zu entwickeln.

Warum 30 Tage? Von den amerikanischen Ureinwohnern ist angeblich die Weisheit überliefert, dass es einen Mond lang dauert, bis man eine neue Verhaltensweise in seine Persönlichkeit integriert hat. Egal, ob das auch in Europa stimmt oder nicht, stellen Sie sich einfach einen weisen, alten Medizinmann vor, der Ihnen diesen Tipp als Lebensweisheit mit auf den Weg gibt. Dass die Naturwissenschaftler jetzt einwenden werden, dass ein Mondzyklus keine 30 Tage hat, darf uns an dieser Stelle nicht irritieren. Es ist vollkommen egal, ob Sie 30, 28 oder 31 Tage nehmen.

Werden Sie in 30 Tagen Ihr eigener Humorexperte	
1. Tag:	Schaffen Sie sich einen morgendlichen Ablauf mit positiven Ritualen. Genießen Sie Ihre warme Dusche, den ersten Kaffee oder den heißen Tee. Kenner schaffen es, sich an diesen Kleinigkeiten täglich neu zu erfreuen.
2. Tag:	Wenn Sie morgens in den Spiegel schauen, gehen Sie nicht gleich auf die Suche nach einer neuen Augenfalte, sondern grinsen Sie sich einmal herzlich, wahlweise auch schelmisch oder frech zu.
3. Tag:	Lassen Sie sich von angenehmer Musik wecken. Technikfreaks schaffen es, das Lieblingszitat ihres Lieblingsschauspielers oder die Filmmusik aus ihrem Lieblingsfilm auf ihr Handy zu laden, um sich damit freundlich wecken zu lassen. Wenn Ihnen das in Eigenregie zu kompliziert ist, gehen Sie einfach auf die Seite: www.moviequotes.de. Ob Al Pacinos *Der Duft der Frauen* oder Forrest Gumps *Du bist nicht anders* oder Sequenzen aus *Herr der Ringe*. Aber auch Bill Murrays *Und täglich grüßt das Murmeltier* bietet sogar für Tage, die sich immer gleich anfühlen, einen charmanten Satz oder eine Melodie. Achtung, diese Seite enthält auch jede Menge Filmsätze, die als Morgenweckruf leider etwas ungeeignet sind.
4. Tag:	Suchen Sie sich einen Radiosender mit Moderatoren, deren Humor zu Ihnen passt, und sammeln Sie die ersten Witze und Humoranregungen für den Tag. Versuchen Sie diese Sendung immer zu hören und sich den Termin dafür regelmäßig frei zu halten. Es gibt auch schon Zehn-Minuten-Sendungen, die man täglich oder einmal in der Woche hören kann. Wenn Sie morgens Zeitung lesen, fangen Sie nicht mit den Katastrophen an, sondern suchen ganz gezielt nach den Humorseiten.

5. Tag:	Entdecken Sie in Ihrer Tageszeitung das aktuelle Comic oder den Humor. Selbst die deutsche Depressionspostille Nr. 1 *Der Spiegel* hat zumindest eine Seite mit Humor. Der so genannte *Hohlspiegel* folgt meist auf die Todesanzeigen und liefert Ihnen zumindest einen humorvollen Abschluss. Gleich zu Tagesbeginn. Auch seriöse Tageszeitungen wie z.B. die *Frankfurter Allgemeine Zeitung* bieten täglich mindestens einen oder zwei humorvolle Beiträge und Karikaturen. Wenn Sie Online-Leser sind, finden Sie auch auf dem Internetportal www.Spiegel.de auf dem unteren Ende der Hauptseite die Rubrik SPAM. Da gibt es Humor für Leute mit Humor. Danach schauen Sie sich den Sketch SPAM von Monty Python auf www.youtube.de an und nun wissen Sie endlich, wo das Wort für diese ungeliebte Mailform herkommt.
6. Tag:	Laden Sie sich einen Podcast von einem Radiosender herunter. Gayle Tufts, eine amerkanisch-deutsche Komikerin stellt z.B. ihre Sendung *What a Woche* (witzige Geschichten ihres Künsterlinnen-Daseins) als Podcast auf http://www.multikulti.de/podcast/deutsch/comedy/what_a_woche.html
7. Tag:	Suchen Sie sich eine neue Band oder einen Künstler, den Sie noch nicht in Ihrem Humorrepertoire haben. Beispielsweise heute Alberto.tv. bei youTube. Suchen Sie etwas für sich Passendes.
8. Tag:	Nutzen Sie öffentliche Verkehrsmittel? Das ist zwar ökologisch korrekt, psychologisch jedoch muss eigentlich davon abgeraten werden. In den meisten deutschen U-Bahnen ist Lächeln nur in den Abteilungen erlaubt, die nach New Yorker Vorbild anbahnungswilligen Singles vorbehalten sind. Statt sich kampflos in das Millionenheer der Muffelköpfe einzureihen, sorgen Sie ab jetzt mit einem freundlichen *„Guten Morgen"* und bewusst guter Laune für Irritation und hoffentlich das eine oder andere Lächeln. Lassen Sie sich von den ersten irritierten oder gleichgültigen Reaktionen nicht abschrecken, lächeln Sie tapfer weiter und halten Sie nach Mitstreitern Ausschau. Wenn Sie mit dem Auto fahren, greifen Sie wieder auf einen entsprechenden Radiosender zurück oder, was deutlich besser ist, als sich die immergleichen Gags mittelmäßig begabter Moderatoren anzuhören, machen Sie Ihr Auto zum fahrenden Kabarett-Theater. Die entsprechenden Audiofiles können Sie überall im Internet auf den einschlägigen Portalen erwerben. Immer wieder bieten auch Zeitschriften CDs mit aktuellen Ausschnitten aus Kabarett-Programmen und Comedy-Sendungen im Fernsehen als Wer-

	bebeigabe. Achten Sie in Zukunft gezielt darauf, wenn Sie bei Ihrem örtlichen Zeitungsladen oder gelangweilt an Flughäfen und Bahnhöfen nach Zerstreuung suchen.
9. Tag:	Fragen Sie einen Freund, Kollegen, Schüler oder Ihr Kind nach einer witzigen Homepage.
10. Tag:	Lesen Sie in einem Comic-Laden ein neues Comic-Heft von einem Zeichner, den Sie noch nicht kennen. Es gibt auch unzählige Comic-Seiten: http://www.drive-in-cartoons.de. Hier finden Sie täglich neue Cartoons, sobald Sie auf der Arbeit den Rechner hochfahren.
11. Tag:	Legen Sie sich einen Witz neben das Telefon und lesen Sie ihn nach Ihren Telefonaten vor. Fragen Sie vorher, ob Sie abschließend einen Witz erzählen dürfen. Sie merken schnell eine erzählerische Verbesserung, je häufiger Sie das machen.
12. Tag:	Legen Sie sich ganz bewusst einen Humoranker ins Büro. Nehmen Sie sich humorvolle Zeitungsausschnitte, Cartoons, Bilder, Fotos etc. mit zur Arbeit. Basteln Sie sich, falls erlaubt, Ihren eigenen humorvollen Bildschirmschoner. So schaffen Sie sich im ernsten Arbeitsalltag Inseln der guten Laune, die Sie immer wieder an Ihre Humorziele erinnern.
13. Tag:	Achten Sie beim Einkaufen auf humorvolle Produkte. Wie bereits erwähnt, gibt es Unternehmen, die ganz gezielt mit Humor werben und oft auch klein gedruckte Kommentare auf Ihren Produkten anbringen, die zum Schmunzeln anregen. Ein Beispiel dafür gab es jüngst in Irland. Das Unternehmen *Innocent Drinks* wirbt beispielsweise auf seinen Obstsäften damit, dass keine künstlichen Zusatzstoffe enthalten sind. Unter diesem Produktversprechen steht der Zusatz: *„Falls Sie doch etwas finden, rufen Sie unsere Mutter an“*. Solche Kleinigkeiten helfen uns, auch beim Einkaufen das eine oder andere Lächeln zu produzieren und auch das Warten an der Supermarktkasse besser zu ertragen.
14. Tag:	Treffen Sie in den nächsten Tagen die Freunde, von denen Sie wissen, dass sie meistens gute Laune haben, mit denen es angenehm ist, sich zu unterhalten. Gehen Sie dabei Ihr Adressbuch durch, welche Personen dafür infrage kommen.

15. Tag:	Durchforsten Sie Ihre Wohnung nach traurigen Erinnerungsstücken. Viele Menschen haben ein erstaunliches Talent darin, Erinnerungsstücke an traurige Momente ihres Lebens in ihrer Wohnung aufzuheben. So findet sich in manchem Billy-Regal eine ganze Devotionaliensammlung des Trübsaals von Hinterlassenschaften früherer Beziehungen oder verregneter Sommerurlaube. Entrümpeln Sie diese negativen Erinnerungen und ersetzen Sie sie durch bewusst positive. Sie werden feststellen, alleine das Wegschmeißen hellt Ihre Laune deutlich auf.
16. Tag:	Entrümpeln Sie Ihre Wohnung. Pullover, Kleidung und Anzüge, die Sie schon seit drei Jahren nicht mehr angezogen haben, haben in Ihrem Kleiderschrank nichts mehr zu suchen. Und das 136-teilige Porzellan-Service aus dem Nachlass von Tante Adelheid setzt ebenfalls nur Staub an, weil Sie immer wieder nach Gelegenheiten suchen, es endlich einmal einzusetzen. Diese Gelegenheiten werden nie kommen. Beglücken Sie einen entfernten Anverwandten, der bei der damaligen Erbschaft übergangen wurde, damit und heben Sie eine einzelne Tasse von Tante Adelheid auf, die Sie künftig beim Frühstück verwenden. Dies ehrt die Tante besser und schafft Platz in Ihrem Schrank für neue Tassen – hoffentlich mit einem Dekor, das Ihnen wirklich gefällt und Spaß macht. Keine Gnade bei dubiosen Geschmackskompromissen!
17. Tag:	Essen macht gute Laune. Auch Ihre Essgewohnheiten haben einen deutlich nachgewiesenen Einfluss auf Ihren Gute-Laune-Pegel. Falls Sie dies als Freibrief verstehen, um den Tag künftig mit Schokolade zu beginnen, so seien Sie gewarnt: *Schokolade zum Frühstück* ist zwar ein schöner Filmtitel, aber nicht wirklich ein empfehlenswertes Lebensrezept. Konsultieren Sie stattdessen lieber einen Ernährungsberater oder versorgen Sie sich mit einem nützlichen Buchratgeber zu diesem Thema. Es gibt ungefähr 2.785 Titel. Dort lernen Sie beispielsweise, dass Magnesium als Salz der inneren Ruhe bezeichnet wird und nicht nur Formel-1-Fahrern, sondern auch Ihnen helfen kann, den Stress des Alltags besser zu verkraften. Gepaart mit einer Banane, die jede Menge Tryptophan (ein Neurotransmitter) enthält, das für Ihren Glückshaushalt von Bedeutung ist, und vielleicht dem einen oder anderen Stück dunkler Schokolade kommen Sie schon wesentlich besser gelaunt durch den Tag als die meisten Ihrer Kollegen.
18. Tag:	Sie tragen gerne dunkle Anzüge, schwarze T-Shirts und unterstreichen damit Ihre coole Haltung und Ihr Selbstverständnis als Zugehöriger der Avantgarde? Bedenken Sie dabei, dass selbst Giorgio Armani mittlerweile

	gefühlte 140 ist und wahrscheinlich heimlich manchmal auch ein buntes T-Shirt trägt. Sie müssen nicht gleich von einem Extrem ins andere fallen und künftig mit kanariengelben Anzügen ins Büro laufen, aber etwas mehr Farbe kann nicht schaden und wird wahrscheinlich auch ein paar interessierte Kommentare Ihrer Kollegen und Kolleginnen hervorrufen. Haben Sie Spaß mit verrückten Socken oder Unterwäsche, die man nicht sieht, die aber bei Ihnen gute Laune hervorrufen. Machen Sie, wie bereits empfohlen, einen hässlichster-Schlips-Kontest, wenn das Team mitmacht.
19. Tag:	Beenden Sie statt mit der Sahnetorte zum Nachtisch in der Betriebskantine Ihre Mittagspause künftig mit einem Witz aus der Tageszeitung oder einem erzählten Video aus dem Internet oder einem passenden Cartoon, die Sie dafür tagesaktuell herausgesucht haben.
20. Tag:	Das Leben ist eine Lernerfahrung, und eines der Fächer, die wir belegen müssen, heißt Beziehungen. Manche Lektionen bzw. manches Feedback von anderen Menschen lernt man sofort, andere muss man wiederholen. In jedem Fall ist es jedoch im Buch des Lebens ein interessantes Kapitel. Man muss nicht als heiliges Evangelium auffassen, was der Partner einem sagt, aber es macht Sinn, seinen oder ihren Gedanken Aufmerksamkeit zu schenken. Ist Ihnen das eine oder andere bereits schon gesagt worden? Achten Sie auf das Feedback anderer Menschen. Es steckt oft eine Aussage darin, womit sich Ihr Gegenüber wohlfühlt und womit nicht. Haben Sie das Glück, einen Freund als Hofnarr zu haben, fragen Sie ihn immer wieder, um seine Sichtweise in scheinbar eingefahrenen Situationen zu erfahren. Ein Freund, der einem den Spiegel vorhält und diesen auch charmant verzerren kann, ist Gold wert.
21. Tag:	Fragen Sie sich selbst: Wie gefiele es mir, mit mir zusammen zu leben oder zusammen zu arbeiten? Machen Sie eine Liste, was Ihnen gefällt und was Ihre Macken sind. Was macht Ihnen an dem Gedanken Spaß? Was gruselt Sie an dem Gedanken? Wenn man Spaß daran hat, ein besonderes Bewusstsein für sich selbst zu entwickeln, kann man auch andere positiv beeinflussen bzw. dazu beitragen, dass sie sich in der Gegenwart von einem selbst wohlfühlen.
22. Tag:	Humor kann im Umgang mit Fehlern eine pfiffige Unterstützung sein. Machen Sie eine Liste mit Ihren Macken. Humor wird Ihnen helfen, sich diese einzugestehen. Karikieren und übertreiben Sie diese Macken. Finden Sie die komische Perspektive darin.

	Wie kann einen die Macke darin unterstützen, die Welt zu retten und zu verändern? Dies zu erkennen, kann helfen im Dschungel der Tagesansprüche. Bitten Sie andere dafür um Verständnis. Humor kann auch auf dem Weg zur Abschaffung von Macken behilflich sein. Das Ziel ist nicht, perfekt zu werden, sondern sich der Wirkung auf andere Menschen bewusst zu sein und diese Wirkung durch humorvolle Vorwarnung bewusst zu steuern.
23. Tag:	Es gibt Menschen, die immer wieder im Stich gelassen werden und es gibt Menschen, die immer von hilfsbereiten Freunden umgeben sind, mit Respekt behandelt werden, ständig neue Kontakte schließen und auf Veranstaltungen jede Menge Visitenkarten einsammeln. Sie selbst haben in der Hand, zu welcher Gruppe Sie gehören! Wenn Sie sich weiterhin so verhalten wie immer, erzielen Sie auch weiterhin die gleichen Ergebnisse. Glückliche und erfolgreiche Menschen haben trotz ihrer Macken und Schwierigkeiten Erfolg und gute Beziehungen zu anderen Menschen, weil sie mit ihren Macken und Schwierigkeiten humorvoll umgehen und nicht, weil sie keine hätten.
24. Tag:	Haben Sie Spaß daran, einen Menschen humorvoll zu inspirieren! Egal wie groß die Humoraktion ist. Erlauben Sie sich einen wohlwollenden Scherz über einen Kollegen im Team.
25. Tag:	Suchen Sie sich ein weiteres Buch zum Thema Humor, nachdem Sie unser Buch nun erfolgreich zu Ende gelesen haben. Beispielsweise Dr. Lindners *Spaß am Arbeitsplatz* oder John Morrealls *Humor works*. Letzteres ist sehr reich an guten Ideen, leider nur auf Englisch erhältlich.
26. Tag:	Halten Sie auf einem Blatt Papier zehn Gründe fest, warum Sie mit sich selbst gerne befreundet sein möchten und weitere fünf Punkte, welche humorvollen Situationen Ihnen an sich selbst gefallen haben.
27. Tag:	Geben Sie sich die Chance, immer wieder NICHT am anderen zu verzweifeln, auch wenn Ihr Gehirn eine Weile Verständniszeit für dieses NICHT benötigt. Finden Sie heute fünf charmante humorvolle Situationen an anderen Menschen, Mitarbeitern, Kindern oder Partnern. Finden Sie keine, beobachten Sie andere Personen in Ihrem Umfeld.
28. Tag:	Ex-WISO-Moderator Michael Jungblut verrät die 50 besten Gags aus der Welt von Firmen, Aktien und Versicherungen im Online-Magazin der Süd-

	deutschen Zeitung. Kennen Sie auch einen? Dann schreiben Sie ihn uns und der Süddeutschen! http://www.sueddeutsche.de/app/wirtschaft/witze/
29. Tag:	Prof. Schallenberg, ein Theologieprofessor aus Fulda, zeigt uns auf, wo das „miteinander reden" seinen Ursprung hat. Kommunikation kommt von lateinisch „communio" – „Gemeindschaft". Zu kommunizieren bedeutet also, und das gilt auch für die humorvolle Kommunikation, den anderen wahrzunehmen. Es ist der Versuch, einen Weg zu seiner humorvollen Seele zu finden. Was treibt Ihren Gesprächspartner um, was bewegt ihn, was bringt ihn zum Lachen? Finden Sie das heute von mindestens einer Person heraus. Dann haben Sie kommuniziert. Nicht monologisiert.
30. Tag:	Langenscheidt hat einen Kalender mit dem Namen *„A Joke a Day"*. Jeden Tag kann man da ein Kalenderblatt abreißen. Es tummeln sich darin die verschiedensten Formen von Humor. Für Freunde des „English humour", kann man dort jeden Tag mit einem Witz in den Tag starten. Es gibt diese Tageskalender natürlich auch auf deutsch, hier meist von bestimmten Comic-Zeichnern z.B. Gary Larson. Aber auch mit sinnigen und unsinnigen Sprüchen, Janosch, Uli Stein oder Werner. Auch hier ist nicht die Frage maßgebend, welcher Kalender gut, welcher schlecht ist, sondern, welcher Kalender Ihrem ganz persönlichen Humorgeschmack entspricht.

5 Fazit

Humor fördert unsere Spielintelligenz, unser umfassendes Verstehen und unsere Flexibilität im Blick über den Tellerrand. Humor überspringt Grenzen. Die Fähigkeit dies zuzulassen, kann man trainieren. Humor kann Stimulans, Entspannung, Verhandlungsgeschick oder Konfliktlöser sein, im besten Fall optimiert er die Prozesse in Ihrem Arbeitsalltag. Überlassen Sie den Humor nicht den Comedians! Manchmal liegt er sogar auf der Straße!

Der Cartoonist und Autor Ashleigh Brilliant hat einmal gesagt: *„Kann man Dinge weder akzeptieren noch ändern, kann man versuchen darüber zu lachen!"* Das ist ein gutes Zitat für die Richtung, in die konstruktiver Humor gehen kann. Gerade im medizinischen Bereich ist Humor kommunikatives Schmiermittel und vielleicht sogar ein Medikament? Es wirkt schnell

Kann man Dinge weder akzeptieren noch ändern, kann man versuchen, darüber zu lachen

und hat wenig Nebenwirkungen. Aber auch in anderen Bereichen kann Humor ermöglichen, Widersprüchliches, das man nicht ändern kann, zu bewältigen oder in den Griff zu bekommen. Dabei ignoriert Humor nicht das Verletztende, Schwierige oder Schmerzvolle, sondern macht es vielleicht überhaupt erst erträglich.

Deutschland ist Exportweltmeister in Produkten, Pünktlichkeit und – der Fähigkeit sich zu ärgern. Wie sieht es in Sachen Humor aus? Warum werden wir nicht auch in unserem Bemühen um humorvolle, effektive Kommunikation über unsere Grenzen hinaus bekannt? Die Lage ist ernst, aber nicht hoffnungslos. Entgegen weit verbreiteter Klischees gehen die Deutschen zum Lachen nicht mehr in den Keller – auch nicht bei der Arbeit.

Arbeit darf nicht nur Spaß machen, sondern sollte unbedingt Spaß machen

Die unterschiedlichsten wissenschaftlichen Disziplinen beweisen: Arbeit *darf* nicht nur Spaß machen, sondern *sollte* unbedingt Spaß machen. Wenn die Kosten der Angst und des unengagierten Arbeitens von Mitarbeitern mit jährlichen 221 Millionen Euro in Deutschland berechnet werden (Gallup Studie 2001), darf über die positiven Humorerträge gemutmaßt und auch betriebswirtschaftlich gerechnet werden.

In ihrer weltweit viel beachteten Studie aus dem Jahre 2002 haben Marcus Buckingham und Curt Coffman nachgewiesen, dass die erfolgreichsten Arbeitsteams jene sind, in denen die Mitarbeiter das Gefühl haben, mehr zu tun, als nur zu arbeiten. Dazu gehört unter anderem das Gefühl, von der eigenen Führungskraft nicht nur als Mitarbeiter, sondern auch als Mensch geschätzt zu werden, einen echten Freund auch bei der Arbeit zu haben, Freude bei der Arbeit zu erleben und mit der eigenen Arbeit Sinn zu stiften.

Es darf und sollte ganz ausdrücklich auch gelacht werden. Haben Sie noch nicht so viel Humor entwickelt, springen Sie ins kalte Wasser und nutzen Sie Ihre Fähigkeiten in einem Job, in dem Sie sie auch ausleben können und vor allem da, wo man Ihren Humor mag.

Politikern und Managern seien ebenfalls Humor und Witz in vielen Fällen anempfohlen, in denen derzeit noch die übliche Globalisierungsrhetorik verwendet wird. Das ewige Standortrettungspathos bei gleichzeitigen Forderungen nach längeren Arbeitszeiten und niedrigeren Löhnen geht ohnehin den meisten Menschen in diesem Land längst schon auf die Nerven. Wie wäre es stattdessen einmal mit Humor über den Tellerand hinaus, gepaart mit guten Absichten? Oder wie wäre es mit einem Witz über die Globalisierung und ihre Folgen mit einem Appell an unsere Eigeninitiative? Vielleicht würden sich sogar mehr Menschen dann wieder für Politik interessieren oder gar engagieren.

Wir hoffen, dass Sie auf den vorangegangenen Seiten jede Menge Ideen gesammelt haben, um den Humor in Ihren eigenen Arbeitsalltag integrieren zu können. Vielleicht sind Ihnen persönliche Anekdoten eingefallen, in denen Sie bereits selbst Humor erlebt haben. Halten Sie diese fest und machen Sie mehr daraus.

Zu allem Möglichen gibt es in der Wirtschaft Indizes. Wir starten den Tag mit dem neusten Dow-Jones-Index und beschließen ihn mit dem Dax. Preisindizes informieren uns über die Entwicklung der Preise und die Auswirkungen auf das Konsumverhalten, und der Allgemeine Geschäftsklimaindex erlaubt Rückschlüsse auf die kurz- und mittelfristige gesamtwirtschaftliche Entwicklung aus Sicht der Unternehmen.

Einführung des Müller-Lüdenscheid-Index (MLI)

Wo bleibt der Humorindex? Wir führen ihn hiermit ein und benennen ihn als Referenz an den Nestor des deutschen Humors Vicco von Bülow alias Loriot mit dem Kürzel MLI für MÜLLER-LÜDENSCHEID-INDEX. Sein aktueller Wert auf der nach oben offenen Humorskala? 3,4 – Tendenz steigend. Wir werden Sie auf dem Laufenden halten.

Bis dahin: Geben Sie Ihr Bestes und folgen Sie dem Motto: Selbst ist der Comedian!

ANREGUNGEN

Weiterführende Literatur

- Birkenbihl, Vera F.: Humor: An Ihrem Lachen soll man Sie erkennen, München, 2005
- Birkenbihl, Vera F.: Psycho-logisch richtig verhandeln, Augsburg, 1997
- Bischofberger, Iren: Das kann ja heiter werden, Humor und Lachen in der Pflege, Bern, 2002
- Bönsch-Kauke, Marion: Psychologie des Kinderhumors, Schulkinder unter sich, Opladen, 2003
- Butschkows, Peter: Lachtherapie: Alles über das Geschenk und die Heilkraft des Lachens!, Oldenburg, 2007
- Davis, R. / Mater, G. A. / Noury, P. : Totally Useless Skills, 101 Great Pastimes of Practically No Redeeming Value, New York, 1991
- Effinger, Herbert: Lachen erlaubt: Witz und Humor in der Sozialen Arbeit, Regensburg, 2006
- Farelly, F. / Brandsma, J. M.: Provocative Therapie, Capitola, 1974
- Frankl, V. E.: Die Sinnfrage in der Psychotherapie, München, 1977
- Freiberg, Jackie & Kevin: NUTS, Southwest Airlines' Crazy Recipe for Business and Personal Success, New York, 1996
- Freud, S.: Der Witz und seine Beziehung zum Unterbewusstsein, New York, 1960
- Fry, W. F.: Sweet Madness, Sarasota, 1993
- Fuchs, Helmut / Gratzel, Dirk: Launologie, München, 2007
- Funke, Cornelia : Drachenreiter, Hamburg, 1997
- Grundl, Boris / Schäfer, Bodo: Leading Simple, Führen kann so einfach sein, Offenbach, 2007
- Heekerens, H. P.: Humor in der Familien¬therapie – Zum Stand der Diskussion, In: Praxis der Kinderpsychologie und Kinderpsychiatrie 41, 25 – 30, Heidelberg, 1992
- Hirsch, Eike Christian: Der Witzableiter oder Schule des Lachens, München, 2005
- Höfner, E. / Schachtner, H.-U.: Das wäre doch gelacht, Humor und Provokation in der Therapie, München, 1995
- Höfner, Eleonore & Dieter / Helm, Lisa: Schwein sein? Ein Ratgeber für Spitzenmanager und solche, die es werden wollen, München, 2007
- Höfner, Eleonore: Die Kunst der Ehezerrüttung, Hamburg, 1995
- Holtbernd, Thomas: Der Humorfaktor, Paderborn, 2002
- Holtbernd, Thomas: Führungsfaktor Humor. Wie Sie und Ihr Unternehmen davon profitieren können, Frankfurt / Wien, 2003
- Kleike, G.: Lachen, Geo, S. 8 – 31, August, 1995
- Koch, Axel: Infotainment in Seminar und Präsentation. Mit Stand-Up Comedy witzig und informativ präsentieren, Bonn, 2004
- Kriegel, R. J. / Patler, L. : If it ain't broke ... break it, And Other Unconventional Wisdom for a Changing Business World, New York, 1991
- La France, M.: Felt Versus Funniness: Issues in Coding Smiling and Laughing,

S. 1-13, In: Mc Ghee, P., Handbook of Humour Research, Vol 1, New York, 1983
- Ludwig, Bernhard: Anleitung zur sexuellen Unzufriedenheit, Wien, 2002
- Mair, Judith: Schluss mit lustig!, Frankfurt am Main, 2002
- Matthews, Andrew: So machst du dir Freunde, Kirchzarten bei Freiburg, 1992
- Matthews. Andrew: Tu, was dir am Herzen liegt, Kirchzarten bei Freiburg, 1999 (gute Comics)
- Meincke, Joachim: ClownSprechstunde – Lachen ist Leben: Clowns besuchen chronisch kranke Kinder, Berlin, 1998
- Moody, R. A.: Lachen und Leiden – über die heilende Kraft des Humors, Reinbek, 1979
- Morreall, John: Humor works, Amherst, 1997
- Mosak & Maniacci: An „Alderian" Approach to Humor and Psychotherapy, Florenz, 1993
- Mosak, H. H.: Ha Ha and AHA. The Role of Humor in Psychotherapy, München, 1987
- Nietzsche, Friedrich: Also sprach Zarathustra, Ditzingen, 1978
- Nikelly, A. G.: Neurose ist eine Fiktion, Die Behandlung von Verhaltensstörungen nach Alfred Adler, München, 1978
- Provine, Robert: Laughter, A Scientific Investigation, London, 2000
- Salameh, W. A.: Humor in der Integrativen Kurzzeittherapie, ein interaktives Übungsbuch, Stuttgart, 2007
- Schulz von Thun, Friedemann: Miteinander reden, Störungen und Klärungen, Stile, Werte und Persönlichkeitsentwicklung, Reinbek, 1998
- Sonderheft MERKUR: Lachen über westliche Zivilisationen, Berlin, 2002
- Spitzer, Manfred: Braintertainment, Expeditionen in die Welt von Geist und Gehirn, Stuttgart, 2007
- Spitzer, Manfred: Lernen, Gehirnforschung und die Schule des Lebens, München, 2007
- Steinberger, Niccel: Ich bin fröhlich, Freiburg, 2001
- Titze, M. / Patsch, I.: Die Humor-Strategie, Auf verblüffende Art Konflikte lösen, München, 2004
- Titze, M. / Eschenröder, Chr. T.: Therapeutischer Humor, Grundlagen und Anwendungen, Frankfurt am Main, 2007
- Tomm, K.: Die Fragen des Beobachters, Heidelberg, 1998
- Vorhaus, John: Handwerk Humor, Frankfurt am Main, 2001
- Watzlawick, Paul: Anleitung zum Unglücklichsein, Berlin, 1988
- Watzlawick, P. / Weakland, J. H. / Fisch, R.: Lösungen, Zur Theorie und Praxis menschlichen Wandelns, Bern, 1974
- Wiedeking, Wendelin: Anders ist besser, Ein Versuch über neue Wege in Wirtschaft und Politik, München, 2006
- Wirth, P. B.: Alles über Menschenkenntnis, Charakterkunde und Körpersprache, Von der Kunst, mit Menschen richtig umzugehen, Landsberg, 2000

Coole Comic-Bücher und Witzesammlungen

- Bachmaier, Helmut: Lachen macht stark (Humorstrategien), Göttingen, 2007
- Butschkow, Peter: Cartoons für Krankenschwestern, Oldenburg, 1998
- Herrmann, Dr. med. Wolf-Joachim: Tach, Herr Doktor, Kommunikative Höhe-

punkte zwischen Arzt und Patient, Berlin, 2005
- Hubbe, Phil: Der Stuhl des Manitou, Oldenburg, 2004
- Jungblut, Michael: Und der Witz bei dem Geschäft, Frankfurt / Wien, 2001
- Naumann, Andrea: Der kleine Therapeut, Paare, Pannen und Neurosen, Freiburg im Breisgau, 2006
- silvey jex partnership: sport for the elderly, Northampton, 1999

Unterhaltsames

- Adams, Douglas: Die letzten ihrer Art (das absolut humorvollste Buch, was es auf Erden gibt. Ein Zoologe und ein Science Fiction Autor besuchen die seltenen Tierarten dieser Erde. Göttlich genialer Humor), München, 2003
- Drösser, Christoph: Stimmt's, Moderne Legenden im Test, Teil 1 – 3, Hamburg, 2002
- Gernhardt, Robert: Erna, der Baum nadelt (ein botanisches Drama in verschiedenen Dialekten, hervorragend für Schule und Deutschunterricht geeignet), Frankfurt am Main, 2005
- Heine, Heinrich: Buch der Lieder, Frankfurt am Main, 1975
- Hirschhausen, Eckart v.: Die Leber wächst mit ihren Aufgaben, Reinbek, 2008

Musikalische Geheimtipps

- Queen B, Ina Müller und Kollegin Edda in komischer Friesen-Duo-Musiktour A-Capella Ensemble, möglichst Live-CD mit Moderation kaufen
- Ensemble Amarcord
- Wise Guys

Wissenswertes

- www.humor.ch
  Humorvolles und ernsthaft viel zum therapeutischen Humor, Witziges, Interviews, Forschungsergebnisse
- www.Humorcare.com
  Verein für Humor in Therapie, Beratung und Pflege
- www.aath.org
  die amerikanischen Humorkollegen
- www.humorstudies.org
  international society for humor studies

Kollegen

- www.kolibri-institut.de
  Institut für Clownerie, Kreativität und Pantomime
- www.gerhards-globo.de
  Clown, Trainer
- www.provokativ.com
  Deutsches Institut für provokative Therapie
- www.humorworks.com
  amerikanischer Humorkollege John Morreal
- www.humor-pflege.ch
  Iren Bischofberger, Humortrainerin im Pflegebereich
- www.w-t-j.de
  Wolf trifft Jaeger, die Agentur für ungewöhnliche Ereignisse
- www.scharlatan.de
  Unternehmenstheater feinster Klasse
- www.gangart-theater.de
  Frank Jäger mit durchaus originellen Bewegungstheater- und Incentive-Ideen
- www.trick17.com
  Verzauberungen vieler Art

- www.Hirschhausen.com
  Kabarettist und exzellenter Humortrainer
- www.authentichappiness.com
  Martin Seligmann, führender Psychologe in der Forschung zu positiver Psychologie und erlernter Hilflosigkeit

Comics

- www.rippenspreizer.de
- www.nichtlustig.de
- www.drive-in-cartoons.de
- www.quirit.com

Aktuelle Live Künstler

- http://www.afonin.de/bevorichgehe.htm
  ein humorvolles Chanson-/Theaterprogramm um Liebe, Tod und Trauer
- www.eckenga.de
- www.dietrich-raab.de
- www.jochenmalmsheimer.de
- www.volker-pispers.de
- www.mathias-richling.de
  sehr empfehlenswert sind Interview und Fotos

STICHWORTVERZEICHNIS